U0484416

古文字与中华文明
传承发展工程

史家讲史

王子今 ◎ 著

开国君王的成功

华夏出版社
HUAXIA PUBLISHING HOUSE

图书在版编目（CIP）数据

开国君王的成功 / 王子今著． -- 北京：华夏出版
社有限公司，2024.8
（史家讲史）
ISBN 978-7-5222-0669-1

Ⅰ. ①开… Ⅱ. ①王… Ⅲ. ①中国历史 – 古代史 – 研
究 Ⅳ. ① K220.7

中国国家版本馆CIP数据核字(2024)第028271号

开国君王的成功

作 者	王子今
责任编辑	董秀娟　吕　方
责任印制	周　然

出版发行	华夏出版社有限公司
经　销	新华书店
印　装	三河市万龙印装有限公司
版　次	2024年8月北京第1版 2024年8月北京第1次印刷
开　本	880×1230　1/32
印　张	10.5
字　数	227千字
定　价	59.00元

华夏出版社有限公司　　地址：北京市东直门外香河园北里4号　邮编：100028
网址：www.hxph.com.cn　电话：（010）64663331（转）
若发现本版图书有印装质量问题，请与我社营销中心联系调换。

目 录

有多少代王朝，就有多少部开国史

改朝换代，是中国古代政治史进程中可以屡屡看到的现象。一代王朝灭亡了，一代王朝兴起了。经过一个时期，兴起的王朝又归于覆亡，被另一个新兴王朝所替代。诗人们于是歌咏："兴替忽矣新，山川悄然旧。"[①] "兴亡两梦幻，今古一朝昏。"[②] "今古兴亡事，循环宇宙中。"[③]

考察中国古代政治演进的历史，人们都会关注这种非常引人瞩目的现象，都会思索王朝的兴亡呈现交替重复的规律。

《左传·庄公十一年》记录了鲁国大臣臧文仲这样一段政治评论："禹、汤罪己，其兴也悖焉；桀、纣罪人，其亡也忽焉。"说夏禹和商汤这样的先古圣王在出现政治失误时每每责罚自己，国家因此勃然兴盛；而夏桀和殷纣这样的昏暴之君在出现政治失误时却总是归罪于人，政权于是迅速灭亡。杜预解释说：

---

① 〔唐〕皮日休：《鲁望读〈襄阳耆旧传〉，见赠五百言，过褒庸材，靡有称是，然襄阳暨事，历历在目。夫〈耆旧传〉所未载者，汉阳王则宗社元勋，孟浩然则文章大匠。予次而赞之，因而寄答，亦诗人无言不酬之义也。次韵》，《松陵集》卷一。
② 〔宋〕张耒：《次韵题李援舫子》，《柯山集》卷八。
③ 〔宋〕赵公豫：《迷楼》，《燕堂诗稿》。

"悖，盛貌。忽，速貌。"[1] 与《左传》这段文字相类同的内容，又见于《说苑·君道》和《韩诗外传》卷三，不过，发言的主体有所不同，前者是"君子"，后者则是儒学的创始人"孔子"。《说苑·君道》写道："君子曰：'……昔者夏桀、殷纣不任其过，其亡也忽焉；成汤、文、武知任其过，其兴也勃焉。'"[2]《韩诗外传》卷三之十七也说："孔子曰：'昔桀、纣不任其过，其亡也忽焉。成汤、文王知任其过，其兴也勃焉。'"[3]《左传》说"禹、汤"，《说苑》和《韩诗外传》则写作"成汤、文、武"和"成汤、文王"。"悖"字和"勃"字原本相通，有时又写作"浡"字。[4]

后来人们有时用"其兴也浡焉，其亡也忽焉"这样的说法来总结中国古代王朝频繁兴替的现象。有人认为这种循环往复的"兴"与"亡"，已经形成了一种"周期率"。

《红楼梦》所谓"乱烘烘，你方唱罢我登场"[5]，用漫画笔法

---

[1]〔清〕阮元校刻：《十三经注疏》，中华书局据原世界书局缩印本1980年10月影印版，第1770页。

[2]〔汉〕刘向撰，向宗鲁校证：《说苑校证》，中华书局1987年7月版，第22页。

[3] 屈守元笺疏：《韩诗外传笺疏》，巴蜀书社2012年4月版，第143页。

[4]〔唐〕陆德明《经典释文》卷一五《春秋左氏音义之一》："悖焉，……一作勃，同盛貌。"《后汉书·陈蕃传》李贤注："《左传》曰：'禹、汤罪己，其兴也勃焉。桀、纣罪人，其亡也忽焉。'杜预注曰：'勃，盛也。'"（中华书局1965年5月版，第2167页）《尔雅·释诂》："浡，……作也。"郭璞注："浡然，兴作貌。"邢昺疏："浡然，兴作貌。庄公十一年《左传》云：'禹、汤罪己，其兴也浡然。'"（〔清〕阮元校刻：《十三经注疏》，第2576页）《新唐书·礼乐志三》又写作"其兴也暴"。（中华书局1975年2月版，第344页）"暴"，在这里与"勃""浡"同义。

[5] 甄士隐解《好了歌》，叹说世事无常："陋室空堂，当年笏满床。衰草枯杨，曾为歌舞场。蛛丝儿结满雕梁，绿纱今又糊在蓬窗上。""金满箱，银满箱，转眼乞丐人皆谤。""因嫌纱帽小，致使锁枷扛。昨怜破袄寒，今嫌紫蟒长。乱烘烘，你方唱罢我登场，反认他乡是（转下页注）

描绘了中国古代政治史所见诸多政权交替兴衰的现象。我们看到，每一个王朝起初"登场"的新兴的统治集团大多风风火火地出台，堂堂正正地亮相；而终于"唱罢"的前代执政者，最后总是以丑角形象匆匆忙忙仓皇退场。

自公元前221年秦王朝实现"大一统"到1911年清王朝灭亡，中国历史上先后一共存在过多少个王朝？

《中国大百科全书·中国历史》的词条设置，"政治史"的部分，从秦到清，列有59个王朝。即：秦，汉，三国（魏，蜀，吴），晋，十六国（前凉，成汉，汉，前赵，后赵，前燕，冉魏，前秦，后秦，后燕，西秦，代，后凉，南凉，北凉，南燕，西燕，西凉，夏，北燕），南朝（宋，齐，梁，陈），北朝（北魏，东魏，西魏，北齐，北周），隋，唐，五代（后梁，后唐，后晋，后汉，后周），十国（前蜀，后蜀，吴，南唐，吴越，闽，楚，南汉，南平，北汉），辽，宋，西夏，金，元，明，清。①

万国鼎编《中国历史纪年表》中的《秦以后主要朝代年表》所列"秦以后主要朝代"有：秦，汉（西汉，新，东汉），三国（魏，蜀，吴），南北朝（南朝：宋，齐，梁，陈；北朝：北魏，东魏，西魏，北齐，北周），隋，唐（武周），五代（梁，唐，晋，汉，周），宋（北宋，南宋），契丹·辽（契丹，辽，西辽），金，蒙古·元（蒙古，元），明（南明），后

（接上页注⑤）故乡。"《红楼梦》第一回《甄士隐梦幻识通灵，贾雨村风尘怀闺秀》。

① 《中国大百科全书·中国历史》，中国大百科全书出版社1992年4月版，第1页至第9页。

金·清（后金，清）。包括"唐"附列的"武周"，"明"附列的"南明"，共计39个王朝。[①]

方诗铭编著《中国历史纪年表》所列朝代，"汉"分列"西汉""新""东汉"，"晋"分列"晋""东晋"，"宋"分列"北宋""南宋"，又列有：柔然，高昌，渤海，南诏，吐蕃，于阗，东丹，大理，契丹，北辽，西辽，蒙古，后金。还列入了隋末唐初李密的"魏"，梁师都的"梁"，窦建德的"夏"，萧铣的"梁"，薛举的"秦"，林士弘的"楚"，辅公祏的"宋"，王世充的"郑"，宇文化及的"许"，以及武则天的"周"，安禄山的"燕"，黄巢的"齐"，刘豫的"齐"，元末徐寿辉的"天完"，张士诚的"周"，韩林儿的"宋"，明玉珍的"夏"，明末李自成的"大顺"，张献忠的"大西"，清朱由崧的"南明"，吴三桂的"周"，洪秀全的"太平天国"，陈开的"大成"等。共计100个王朝。[②]

柏杨说："四千多年的历史中，从黄帝到傀儡政权满洲国，中国境内出现了象样的或不象样的共计八十三个王朝——也就是八十三国，和五百五十九个帝王。"[③]

略去一些年代过于短暂以及版图过于狭小的王朝，可以说，从秦代至清代，大致先后存在过62个正式的王朝，统治时间平均60年左右。有26个王朝执政时段超过40年。

[①] 万国鼎编，万斯年、陈梦家补订：《中国历史纪年表》，中华书局1978年11月版，第82页至第84页。

[②] 方诗铭编著：《中国历史纪年表》，上海辞书出版社1980年5月版；修订本，上海人民出版社2007年3月版。

[③] 柏杨以"黄帝"起计，计算的时段不同。柏杨：《中国人史纲》，时代文艺出版社1987年12月版，第3页。

实际上大略可以看作统一王朝的只有 11 个，即秦、西汉、新、东汉、西晋、隋、唐、北宋、元、明、清，平均统治时间146 年。

自西汉王朝之后，东汉王朝、唐王朝、北宋王朝、明王朝、清王朝统治的时代，都是大体能够实现社会稳定、推动经济进步、创造文化辉煌的时代，分别都在 200 年左右。

准确地说，这些古代王朝统治的历史，西汉 214 年，东汉195 年，唐 289 年，北宋 165 年，明 276 年，清 267 年。这些年代数据，较历史真实也存在少许的误差[①]，但是由此仍可大略了解古代王朝兴衰的基本历史线索。

总结历代王朝迭相更替的历史，可以有重要的发现。

宋儒邵雍《书皇极经世后》有这样的历史咏叹：

> 朴散人道立，法始乎羲皇。岁月易迁革，书传难考详。二帝启禅让，三王正纪纲。五伯仗形胜，七国争强良。两汉骧龙凤，三分走虎狼。西晋擅风流，群凶来北荒。东晋事清芬，传馨宋齐梁。逮陈不足算，江表成悲伤。后魏乘晋弊，扫除几小康。迁洛未甚久，旋闻东西将。北齐举燔火，后周驰星光。隋能一统之，驾福于巨唐。五代如传舍，天下徒扰攘。不有真主出，何由奠中央。一万里区宇，四千年兴亡。五百主肇位，七十国开疆。或混同六合，或

---

① 例如，西汉纪年，通常从公元前 206 年算起，然而这实际上是刘邦王汉中的年代。垓下决战胜利，汉并天下，是在公元前 202 年，这样说来，西汉王朝统治的年代实际上前后共 210 年。又如汉光武帝刘秀在公元 25 年称帝，以这一年为建武元年，而东汉王朝平定割据势力，真正实现统一，是在建武十二年。这里为了方便起见，我们采用一般的计算方法。

控制一方。或创业先后，或垂祚短长。或奋于将坠，或夺于已昌。或灾兴无妄，或福会不祥。或患生藩屏，或难起萧墙。或病由唇齿，或疾亟膏肓。谈笑萌事端，酒食开战场。情欲之一发，利害之相戕。剧力恣吞噬，无涯罹祸殃。山川才表里，丘垄又荒凉。荆棘除难尽，芝兰种未芳。龙蛇走平地，玉石碎昆岗。善设称周孔，能齐是老庄。奈何言已病，安得意都忘。

所谓"四千年兴亡"，先后演出着"五百主肇位，七十国开疆"的历史。诗句中涉及秦以后从汉至宋共22个王朝。①

欧阳修《古诗一十八首·答原父》也有歌咏历代兴亡的诗句："严严《春秋》经，大法谁敢觇。三才失纲纪，五代极昏垫。盗窃恣肤箧，英雄争奋剑。兴亡两仓卒，事迹多遗欠。才能纪成败，岂暇诛奸僭。闻见患孤寡，是非谁证验。"②

曾经在民间广泛流行的儿童蒙学课本《三字经》，是这样追述历代王朝更替的历史的：

夏有禹，商有汤，周文武，称三王。夏传子，家天下，四百载，迁夏社。汤伐夏，国号商，六百载，至纣亡。周武王，始伐纣，八百载，最长久。周辙东，王纲坠，逞干戈，尚游说。始春秋，终战国，五霸强，七雄出。嬴秦氏，始兼并，传二世，楚汉争。高祖兴，汉业建，至孝平，王莽篡。光武兴，为东汉，四百年，终于献。魏蜀吴，

---

① 〔宋〕邵雍:《伊川击壤集》卷八。
② 〔宋〕欧阳修:《文忠集》卷五。

争汉鼎，号三国，迄两晋。宋齐继，梁陈承，为南朝，都
金陵。北元魏，分东西，宇文周，与高齐。迨至隋，一土
宇，不再传，失统绪。唐高祖，起义师，除隋乱，创国基。
二十传，三百载，梁灭之，国乃改。梁唐晋，及汉周，称
五代，皆有由。炎宋兴，受周禅，十八传，南北混。辽与
金，皆称帝，元灭金，绝宋世。莅中国，兼戎狄，九十年，
国祚废。太祖兴，国大明，号洪武，都金陵。迨成祖，迁
燕京，十七世，至崇祯。权奄肆，寇如林，至李闯，神器
焚。清太祖，应景命，靖四方，克大定。廿一史，全在兹，
载治乱，知兴衰。①

这应当就是长期以来一般民众所认识的历史，所理解的
历史。在这种通俗化历史表述中，历代所谓"治乱"与
"兴亡"②，从起初的"兴""起""创""建"，到最终的
"篡""废""坠""亡"，看起来大都遵循着同样的轨道。

在以政治史为主体内容，甚至被有的思想家尖锐地称为
"为帝王将相作家谱的"③中国传统史学文献中，人们所看到的
历史，其实大都是一个个王朝"兴亡"历程的记录。一个王朝

---

① 施孝峰主编：《三字经古本集成》，辽海出版社 2008 年 12 月版，第
471 页至第 485 页。
② 《尚书·太甲下》写道："与治同道罔不兴，与乱同事罔不亡。"（〔清〕
阮元校刻：《十三经注疏》，第 165 页）是说"治"则"兴"，"乱"则"亡"。
③ 鲁迅：《中国人失掉自信力了吗》，《且介亭杂文》，《鲁迅全集》第 6
卷，人民文学出版社 1981 年版，第 122 页。又梁启超在《中国史界革命
案》中也写道："二十四史非史也，二十四姓之家谱而已。"《新史学·中
国之旧史》，《饮冰室合集》，中华书局 1989 年 3 月版，第 1 册文集之九
第 5 页。

由"兴"而"亡",再继之以一个新的王朝的"兴",随后又是这一由"兴"而"亡"的历史过程的多次的重复。

汉代儒学大师董仲舒在《春秋繁露·精华》中曾经写道:"古之人有言曰:'不知来,视诸往。'今《春秋》之为学也,道往而明来者也。""吾按《春秋》而观成败,乃切悁悁于前世之兴亡也。"① 视往而知来,道往而明来,考察"前世"的"成败"与"兴亡",总结有关的政治经验,这是董仲舒时代《春秋》之为学"的文化原则,也表现了传统中国社会的著史者们、论史者们以及读史者们的共同的文化理想、学术动机和求知倾向。唐代诗人笔下所谓"慨焉感兴亡"②,所谓"著论谈兴亡"③,所谓"引古惜兴亡"④,所谓"下笔证兴亡"⑤,所谓"史书阅兴亡"⑥ 等等,也都反映出文化人对古来"兴亡"的同样的关心。

对"兴亡"的回顾,对"兴亡"的感叹,对"兴亡"的思考,对"兴亡"的总结,是中国传统政论的主体内容之一。世世代代对"兴亡"的复杂思绪,千百年来,错错综综,丝丝缕缕,成了中国知识人胸中永远的心结。

古人诗作中可以看到这样的文句,"宫娥不识兴亡事,犹唱宣和御制词"⑦,"游人不管兴亡事,但把笙歌闹彩船"⑧,"行

---

① 〔清〕苏舆撰,钟哲点校:《春秋繁露义证》,中华书局1992年12月版,第96页,第97页。
② 〔唐〕李峤:《奉使筑朔方六州城率尔而作》,《全唐诗》卷五七。
③ 〔唐〕李白:《赠别舍人弟台卿之江南》,《李太白文集》卷九。
④ 〔唐〕杜甫:《壮游》,《集千家注杜工部诗集》卷一五。
⑤ 〔唐〕孟郊:《读张碧集》,《孟东野诗集》卷九。
⑥ 《白孔六帖》卷八七引《杜牧冬至日寄小侄》。
⑦ 〔宋〕汪元量:《湖山类稿·水云集》卷一。
⑧ 〔宋〕连文凤:《湖上行春》,《百正集》卷中。

人谁管兴亡事，但说扬州接汴京"①。诗人的批评，一如唐人杜牧诗"烟笼寒水月笼纱，夜泊秦淮近酒家；商女不知亡国恨，隔江犹唱后庭花"②，宋人林升诗"山外青山楼外楼，西湖歌舞几时休；暖风熏得游人醉，便把杭州作汴州"③。另外，说到"兴亡事"的诗句，又多见如"渔蓑不涉兴亡事，自醉自醒今白头"④，"野人不管兴亡事，饮恨闲看老杜诗"⑤，"老农不解兴亡事，唯说今年豆角稀"⑥，"老僧不管兴亡事，独闭松扉自煮茶"⑦，"山僧不管兴亡事，清坐闲披贝叶文"⑧者。在某种意义上，人们似乎是在欣赏对"兴亡事""不涉""不管""不解"的这种淡然之心。诗人有时还借山水花鸟来比喻这种冷漠和麻木中透露的纯朴的自然和真正的智慧。⑨这种咏叹有时又隐隐

---

① 〔明〕陆深：《行经隋堤有感》，《俨山集》卷一三。
② 〔唐〕杜牧：《泊秦淮》，《万首唐人绝句》卷二五。
③ 〔明〕田汝成：《西湖游览志余》卷二《帝王都会》。
④ 〔宋〕方岳：《瓜洲晚渡》，《秋崖集》卷九。
⑤ 〔金〕李俊民：《勉和筹堂来韵》，《庄靖集》卷四。
⑥ 〔元〕曹伯启：《九日省舅氏郭西独行因书所见十首》之四，《曹文贞公诗集》卷八。
⑦ 〔元〕卢琦：《游林肃寺和林清源先生韵》，《圭峰集》卷上。
⑧ 〔宋〕陈鉴之：《京口甘露寺登眺》，《陈鉴之东斋小集》，《江湖小集》卷一五。
⑨ 例如"江山不管兴亡事，一任斜阳伴客愁"（〔唐〕包佶：《再过金陵》，《全唐诗》卷二〇五。卷七四三重收，作者题沈彬），"青山不管兴亡事，依旧楼头挹暮樽"（〔宋〕王柏：《题西楼有感》，《鲁斋集》卷三），"青山不管兴亡事，幽鸟数声啼破春"（〔元〕舒頔：《过西坑次刘昭父壁间韵》，《贞素斋集》卷七），"海门不管兴亡事，犹送春潮打石头"（〔元〕萨都剌：《春日登北固多景楼录奉即休长老二首》之一，《元诗选》初集卷三五），以及"莺花不管兴亡事，妆点春光似去年"（不知名作者：《题驿舍壁》，《宋艺圃集》卷二二；又见赵潘：《养疴漫笔》，《说郛》卷四七上；以及西郊野叟：《庚溪诗话》，《说郛》卷八四上），"野花不识兴亡事，故故撩人为送香"（〔宋〕汪梦斗：《宝应城北门外登崖散步》，（转下页注）

绪言：有多少代王朝，就有多少部开国史

含有某种自嘲的意义。事实上，历代站立在一定文明基点上的有历史常识的文化人，都不能掩饰内心对"兴亡事"的热切关注。"独闭松扉"，"自醉自醒"，看起来是冷寂的"清坐"，"饮恨"一类字样还是透露出了所谓"野人""老僧"们胸中深处那种对于"兴亡事"念念不忘的心绪。

成败得失，盛衰兴废，战略兵法，政策权术，怎样克敌制胜，怎样富国强军，什么样的历史经验可以为帝王们提供"资治"的参考，这些长久以来始终是中国传统政论、中国传统史论的主题。

元代文学家张养浩有一组以"怀古"为主题的散曲《山坡羊》。作者在汉唐两都之间踏察历史遗迹，发抒思古幽情，被誉为咏史的经典。其中《骊山怀古》写道："骊山四顾，阿房一炬，当时奢侈今何处？只见草萧疏，水萦纡。至今遗恨迷烟树。列国周齐秦汉楚。赢，都变做土；输，都变做土。"《咸阳怀古》写道："城池俱坏，英雄安在？云龙几度相交代！想兴衰，若为怀，唐家才起隋家败，世态有如云变改。疾，也是天地差；迟，也是天地差。"又如《潼关怀古》：

> 峰峦如聚，波涛如怒，山河表里潼关路。望西都，意踌躇，伤心秦汉经行处，宫阙万间都做了土。兴，百姓苦；亡，百姓苦。①

（接上页注 ⑨）《北游集》卷上），"黄莺不解兴亡事，飞过海棠枝上啼"（〔元〕萨都剌：《彭城杂咏呈廉公亮金事》，《雁门集》卷三），"寒鸦不管兴亡事，飞下霜芜啄髑髅"（〔明〕陶安：《径江》，《陶学士集》卷九），"幽禽不管兴亡事，尽日林间自在啼"（〔明〕朱同：《花朝登砂子岭》，《覆瓿集》卷三）等等。
① 〔元〕杨朝英选：《朝野新声太平乐府》卷四。

作者用特殊的视角看赢输、疾迟和兴亡，发表了独到的政治史见解。作者"伤心秦汉经行处"，站立在"宫阙万间"的废墟上，进行了有深度的历史思考。最末"百姓苦"一句，有特殊的意味。回顾王朝兴亡史，站在民众的立场上，确实是"兴，百姓苦；亡，百姓苦"。专制王朝的盛衰和兴亡，政治史舞台上的开场与落幕，常常只能看到帝王将相们的表演，似乎与一般下层民众没有什么直接的关系，在普通人的意识中，对此似乎也并不会有特殊的关心。但是王朝兴替期间所发生的严重动乱，却往往导致民生苦难，经济崩溃，文化沦弃，社会倒退，形成全面的灾难性的后果。从总结社会文明史的角度看，王朝兴亡之间的社会大动乱，往往引起文化成就的毁灭和历史进程的倒退。而新王朝实现的政治安定和经济恢复，又提供了"百姓"们得到安定生活以及对于文明进步作出新的创造的条件。

通过"兴亡事"的总结，来探求行政的规律，是中国传统政治史研究的主题。司马迁说："猎儒、墨之遗文，明礼义之统纪……列往世兴衰。"[1] 所谓"往世兴衰"之"兴衰"，又作"兴坏"。[2] 相近的说法，又可见所谓"兴毁"[3]"兴废"[4]"兴

---

[1] 《史记·太史公自序》，中华书局 1959 年 9 月版，第 3314 页。
[2] 《史记·太史公自序》裴骃《集解》引徐广曰，第 3314 页。《鹖冠子》卷上《道端》："夫长者之事其君也，调而和之，士于纯厚，引而化之，天下好之，其道日从，故卒必昌。夫小人之事其君也，务蔽其明，塞其听，乘其威，以灼热人，天下恶之，其崇日凶，故卒必败，祸及族人。此君臣之变，治乱之分，兴坏之关梁，国家之阅也。"黄怀信撰：《鹖冠子校注》，中华书局 2014 年 3 月版，第 104 页至第 106 页。
[3] 〔南朝梁〕江淹《知己赋》："论十代兮兴毁，访五都兮异同。"《江文通集》卷一。
[4] 《汉书·匡衡传》："自上世已来，三代兴废，未有不由此者也。"中华书局 1962 年 6 月版，第 3342 页。

替"①。自秦代至清代,一代代王朝"兴亡""兴衰"的演变,是历史学研究的素材,也是政治学研究的素材。位居执政集团中枢的帝王将相,往往更集中非常的精力特别瞩目于历代王朝"兴亡"更替的历史演变。唐太宗李世民与魏徵等人讨论政治史的进程时,就曾经指出他所注意到的"看古之帝王,有兴有衰,犹朝之有暮"的规律。②金代学者李俊民《勉和筹堂来韵》诗写道:"往古来今秋复春,嬴颠刘蹶总成尘。蜗牛角上争闲气,笑倒南华梦蝶人。"③元代诗人侯克中《浊渭》诗写道:"浊渭清泾未易论,从他燕蝠自朝昏。商君必欲更秦法,宋玉徒劳吊楚魂。万斛精粱群鼠厌,一钩香饵六鳌吞。老来不解兴亡事,睡足斜阳柳外村。"④政治争斗,你死我活,"往古来今","嬴颠刘蹶","乱烘烘,你方唱罢我登场",这就是"兴亡事"。这一视角的透彻观察,指出了权力争夺的实质,也超越了传统"浊渭清泾"的政治道德评价的层面。秦兴了,楚亡了,但是对于"斜阳柳外村"人,"商君""更秦法"怎么样?"宋玉""吊楚魂"又怎么样?

那么,政治史的探索和政治史的总结难道真的是完全没有意义的劳作,不如"睡足斜阳柳外村"?千百年的"兴亡事"难道真的是一片虚无,犹如"庄生梦蝶一场空"?

其实,如果跳出简单地总结成与败的经验教训的政治史学

---

① 《贞观政要》卷二《任贤》:"以古为镜,可以知兴替。"〔唐〕吴兢撰,谢保成集校:《贞观政要集校》,中华书局2009年7月版,第63页。

② 《贞观政要·政体》,〔唐〕吴兢撰,谢保成集校:《贞观政要集校》,第33页。

③ 〔金〕李俊民:《庄靖集》卷四。

④ 〔元〕侯克中:《艮斋诗集》卷一二。

的常规思路来讨论"兴亡事"，如果心怀社会史和文化史深层发掘的动机来研究"兴亡事"，也许我们会有有意义的新的发现。

对于"兴亡""兴衰""兴坏""兴毁""兴废""兴替"循环中的"兴"，即古代王朝的建国史、开国史，也就是《三字经》中"起义师""创国基"的历史过程的分析和总结，对于中国古代政治史和中国传统政治文化的研究，也许是有特殊意义的。

对于古代政权这种"兴"的过程，在传统政治意识中，通常以为是"天数"所定，也就是说"天命"实际上已经事先规范了一个王朝开国的方向和路径，前朝在历史时段上的限数以及新政权成功的机会。以"天数"为"天"所规定的历史走向的说法，较早见于汉末。《三国志·魏书·张既传》裴松之注引《魏略》载韩约语："今诸将不谋而同，似有天数。"[1]《后汉书·隗嚣公孙述列传》："赞曰：公孙习吏，隗王得士，汉命已还，二隅方跱。天数有违，江山难恃。"[2] 历代服务于帝王将相的文士中，有专门以占星、相人、卜事、望气等技术期望探求窥知这种"天数"的。当然，开明之士也有"数虽天定，业乃人为"的比较清醒而积极的认识[3]，着重强调"人为"因素对于历史方向和历史进程的意义，然而持这种见解的人，实质上依然没有能够否定"天数"的作用。而更普及的历史观，则以为

---

① 《三国志·魏书·张既传》，中华书局 1959 年 12 月版，第 476 页。
② 《后汉书·隗嚣公孙述列传》，第 545 页。
③ 〔明〕李东阳：《对鸥阁赋》，《文前稿》卷一，《李东阳集》，岳麓书社 1985 年 1 月版，第 2 卷第 10 页。这是一篇借楼阁园林的兴废比喻世事的寓言式的文章，其中说道："起废殊地，悲欢昇时。数虽天定，业乃人为。有始必复，靡终弗持。"以寄托"行藏有时"之心，并称此为"合万物而一视"的带有规律性的认识。

"人力"是无法影响"天数"的。[①]

对于这种"其兴也勃焉"的开国的过程，新王朝的统治者看作是革故创新，是一种"革命"。

"革命"这一政治词语的最初使用，就是指这种历史现象。《周易·革》说："天地革而四时成，汤、武革命，顺乎天而应乎人。"唐代学者孔颖达解释说："夏桀、殷纣，凶狂无度，天既震怒，人亦叛主，殷汤、周武，聪明睿智，上顺天命，下应人心，放桀鸣条，诛纣牧野，革其王命，改其恶俗，故曰'汤、武革命，顺乎天而应乎人'。"[②]夏王朝的末代君主夏桀和商王朝的末代君主殷纣凶暴残虐至极，于是上天震怒，民众叛离，商汤和周武王具有优异的政治资质，奋起义兵，把夏桀流放到鸣条，在牧野击败殷纣，终于取而代之。这种政权转换、王朝更替的现象，都被理解为顺应"天命"和"人心"的"革命"。

然而客观地说，历史上多次发生的这种改朝换代的过程，从宏观的视角考察，究竟是不是真正推动了历史的前进呢？是体现出了历史的进步，还是仅仅不过是历史的往复的循环、历史的简单的重复呢？

传统政治史论者误以为"天数"所定的古代王朝大略经过

---

① 宋代诗人张孝祥《六州歌头》写道："长淮望断，关塞莽然平。征尘暗，霜风劲，悄边声，黯销凝。追想当年事，殆天数，非人力。洙泗上，弦歌地，亦膻腥。隔水毡乡，落日牛羊下，区脱纵横。看名王宵猎，骑火一川明，笳鼓悲鸣，遣人惊。念腰间箭，匣中剑，空埃蠹，竟何成！时易失，心徒壮，岁将零，渺神京。干羽方怀远，静烽燧，且休兵。冠盖使，纷驰骛，若为情？闻道中原遗老，常南望，翠葆霓旌。使行人到此，忠愤气填膺，有泪如倾。"《词综》卷一三。其中所谓"追想当年事，殆天数，非人力"，是体现了传统的历史观的。
② 〔清〕阮元校刻：《十三经注疏》，第60页。

一个历史时期就实现更替的现象，很早就已经有人注意到，并且试图探求其中的规律。

战国时期得以流行的阴阳五行思想，以讲阴阳的《周易》和讲五行的《洪范》作为最集中的理论成就。种种方术之学都以阴阳五行为原则而推演。齐人邹衍把五行学说附会于社会历史的变易，提出了"五德终始"说。[①]这种理论用水、火、木、金、土的相生相克和终而复始的循环变化来说明政权的兴替。

董仲舒在《春秋繁露·三代改制质文》中，又将"五德终始"说复杂化，创"三统"说。所谓"三统"说，"把朝代的递嬗归之于三个统的循环。这三个统的名字是黑统、白统、赤统。得到哪一个统而为天子的，那时的礼乐制度就照着哪一个统的定制去办理"。"三统"说与"五德终始"说的区别在于，"五德终始"说以五数循环，而"三统"说则以三与四为小循环，十二为大循环。因而"五德终始"相对简单一些，而"三统"说则相对复杂一些。[②]

"五德终始"说或者"三统"说，都是以循环为规律，因而对历史的总结是非科学的。严格说来，这也是一种政治迷信。事实上，历史上确实多有政治野心家利用这一学说作为争夺政治权力的理论根据。

尽管循环学说并不能说明历史规律，也并不符合历史真实，然而中国古代王朝更替的情形确实从表面看来有类似循环的迹象。有人于是在总结这一历史现象时，使用了"周期率"

---

① 《史记·历书》，第 1259 页。
② 顾颉刚：《五德终始说下的政治和历史》，《古史辨》，上海古籍出版社 1982 年 8 月版，第五册下编第 441 页至第 443 页。

这一说法。

对于中国政治史上王朝兴亡的"周期率"的认识，历来议论很多。

在关于所谓"中国封建社会长期延续的原因"的讨论中，实际上许多意见也涉及王朝兴亡的"周期率"这一问题。

有的学者提出的"中国封建社会的超稳定结构"的理论，引起了学界的重视。这一理论对于中国社会史、中国政治史的说明，自成其体系。其中对于我们讨论的历史现象，称之为"周期性振荡"。

研究者指出："中国封建社会的长期停滞和周期性改朝换代，这两个重大历史现象有着深刻的内在联系。中国封建社会结构内部具有特殊的调节机制，使它每隔二三百年就发生一次周期性的崩溃（即振荡），消灭或压抑不稳定因素并恢复旧结构。正是这种特殊的调节机制，保持了中国封建社会两千余年的延续状态，使之呈现出社会结构的巨大稳定性。换句话说，中国封建制度是不能仅仅靠每个封建王朝长期延续而静态地继承下来，而是必须通过周期性的动乱和复苏一代一代地保存下来的。"[1] 对于其中所谓"周期性振荡"以及"中国封建王朝的修复机制"等观点，有必要进行科学的分析。

毛泽东和黄炎培六十多年前一次关于中国政治史的"周期率"的著名讨论，也值得关心中国历史文化的人们深思。

1945 年 7 月间，在延安的窑洞中，毛泽东和以参政员身份来访延安的黄炎培曾经有一次长谈。

---

① 金观涛、刘青峰：《兴盛与危机——论中国封建社会的超稳定结构》，湖南人民出版社 1984 年 4 月版，第 14 页。

毛泽东问黄炎培来延安考察有什么感想，黄炎培说："我生六十多年，耳闻的不说，所亲眼看到的，真所谓'其兴也浡焉'，'其亡也忽焉'，一人，一家，一团体，一地方，乃至一国，不少不少单位都没有能跳出这周期率的支配力。大凡初时聚精会神，没有一事不用心，没有一人不卖力，也许那时艰难困苦，只有从万死中觅取一生。既而环境渐渐好转了，精神也就渐渐放下了。有的因为历时长久，自然地惰性发作，由少数演为多数，到风气养成，虽有大力，无法扭转，并且无法补救。也有为了区域一步步扩大了，它的扩大，有的出于自然发展，有的为功业欲所驱使，强求发展，到干部人才渐见竭蹶、艰于应付的时候，环境倒越加复杂起来了，控制力不免趋于薄弱了。一部历史，'政怠宦成'的也有，'人亡政息'的也有，'求荣取辱'的也有。总之没有能跳出这周期率。中共诸君从过去到现在，我略略了解的了。就是希望找出一条新路，来跳出这周期率的支配。"

　　毛泽东对于能否跳出这个周期率的问题，回答道："我们已经找到新路，我们能跳出这周期率。这条新路，就是民主。只有让人民来监督政府，政府才不敢松懈。只有人人起来负责，才不会人亡政息。"黄炎培说："这话是对的。只有大政方针决之于公众，个人功业欲才不会发生。只有把每一地方的事，公之于每一地方的人，才能使地地得人，人人得事。把民主来打破这周期率，怕是有效的。"①

　　黄炎培所谓"'其兴也勃焉'，'其亡也忽焉'，一人，一

---

① 黄炎培：《延安归来》，《八十年来》，中国文史出版社 1982 年 8 月版，第 156 页至第 157 页。

家，一团体，一地方，乃至一国，不少不少单位都没有能跳出这周期率的支配力"，起先看来似乎是说他所亲身经历中国近代政治史的见闻。然而，他又说："一部历史，'政怠宦成'的也有，'人亡政息'的也有，'求荣取辱'的也有。总之没有能跳出这周期率。"则显然所说的"周期率"，又是对整个历史的概括。所谓"政怠宦成"①，"人亡政息"②，"求荣取辱"③ 等等，都是古语。"政怠宦成"，是说地位显贵之后，则政事怠懈。"人亡政息"，是说为政在乎得人，得其人则能推行善政，反之则理想的政治设计终将破灭。"求荣取辱"，是说欲求其荣，反得其辱。看来，尽管黄炎培起初有"我生六十多年，耳闻的不说，所亲眼看到的，真所谓'其兴也浡焉'，'其亡也忽焉'……"的话，我们把他提出的问题和毛泽东的回答，看作对整个中国政治史的总结，看作对"跳出这周期率"的方法的讨论，可能是正确的。毛泽东当年关于通过民主来"跳出这周期率"的话，体现了中国共产党人谋求实现中国政治形式的现代化的决心和信心。然而现在看来，要切实地真正实践这一意志，显然还需要艰苦的努力。④

---

① 《说苑·敬慎》，刘文典：《说苑斠补》，中华书局 1987 年 7 月版，第 211 页。

② 《礼记·中庸》，〔清〕阮元校刻：《十三经注疏》，第 1629 页。

③ 《荀子·荣辱》，〔清〕王先谦撰，沈啸寰、王星贤点校：《荀子集解》，中华书局 1988 年 9 月版，第 55 页至第 58 页。

④ 王子今：《中国古代王朝盛衰兴亡的"周期率"》，《理论学刊》2002 年第 1 期；《"周期率"辨疑》，《百年潮》2002 年第 3 期。林甘泉、王子今：《"其兴也浡"，"其亡也忽"：中国历代王朝盛衰兴亡的周期律》，《从文明起源到现代化——中国历史 25 讲》，人民出版社 2002 年 2 月版，第 379 页至第 391 页。

在每个新王朝建立之初，代表着新兴政治势力的执政者们总是宣称"其兴也浡焉"的政治成功是"天命"的体现，是"天意"的实践。这当然首先是一种利用神秘主义文化的社会影响来美化自我、抬高自我、扩张自我的政治宣传，然而在当时也未尝不是相当一部分人内心的真实的政治情感的反映。也就是说，新的王朝的建立，在一定的历史条件下，可以说确实往往是新生的富有朝气的政治势力战胜腐恶的代表保守的社会阶层的政治势力的成功。例如汉王朝取代秦王朝，唐王朝取代隋王朝就是如此。

从这一角度来看，这种新旧更替，与其说是"天意"的作用，毋宁说是"民意"的作用。前面引述的孔颖达赞美"殷汤、周武"的话，"上顺天命，下应人心"，后半句看来是对的。新的王朝的开创者怎样顺应民意，整顿天下，安定社会，即使以"循环"史观看历代政治演化，大概也会注意到各朝的差别，发现不同开国政治集团的个性。

总的来说，一个王朝在兴起之时，其创始者往往代表着新生的社会力量，体现着先进的社会要求。新王朝的政治风格具有积极进取的特征，执政者往往能够朝气蓬勃，意气风发，同时也注意谦虚谨慎，戒骄戒躁，于是政风清新，政府有较高的效率，政治、经济、文化等多方面的创获十分富集。从这个角度来说，进行开国史的总结，也是有意义的。

可以说，有多少代王朝，就有多少部开国史。我们在这里所要讨论的，是这些开国史中有共同点的历史现象。我们在这里所要总结的，是通过对历代开国史的考察所形成的具有某种规律性意义的认识。

《紫禁城全景图》。明代，佚名，现藏南京博物院。紫禁城整体上仿建南京明皇宫，在整体设计理念上仍然继承了"地上天宫"的建造思想。

从秦王朝到清王朝，先后62个正式的王朝相继实现了对中华民族生存之地域的政治管理。

总结这些王朝"兴亡""兴衰""兴坏""兴毁""兴废""兴替"过程中"兴"的形式，也就是它们的建国史和开国史，可以增进我们对历史的认识。

有的学者总结"历代创业帝王得国的方式"，注意到有"自立""禅代"等形式，论者"历代创业帝王得国之方式分类录"中，有这样的归类：（甲）群臣奉立（汉高祖，东汉光武帝，北魏道武帝，后唐庄宗，后汉高祖，元世祖，明太祖，清爱新觉罗氏）；（乙）自立（秦始皇帝）；（丙）禅代（魏曹氏，晋司马氏，刘宋武帝，齐高帝，梁武帝，陈高祖，北齐高氏，北周宇文氏，隋文帝，唐李氏，后梁太祖，后周太祖，宋太祖）；（丁）其他（后晋高祖）。[①] 这样的分析，也许并没有揭示古代王朝开国史的真实特征。所谓"群臣奉立""自立"与"禅代"之间，往往只呈现出表象的差异，就形式而言，有时亦难以明晰分割。比如宋太祖赵匡胤被归入"禅代"一类，但是也是典型的"群臣奉立"。

三种模式说

我们认为，中国古代王朝的开国历程，就对于原有政权而言，大略有三种模式：（1）造反；（2）篡夺；（3）侵灭。

我们可以借用方诗铭《中国历史纪年表》"（三）秦纪年

---

① 王寿南：《中国历代创业帝王》，广西师范大学出版社2007年8月版，第102页至第131页。

表"至"（十四）清纪年表"提供的资料^①，表列这些王朝开国的时间，它们在政治史序列中的位置，也因此得以显示：

公元纪年	统一王朝	区域性王朝
前 221	秦	
前 206	西汉	
9	新	
25	东汉	
220		魏
221		蜀
222		吴
265	西晋	
303		成汉
304		前赵
317		东晋
317		前凉
319		后赵
337		前燕
350		冉魏
350		前秦
384		后秦
384		后燕

① 方诗铭：《中国历史纪年表》，第 34 页至第 150 页。

开国君王的成功

公元纪年	统一王朝	区域性王朝
384		西燕
385		西秦
386		后凉
386		北魏
397		南凉
397		北凉
398		南燕
400		西凉
407		夏
407		北燕
420		宋
479		南齐
502		梁
534		东魏
535		西魏
551		北齐
557		北周
557		陈
581	隋	
618	唐	
902		吴
907		前蜀

公元纪年	统一王朝	区域性王朝
907		吴越
907		后梁
907		契丹·辽
909		闽
911		燕
917		南汉
923		后唐
924		荆南·南平
927		楚
934		后蜀
936		后晋
937		南唐
947		后汉
951		后周
951		北汉
960	北宋	
1032		西夏
1115		金
1127		南宋
1206	蒙古·元	
1368	明	
1616	后金·清	

古代王朝「开国」的基本模式

据《中国大百科全书·中国历史》中的相关词条,"十六国"列序为:前凉、成汉、汉—前赵、后赵、前燕、冉魏、前秦、后秦、后燕、西秦、代、后凉、南凉、北凉、南燕、西燕、西凉、夏、北燕。"五代十国"中"十国"列序为:前蜀、后蜀、吴、南唐、吴越、闽、楚、南汉、南平、荆南、北汉。[①]

需要说明的是,因为我们在这里讨论的是"开国史",所以"开国"的年代,以政权创立的年代计,而不以推翻和取代前代王朝的年代计。辽王朝、元王朝和清王朝都是如此,因为在实现统一之前,这样的政权已经形成了强大的区域性王朝。其建制已经一同统一王朝。

秦王朝看起来是个例外。不以公元前770年秦襄公得封计算秦的"开国史",是因为我们将这一主题的讨论,划定为以公元前221年秦实现统一作为起始的时限。而此前的秦国与诸侯并立,而秦襄公立国,与我们所讨论的"开国"性质有所不同。这样,实际上形成了一个原则,即我们所说的古代王朝,基本上以其执政者是否称帝为判定标准。

自然,以这样的原则处理古代政权纷乱复杂的情形,也存在若干例外。例如,正史中记载的某些曾经"称帝"的政治实体,人们通常并不视为正式的王朝。这是因为他们"立国"的政治实践并没有成功。两汉之际就有:

《汉书·律历志下》:"更始帝,著《纪》以汉宗室灭

---

① 《中国大百科全书·中国历史》,中国大百科全书出版社1992年4月版,第3页,第5页。

王莽，即位二年。"①

《汉书·律历志下》："赤眉贼立宗室刘盆子，灭更始帝。"②

《后汉书·刘玄传》："平陵人方望立前孺子刘婴为天子。"③

《汉书·叙传上》："公孙述称帝于蜀汉。"④

---

① 《汉书》，第1024页。《后汉书·刘玄传》："更始即帝位，南面立，朝群臣。素懦弱，羞愧流汗，举手不能言。于是大赦天下，建元曰更始元年。"第469页。

② 《汉书》，第1024页。《后汉书·刘盆子传》："军中常有齐巫鼓舞祠城阳景王，以求福助。巫狂言景王大怒，曰：'当为县官，何故为贼？'有笑巫者辄病，军中惊动。时方望弟阳怨更始杀其兄，乃逆说（樊）崇等曰：'更始荒乱，政令不行，故使将军得至于此。今将军拥百万之众，西向帝城，而无称号，名为群贼，不可以久。不如立宗室，挟义诛伐。以此号令，谁敢不服？'崇等以为然，而巫言益甚。前及郑，乃相与议曰：'今迫近长安，而鬼神如此，当求刘氏共尊立之。'六月，遂立盆子为帝，自号建世元年。初，赤眉过式，掠盆子及二兄恭、茂，皆在军中。恭少习尚书，略通大义。及随崇等降更始，即封为式侯。以明经数言事，拜侍中，从更始在长安。盆子与茂留军中，属右校卒史刘侠卿，主刍牧牛，号曰牛吏。及崇等欲立帝，求军中景王后者，得七十余人，唯盆子与茂及前西安侯刘孝最为近属。崇等议曰：'闻古天子将兵称上将军。'乃书札为符曰'上将军'，又以两空札置笥中，遂于郑北设坛场，祠城阳景王。诸三老、从事皆大会陛下，列盆子等三人居中立，以年次探札。盆子最幼，后探得符，诸将乃皆称臣拜。盆子时年十五，被发徒跣，敝衣赭汗，见众拜，恐畏欲啼。茂谓曰：'善藏符。'盆子即啮折яyy之，复还依侠卿。侠卿为制绛单衣、半头赤帻、直綦履，乘轩车大马，赤屏泥，绛襜络，而犹从牧儿遨。"第479页至第481页。

③ 《后汉书·刘玄传》："三年正月，平陵人方望立前孺子刘婴为天子。初，望见更始政乱，度其必败，谓安陵人弓林等曰：'前定安公婴，平帝之嗣，虽王莽篡夺，而尝为汉主。今皆云刘氏真人，当更受命，欲共定大功，何如？'林等然之，乃于长安求得婴，将至临泾立之。聚党数千人，望为丞相，林为大司马。"第473页。

④ 《汉书》，第4207页。又《后汉书·马援传》："公孙述称帝于蜀。"《后汉书·独行列传·李业》："公孙述称帝。"第829页，第2670页。

《后汉书·光武帝纪上》:"（刘）林于是乃诈以卜者王郎为成帝子子舆，十二月，立郎为天子，都邯郸，遂遣使者降下郡国。"①

《后汉书·窦融传》:"今称帝者数人。"②

东汉末年，又有"幽州牧刘虞宿有德望，（袁）绍等欲立之以安当时"③，以及袁术曾经"僭号"④，而随后其势衰败，又不得不"归帝号于（袁）绍"，而"绍阴然之"事。⑤曹操建安十五年（210）十二月己亥令即通常所谓《自明本志令》中说到的"设

---

① 《后汉书·王昌传》:"更始元年十二月，林等遂率车骑数百，晨入邯郸城，止于王宫，立郎为天子。林为丞相，李育为大司马，张参为大将军。分遣将帅，徇下幽、冀。"《后汉书·彭宠传》:"王郎诈立，传檄燕、赵。"第11页，第492页，第502页。

② 《后汉书》，第798页。

③ 《三国志·魏书·袁术传》裴松之注引《吴书》:"时议者以灵帝失道，使天下叛乱，少帝幼弱，为贼臣所立，又不识母氏所出。幽州牧刘虞宿有德望，（袁）绍等欲立之以安当时，使人报（袁）术。术观汉室衰陵，阴怀异志，故外托公义以拒绍。"第208页。

④ 《三国志·魏书·武帝纪》:"袁术欲称帝于淮南。"第15页。《三国志·魏书·袁术传》:"兴平二年冬，天子败于曹阳。术会群下谓曰:'今刘氏微弱，海内鼎沸。吾家四世公辅，百姓所归，欲应天顺民，于诸君意如何?'众莫敢对。主簿阎象进曰:'昔周自后稷至于文王，积德累功，三分天下有其二，犹服事殷。明公虽奕世克昌，未若有周之盛，汉室虽微，未若殷纣之暴也。'术嘿然不悦。用河内张炯之符命，遂僭号。以九江太守为淮南尹。置公卿，祠南北郊。"第209页。

⑤ 《三国志·魏书·袁术传》:"（袁术）将归帝号于（袁）绍。"《三国志·魏书·袁术传》裴松之注引《魏书》:"术归帝号于绍曰:'汉之失天下久矣，天子提挈，政在家门，豪雄角逐，分裂疆宇，此与周之末年七国分势无异，卒强者兼之耳。加袁氏受命当王，符瑞炳然。今君拥有四州，民户百万，以强则无与比大，论德则无与比高。曹操欲扶衰拯弱，安能续绝命救已灭乎?'绍阴然之。"第210页。

使国家无有孤，不知当几人称帝，几人称王"①，可以说真实地反映了当时实际的政治情势。郑天挺说，曹操此语，"说明当时的政治野心家是多的"②。谭其骧说，曹操的这番话"完全符合于真实情况"③。也有学者以为，"诚然，军阀们称帝割据，势必会战争连年，灾祸不断，曹操所说，没有欺骗世人"④。

除了曾经"称帝"的规模甚小、时间短暂的起义、叛乱⑤之外，还有如南越武帝赵佗的区域性政权。

赵佗在秦末战争中自立为南越武王。据《史记·南越列传》记载，汉高祖初定天下，因为久经战乱，"中国劳苦"的缘故，当时以宽宏的态度容忍了赵佗政权在岭南的割据。又曾经派遣陆贾出使南越，承认了赵佗"南越王"的地位。在高后称制的时代，"有司请禁南越关市铁器"，似乎曾经采取了与南越实行文化隔闭、文化封锁的政策。赵佗于是愤怒地说："高帝立我，通使、物，今高后听谗臣，别异蛮夷，隔绝器物，此必长沙王计也，欲倚中国，击灭南越而并王之，自为功也。"赵佗于是"乃自尊号为南越武帝，发兵攻长沙边邑，败数县而去焉"。"高后遣将军隆虑侯灶往击之。会暑湿，士卒大疫，兵

① 《三国志·魏书·武帝纪》裴松之注引《魏武故事》，第33页。
② 郑天挺：《关于曹操》，《文汇报》1959年4月22日。收入三联书店编辑部编《曹操论集》，三联书店1960年1月版，第153页。
③ 谭其骧：《论曹操》，《文汇报》1959年3月31日。收入三联书店编辑部编《曹操论集》，第68页。
④ 余桂元：《曹操评传——乱世英雄的足迹》，广西教育出版社1995年1月版，第147页。
⑤ 除新莽末年"绿林""赤眉"暴动中称帝的刘玄、刘盆子等之外，后世又有南齐"白贼"暴动中称帝的唐寓之，隋末以叛军领袖或割据者身份称帝的宇文化及、王世充，唐末农民战争中称帝的黄巢，以及率领农民军推翻明王朝的大顺帝李自成等。

不能逾岭。岁余，高后崩，即罢兵。"因为对气候条件不适应，汉军不能逾岭，两军事实上在南岭一线相持了一年之久，在吕后去世后方才罢兵，于是出现了司马迁所谓"隆虑离湿疫，（赵）佗得以益骄"的局面。此后，"（赵）佗因此以兵威边，财物赂遗闽越、西瓯、骆，役属焉，东西万余里。乃乘黄屋左纛，称制，与中国侔"。

汉文帝即位之后，对于吕后时代政治多所否定，"乃为（赵）佗亲冢在真定，置守邑，岁时祭祀。召其从昆弟，尊官厚赐宠之"。又派陆贾为使者出使南越，赐书致意，文辞颇为诚挚。"陆贾至南越，王甚恐，为书谢，称曰：'蛮夷大长老夫臣佗，前日高后隔异南越，窃疑长沙王谗臣，又遥闻高后尽诛佗宗族，掘烧先人冢，以故自弃，犯长沙边境。且南方卑湿，蛮夷中间，其东闽越千人众号称王，其西瓯骆裸国亦称王。老臣妄窃帝号，聊以自娱，岂敢以闻天王哉！'乃顿首谢，愿长为藩臣，奉贡职。于是乃下令国中曰：'吾闻两雄不俱立，两贤不并世。皇帝，贤天子也。自今以后，去帝制黄屋左纛。'"于是，一直到汉景帝时代，南越"称臣，使人朝请"。不过，暗自仍然沿用旧的称号，"然南越其居国窃如故号名，其使天子，称王朝命如诸侯"。[①]

赵佗公开称"南越武帝"时间较短，历史上一般不视南越国为常规意义上的王朝，我们因此也不把南越视作"开国史"讨论的对象。

---

① 《史记》，第 2969 页至第 2970 页。参见王子今《秦汉时期"中土"与"南边"的关系及南越文化的个性》，《秦汉史论丛》第 7 辑，中国社会科学出版社 1998 年 6 月版，第 54 页至第 66 页。

十六国中的前凉，以晋凉州太守张轨的政治经营为基础，世守凉州，长期使用晋愍帝建兴年号，历八主，前后六十年。虽始终未称帝，但是按照惯例，依然被视作一个王朝。十六国中，始终称王的还有西秦、北凉、西凉等。

虽然已经成为国家最高执政者，但是却没有称帝的君主，还有自称"天王"的后凉开国者氐族吕光，自称"大单于"的南凉开国者鲜卑族秃发乌孤，自称"天王"的北燕开国者汉族冯跋等。其性质其实也类似于称帝。

我们可以对历代王朝开国史所大致体现的三种基本模式，即"造反""篡夺""侵灭"，作简略的历史回顾。

开国模式之一：造反

"造反"这种模式，指开国史中常见的一种情形：开国皇帝原本没有政治基底，从破坏旧有政治秩序起家，经历艰苦奋争，使得政治实力从无到有，从小到大，终于独力或者与其他政治集团合力推翻原有政权，建立新的王朝，重新实现安定，确定了新的社会秩序。

大致在明代，"造反"一语已经在社会上下流行，文人笔下往往留有痕迹。如《醒世恒言》卷三八《李道人独步云门》："不料隋炀帝死后，有个王世充造反，到我青州，看见我家族里，人丁精壮，尽皆拿去当军。那王世充又十分不济，屡战屡败，遂把手下军马，都消折了。"[1]这里"造反"的语义已经与

---

[1] 〔明〕冯梦龙编撰：《醒世恒言》，中华书局 2009 年 1 月版，第 572 页。

今人的理解十分接近。"造反"一语又多见于官员文书。如明代名臣于谦《兵部为边患等事》中可以看到这样的内容："近者贵州普定、都匀、清平、平越等处并四川播州宣慰司草塘、黄平、重安苗贼纠合镇远卫府所属诸种苗蛮，自正统十四年以来造反，劫杀军民，受害不计其数。"①又王守仁有《牌行江西二司安葬宁府宫眷》，其中写道："照得宁王造反，称兵向阙，行委伪官万锐等把守省城，音信不通。"②政府的正式文告，也出现"造反"字样。如明人杨士奇《代言录·郊祀覃恩诏》中写道："朝廷建置文武官员，所以统治军民，其间或有官非其人，不得军民之心，而军民动辄绑缚凌辱，有伤大体，今后凡有害军害民官吏，许被害之人赴合该上司陈告，上司不为准理，许诉于朝，不许擅自绑缚，违者治罪。若受赃及造反谋逆及逃叛者，听绑缚前来，不拘此例。"③

明代文学家冯梦龙笔下，"造反"一语的使用频率颇高。《三遂平妖传》中，"造反"出现三次。第二回《修文院斗主断狱，白云洞猿神布雾》："（蚩尤）自恃天下无敌手，鼓众造反，要夺黄帝的天下。"第三十五回《赵无瑕拼生给贼，包龙图应诏推贤》："仁宗天子召文彦博至面前，圣旨道：'河北贝州王则造反，今命卿为元帅，收伏妖贼。'"第三十七回《白猿神信香求玄女，小狐妖飞磨打潞公》："谁知老狐精倚赖吾师以成其变化，却去帮扶王则造反称王，杀人十万。"又如《三国演义》

---

① 〔明〕于谦：《忠肃集》卷六《杂行类》。
② 〔明〕王守仁：《王文成公全书》卷一七《别录·公移二·巡抚江西征宁藩》。
③ 〔明〕杨士奇：《东里集》别集卷一。

一书中，"造反"凡三十四见。如第二回《张翼德怒鞭督邮，何国舅谋诛宦竖》两次说到"黄巾造反"，又说到"会稽妖贼许昌造反"。第九回《除暴凶吕布助司徒，犯长安李傕听贾诩》李傕、郭汜奏言："臣等特来报雠，非敢造反。"第十回《勤王室马腾举义，报父仇曹操兴师》李傕语："樊稠何故交通韩遂，欲谋造反？"第十六回《吕奉先射戟辕门，曹孟德败师淯水》可见"袁术有称帝之意，是造反也。彼若造反，则公乃反贼亲属矣，得无为天下所不容乎？"的责问，又写道："青州兵走回，迎操泣拜于地，言于禁造反，赶杀青州军马。操大惊。须臾，夏侯惇、许褚、李典、乐进都到。操言于禁造反，可整兵迎之。""却说于禁见操等俱到，乃引军射住阵角，凿堑安营。告之曰：'青州军言将军造反，今丞相已到，何不分辩，乃先立营寨耶？'"第二十九回《小霸王怒斩于吉，碧眼儿坐领江东》："（孙策）掣宝剑令左右杀了于吉。众官力谏。策怒曰：'尔等皆欲从于吉造反耶！'"第三十回《战官渡本初败绩，劫乌巢孟德烧粮》中，袁绍怒斥曹操："汝托名汉相，实为汉贼！罪恶弥天，甚于莽、卓，乃反诬人造反耶！"第三十四回《蔡夫人隔屏听密语，刘皇叔跃马过檀溪》："降将张武、陈孙在江夏掳掠人民，共谋造反。"第五十三回《关云长义释黄汉升，孙仲谋大战张文远》："后寨火起，一片声叫反，报者如麻。张辽出帐上马，唤亲从将校数十人，当道而立。左右曰：'喊声甚急，可往观之。'辽曰：'岂有一城皆反者？此是造反之人，故惊军士耳。如乱者先斩！'"这里又出现了"一片声叫反"的说法，值得注意。第五十五回《玄德智激孙夫人，孔明二气周公瑾》："（孙夫人）叱从人推车直出，卷起车帘，亲喝徐盛、丁奉曰：

'你二人欲造反耶？'徐、丁二将慌忙下马，弃了兵器，声喏于车前曰：'安敢造反！为奉周都督将令，屯兵在此，专候刘备。'"第六十九回《卜〈周易〉管辂知机，讨汉贼五臣死节》："汝等是汉朝臣宰之后；今不思报本，欲辅造反之人"，"耿纪，韦晃等造反，放火焚许都"。第八十七回《征南寇丞相大兴师，抗天兵蛮王初受执》说"（雍闿）结连孟获造反"。第八十八回《渡泸水再缚番王，识诈降三擒孟获》："诸多酋长，皆来告董荼那曰：'……今因孟获势力相逼，不得已而造反。'"第八十九回《武乡侯四番用计，南蛮王五次遭擒》又可见"今辱弟造反，又劳丞相深入不毛之地"语。第九十四回《诸葛亮乘雪破羌兵，司马懿克日擒孟达》司马懿说"孟达造反"，曹叡说"达造反"。第一百五回《武侯预伏锦囊计，魏主拆取承露盘》可见费祎对政治敌手"诬吾等造反"的警觉，又写道："忽报魏延表奏杨仪造反。"其文辞曰："征西大将军南郑侯臣魏延，诚惶诚恐，顿首上言：杨仪自总兵权，率众造反，劫丞相灵柩，欲引敌人入境。"而吴太后说："今彼奏杨仪等造反，未可轻信。"又可见交战情节："何平出马大骂曰：'反贼魏延安在？'延亦骂曰：'汝助杨仪造反，何敢骂我！'平叱曰：'丞相新亡，骨肉未寒，汝焉敢造反！'"杨仪说："丞相临终，遗一锦囊，嘱曰：'若魏延造反，临城对敌之时，方可开拆，便有斩魏延之计。'"又写道："幽州刺史毌丘俭上表，报称辽东公孙渊造反。"第一百七回《魏主政归司马氏，姜维兵败牛头山》则可见"太傅造反"语，又写道："夏侯霸听知，大惊，便引本部三千兵造反。"第一百九回《困司马汉将奇谋，废曹芳魏家果报》记录了司马师责问曹芳的话："妄诬大臣造反，当加何罪？"

《醒世姻缘传》这样的小说中，也数见"造反"的说法。第八十九回《薛素姐谤夫造反，顾大嫂代众降魔》，"造反"二字出现在章回标题中。其中写道："杜乡约道：'你看狄大嫂糊涂！狄大哥本等没有造反，我没的昧着良心说他谋反，叫他十灭九族了罢？'""造反"和"谋反"并见，也值得注意。第九十八回《周相公劝人为善，薛素姐假意乞怜》："又往县里首着咱造反，往四川来调兵。"第九十九回《郭将军奉旨赐环，狄经历回家致仕》："郭总兵知道梁佐的官兵见在，且的知这两家土官不是决意造反，也还是骑墙观望。将那四个人取了出来，吩咐道：'来人说话，据那土官之言，不是造反，是被小人挑激生变，要得徼幸成功，这是实话。'"明人编辑的《雍熙乐府》，是一部曲文总集。其中卷七《粉蝶儿·哭杨妃》出现"造反"语："未杀他人，先损了自己，怎做得后取那潼关计。见放着边庭上造反的，怎做的祸起萧墙内。"①

清代官府文书中"造反"的说法更频繁出现。如于成龙《又申张抚台文》写道："惟黄冈何姓造反，山民惊惶，麻城白水畈有英、霍、麻埠群贼猖狂。"②

"造反"这一词语在民间的普及，见于人们熟悉的曹雪芹《红楼梦》。《脂砚斋重评石头记》（庚辰本）第二十七回《滴翠亭杨妃戏彩蝶，埋香冢飞燕泣残红》写道："……宝钗在外面听见这话，心中吃惊，想道：'怪道从古至今那些奸淫狗盗的人，心机都不错。〔庚辰侧批：道尽矣。〕这一开了，见我在这里，他们岂不臊了。况才说话的语音，大似宝玉房里的红儿的

---

① 〔明〕郭勋编：《雍熙乐府》卷七《粉蝶儿·哭杨妃》。

② 〔清〕于成龙：《于清端公政书》卷三《黄州书》。

035

言语。他素昔眼空心大，是个头等刁钻古怪东西。今儿我听了他的短儿，一时人急造反，狗急跳墙，不但生事，而且我还没趣。如今便赶着躲了，料也躲不及，少不得要使个金蝉脱壳的法子。'……"大概当时所谓"人急造反，狗急跳墙"，已经成了民间俗语。又《镜花缘》第六十四回《赌石砚舅甥斗趣，猜灯谜姊妹陶情》："紫芝代答道：他在那里造反，所以兵去征他。难道造反还不是有罪么？"也告知我们"造反"一语的普及程度。

其实，"造反"一语的出现可能还要早得多。清人陈元龙《格致镜原》卷四八《耕织器物类》"叉"条引《农田余话》："元至元丙子，丞相伯颜当国，禁江南农家用铁禾叉（即叉枪）。犯者杖一百七十。以防南人造反之意。民间止用木叉挑取禾稻。"《四库全书总目》："《农田余话》二卷，旧本题明长谷真逸撰，不著名氏。所记多元末及张士诚窃据时事。中一条记至正壬辰，红巾入寇。又一条记至正甲申，流星坠地事。皆所亲历。则其人生于元末。"[1]结合《前汉书平话》提供的资料，可知元代已经通行"造反"的说法。明确的例证，还有元杂剧《地藏王证东窗事犯》第一折："非是岳飞造反，皇天可表。"又《承明殿霍光鬼谏》第三折："这两个贼子，久后必然造反！"第四折又三次出现"造反"字样："霍山、霍禹造反，须索奏知天子去咱。""陛下，有人造反也。""陛下！霍山、霍禹造反！"[2]

---

[1] 〔清〕永瑢等撰:《四库全书总目》，中华书局1965年6月版，第1218页。

[2] 隋树森编:《元曲选外编》，中华书局1959年9月版，第405页，第587页，第588页。

《续资治通鉴长编》卷二二一"宋神宗熙宁四年三月"可见王安石关于"保甲法"的说明："安石又为上论保甲：致人斩指，亦未可知。就令有之，亦不足怪。以朝廷所选士大夫甚少，陛下一有所为，纷然惊怪。况于二十万户百姓，固有愚蠢为人所感动者，岂可以此故，遂不敢一有所为？《说命》曰：'若药不瞑眩，厥疾不瘳。'苟欲瘳疾，岂能避瞑眩？今保甲所以惊者，畏为义勇保捷而已。就今尽刺为义勇保捷，陕西、河东固尝如此。上曰：如此则恐不便须致变。安石曰：陕西、河东未尝致变，则人情可知，岂有怕为义勇即造反之理？"又《续资治通鉴长编》卷二二九"神宗熙宁五年春正月"也有涉及王安石的内容，同样可以看到"造反"字样："先是曾孝宽为王安石言：'有军士深诋朝廷，尤以移并营房为不便。至云今连阴如此，正是造反时，或手持文书，似欲邀车驾陈诉者。'于是安石具以白上。文彦博曰：'近日朝廷多更张，人情汹汹非一。'安石曰：'朝廷事合更张，岂可因循？如并营事，亦合如此。此辈乃敢纷纷公肆诋毁，诚无忌惮，至言欲造反，恐须深察，又恐摇动士众为患。'"[1]

《旧五代史》中的一段记载，使我们得知"造反"一语在宋代以前已经使用。《旧五代史·唐书·李继韬传》："及庄宗平河南，继韬惶恐，计无所出，将脱身于契丹，会有诏赦之，乃赍银数十万两，随其母杨氏诣阙，冀以赂免。将行，其弟继远曰：'兄往与不往，利害一也。以反为名，何面更见天下！不

---

① 〔宋〕李焘撰，上海师范大学古籍整理研究所、华东师范大学古籍整理研究所点校：《续资治通鉴长编》，中华书局2004年9月版，第5391页，第5579页。

古代王朝『开国』的基本模式

如深沟峻壁，坐食积粟，尚可苟延岁月，往则亡无日矣。'或曰：'君先世有大功于国，主上季父也，弘农夫人无恙，保获万全。'及继韬至，厚赂宦官、伶人，言事者翕然称：'留后本无恶意，奸人惑之故也。嗣昭亲贤，不可无嗣。'杨夫人亦于宫中哀祈刘皇后，后每于庄宗前泣言先人之功，以动圣情，由是原之。在京月余，屡从畋游，宠待如故。李存渥深诃诋之，继韬心不自安，复赂伶阉，求归本镇，庄宗不听。继韬潜令纪纲书谕继远，欲军城更变，望天子遣己安抚。事泄，斩于天津桥南。二子龆年质于汴，庄宗收城得之，抚其背曰：'尔幼如是，犹知能佐父造反，长复何为！'至是亦诛。"[1]后唐庄宗李存勖说：你年幼如此，就知道帮助你老爹造反，长大以后又会怎么样呢！于是下了毒手。这可能是最早的皇帝口中说出"造反"二字的史例。

其实，"造反"这一词语的最早出现，可以追溯到汉代。

《汉书·张汤传》记载了司法名臣也是著名酷吏张汤处理淮南王、衡山王以及江都王反叛之案时的情形：

> 及治淮南、衡山、江都反狱，皆穷根本。严助、伍被，上欲释之，汤争曰："伍被本造反谋，而助亲幸出入禁闼腹心之臣，乃交私诸侯，如此弗诛，后不可治。"上可论之。[2]

所谓"本造反谋"，宋人倪思《班马异同》卷三〇："伍被本画

---

① 《旧五代史》，中华书局 1976 年 5 月版，第 707 页至第 708 页。
② 《汉书》，第 2640 页。

造反谋。"① 清代学者何焯《义门读书记》："'伍被自诣吏因告与淮南王谋反。'钝吟云：'伍被与王造反谋寔也。'"② 与"本造反谋""本画造反谋"类似的说法，又见于《三国志·魏书·陈留王奂传》：

> （咸熙元年八月）癸巳，诏曰："前逆臣钟会构造反乱，聚集征行将士，劫以兵威，始吐奸谋，发言桀逆，逼胁众人，皆使下议，仓卒之际，莫不惊慑。相国左司马夏侯和、骑士曹属朱抚时使在成都，中领军司马贾辅、郎中羊琇各参会军事；和、琇、抚皆抗节不挠，拒会凶言，临危不顾，词指正烈。辅语散将王起，说'会奸逆凶暴，欲尽杀将士'，又云'相国已率三十万众西行讨会，欲以称张形势，感激众心。起出，以辅言宣语诸军，遂使将士益怀奋励。宜加显宠，以彰忠义。'其进和、辅爵为乡侯，琇、抚爵关内侯。起宣传辅言，告令将士，所宜赏异。其以起为部曲将。"③

如果所谓"本造反谋""本画造反谋""构造反乱"未必就是人们通常说的"造反"，那么，我们还可以指出，同样见于《三国志》的有关张既事迹的记录，明确说到了"造反"。

《三国志·魏书·张既传》记载：

---

① 〔宋〕倪思：《班马异同》卷三〇。
② 〔清〕何焯：《义门读书记》卷一四《史记·淮南衡山列传》。
③ 《三国志》，第150页至第151页。

古代王朝「开国」的基本模式

酒泉苏衡反，与羌豪邻戴及丁令胡万余骑攻边县。既与夏侯儒击破之，衡及邻戴等皆降。遂上疏请与儒治左城，筑鄣塞，置烽候、邸阁以备胡。西羌恐，率众二万余落降。其后西平麹光等杀其郡守，诸将欲击之，既曰："唯光等造反，郡人未必悉同。若便以军临之，吏民羌胡必谓国家不别是非，更使皆相持著，此为虎傅翼也。光等欲以羌胡为援，今先使羌胡钞击，重其赏募，所虏获者皆以畀之。外沮其势，内离其交，必不战而定。"乃檄告谕诸羌，为光等所诖误者原之；能斩贼帅送首者当加封赏。于是光部党斩送光首，其余咸安堵如故。[①]

麹光"造反"的情节，是"杀其郡守"。这里张既所谓"造反"，与现今人们所说的"造反"语义是一致的。

《三国志·魏书·张既传》记载的汉末建安年间张既言论所谓"（麹）光等造反"，也许是我们今天可以看到的"造反"一语出现得最早的历史记录。

也就是说，至少在东汉时期，"造反"的说法已经出现，并且作为政治评判用语应用于社会政治生活之中。考察其语源，也许应当注意"造反"与所谓"本造反谋""本画造反谋""构造反乱"的内在逻辑关系。如果我们认为，"造反"这一词汇的出现，与皇帝制度即高度集权的专制主义体制的初步巩固与健全大体同步，也许是有一定道理的。也就是说，从古代朝廷最高执政者的专制权力强化至于极端的时候开始，挑战

---

① 《三国志》，第 476 页至第 477 页。

这种权力的政治表现就已经见诸史籍，指代这种现象的"造反"一语随即出现。而"造反"在中国词汇史中生命力之持久，也是和中国政治制度的特色一致的。

了解作为政治术语的"造反"词汇的早期出现以及其最初的概念内涵和使用场合，对于深入认识汉代政治生活是有积极意义的。如若进行中国正统政治文化的长时段的综合研究，也不妨关注"造反"这一词汇使用的原始的观念背景和长久的社会影响。[1]

因"造反"成就为帝王的政治人物，往往是通过起义、暴动或者叛乱积聚最初的武装力量的。

实践这样的开国道路的皇帝，有西汉王朝的创立者汉高祖刘邦，东汉王朝的创立者汉光武帝刘秀，明王朝的创立者明太祖朱元璋等。不过，因为在正统政治意识占主导地位的情况下"造反"长期显露出贬义，成功的帝王不愿意在史书等意识形态遗存中称自己的行为是"造反"，多自称"举义""革命"。

刘邦出身于平民阶层，曾经在秦王朝的基层政权任亭长职务。《史记·高祖本纪》记载，他因公事出差至咸阳，曾见到秦始皇车列，不禁感叹道："嗟乎，大丈夫当如此也！"[2]

秦王朝覆亡之后，反秦联军中实力最为强大的项羽军事集团控制了关中局势，主宰了各派政治势力的权力再分配。项羽号称"西楚霸王"，放弃关中，东据彭城（今江苏徐州），没有能够全面控制天下政局，诸侯纷争的战火重新燃起。经历以

---

① 王子今:《"造反"的词汇史》,《历史学家茶座》2008 年第 4 辑，山东人民出版社 2008 年 12 月版，第 99 页至第 104 页。

② 《史记》，第 344 页。

刘、项为主的军事强权集团之间的激烈的军事竞争，刘邦集团作为最强大的政治集团终于取得了主宰天下的权力，"汉并天下"[①]，历史进入了西汉时期。

刘秀也是以平民身份，由"造反"起家，经历艰苦的武装斗争，终于建立了新的王朝的。

反对王莽的新朝的农民起义，首先发生在北边地区。王莽为了出击匈奴而进行的严酷的赋役征发，使边地和内郡民众不堪其苦，于是被迫聚众而反。始建国三年（11），大批边民弃城郭流亡，在各地相继发起暴动，并州（今山西北部）、平州（今河北北部）的反抗斗争更为激烈。天凤二年（15），因为大军集结于边郡，边民负担沉重，五原（郡治在今内蒙古包头西）、代郡（郡治在今河北蔚县东北）的民众举行起义，并且以数千人为集团，已经开始了超越郡界的流动作战。天凤四年（17）临淮人瓜田仪在会稽长洲（今江苏苏州西南）发动的起义以及随后不久的琅邪女子吕母在海曲（今山东日照）发动的起义，都有较大的社会影响。天凤年间，荆州（今河南南部及湖北、湖南大部分地区）因连年久旱，饥穷不堪的百姓多流落于山泽之间，以采集野生植物求生，逐渐汇聚成与官府对抗的群体。新市（今湖北京山）人王匡、王凤被推为首领。他们经常出击附近的乡聚，位于今湖北京山北的绿林山，成为这一武装集团休整和隐蔽的根据地，这支人数增长到七八千人的武装力量于是被称为"绿林军"。

地皇二年（21），王莽政权的荆州牧发兵二万进攻绿林军。

---

① 汉代文字瓦当，多见"汉并天下"字样。《魏书》卷九五序："三代以往，守在海外，秦吞列国，汉并天下。"第2041页。

绿林军迎击获胜，绿林军又相继攻拔竟陵（今湖北潜江西北），转击云杜（今湖北京山）、安陆（今湖北云梦），部众增加到数万人。次年，当地疾疫流行，死者众多。绿林军分作两支队伍出山，一支由王常、成丹率领，西入南郡（郡治在今湖北江陵），称"下江兵"；一支由王匡、王凤、马武率领，北上南阳（郡治在今河南南阳），称"新市兵"。两支部队的首领都自称"将军"。新市兵在攻略随县（今湖北随州）时，平林（今湖北随州北）人陈牧、廖湛率众响应，于是起义军中又有"平林兵"加入。汉宗室刘玄当时也投入"平林兵"中。同样作为汉宗室成员的南阳豪强地主刘縯和刘秀，以恢复汉家天下为号召，也起兵反抗新朝的统治，所组织的军队人数达七八千人，称"舂陵兵"。舂陵兵与下江兵联合作战，合兵而进。

地皇四年（23）二月，绿林军为了顺应民间政治观念中怀念汉室的正统倾向，在淯水之滨设置坛场，拥立时称更始将军的刘玄为天子，建元为更始元年。刘玄政治素质较差，"素懦弱"，据说在即位仪式中"羞愧流汗，举手不能言"[1]，李贽在历史评论中对此有"不济"两个字的评价。[2] 在新政权中，刘縯被任命为大司徒。刘秀时任太常偏将军。同年五月，刘縯攻占

---

① 《后汉书·刘玄传》，第 469 页。
② 〔明〕李贽：《史纲评要》卷九《汉纪》，中华书局 1974 年 11 月版，第 238 页。唐代史学家刘知幾《史通》卷七《曲笔》则怀疑相关记载的可信度："按《后汉书·更始传》称玄之懦弱也，其初即位，南面立，朝群臣，羞愧流汗，刮席不敢视。夫以圣公身在微贱，已能结客报仇，避难绿林，名为豪杰，安有贵为人主，而反至于斯者乎？将作者曲笔阿时，独成光武之美，谀言媚主，用雪伯升之怨也。且中兴之史，出于东观，或明帝所定，或马后收刊，而炎祚灵长，简书莫改，遂使他姓追撰，空传伪录者矣。"

古代王朝「开国」的基本模式

043

宛（今河南南阳），更始帝刘玄随即在这里建立了统治中心。

稍晚于绿林起义，琅邪人樊崇举兵于莒县（今山东莒县）。不久，青、徐地方的起义民众多所归附。这支起义军沿袭汉朝乡官小吏的称谓，各级首领称为"三老""从事""卒史"等，彼此之间以"巨人"相呼。部队没有文书、旌旗，不设部曲、号令，纪律只有口头相约："杀人者死，伤人者偿创。"起义军用朱红色涂染其眉以为标识，时称"赤眉军"。地皇三年（22），王莽派太师王匡和更始将军廉丹率军十余万进攻赤眉军。新莽军队强横残暴，残害民众，百姓作歌道："宁逢赤眉，不逢太师，太师尚可，更始杀我。"[①]赤眉军在成昌（今山东东平）一战大破新莽军，杀廉丹，歼敌万余人。王匡仓皇逃走。赤眉军又转战于淮海平原及中原地区，势力大为扩展。

当时奋起反抗新莽政权的民众起义，还有地皇元年（20）钜鹿（郡治在今河北巨鹿南）马适求起义，地皇二年（21）南郡（郡治在今湖北江陵）秦丰起义，平原（郡治在今山东平原南）迟昭平起义等。《汉书·王莽传下》还记载，同年，"三辅盗贼麻起"。新莽王朝的政治重心地区也爆发了多起武装反抗斗争。地皇三年（22），"四方盗贼往往数万人攻城邑"，处死二千石以下新莽官吏。[②]王莽看到天下溃叛，形势危急，派专员分行天下，废除改制以来颁布的诸种法令，宣布即位以来所有诏令有不便于民者统统收回。不过，这时新莽政权的基础和支柱已经完全朽坏，有如一座徒有华丽外饰的大厦，彻底崩塌已经指日可待了。

昆阳之战，使刘秀受到严峻的考验。他的勇毅和智谋，使

---

① 《汉书·王莽传下》，第4175页。
② 《汉书·王莽传下》，第4167页，第4179页。

得这一战役也成为刘秀威望与影响力上升的重要转折点。地皇四年（23），王莽派司徒王寻、大司空王邑调发州郡兵四十二万进攻绿林起义军，号称"将兵百万，甲士四十二万人"，"旌旗辎重，千里不绝"，据说当时还曾驱诸猛兽虎豹犀象等以助威武之势，号称"自秦汉出师之盛，未尝有也"。[1] 六月，新莽军前锋十余万人围王凤、王常所部绿林军八九千人于昆阳（今河南叶县）。新莽军围城数十重，列营百数，旗帜蔽野，埃尘连天，战鼓之声传闻数百里，又以高数十丈的云车俯瞰城内，积弩乱发，矢飞如雨，兵士挖掘地道，并用撞车攻城。城中守军面临异常危急的形势。危难之中，刘秀等十三骑夜突重围，发郾（今河南郾城南）、定陵（今河南舞阳北）营兵数千人救援昆阳。刘秀亲自率领步骑兵千余，在大军前四五里处列阵。新莽军也遣兵数千合战。刘秀奋勇冲击敌阵，斩首数十级。起义军中诸将议论道：刘将军平生见小敌似有怯意，今见大敌却分外奋勇，真是令人惊异！[2] 刘秀率部挺进，新莽军后退，起义军乘势进攻，斩首数百千级。刘秀又故意伪造宛地起义军增援部队已经抵达的情报，使新莽军士气沮败。而起义军将士连获胜捷，胆气益壮，无不以一当百。刘秀又亲率敢死士三千人冲击敌军中坚。新莽军阵营溃乱，刘秀乘势奋勇冲杀，分割敌军，并杀死王寻。城中守军也鼓噪冲出，内外合势，震呼动天地。新莽军溃败，士卒四散，奔逃求生，相互践踏，百余里的道路上，到处都是仓皇流窜的新莽军人。当时又逢巨雷暴风，大雨如注，

---

① 《后汉书·光武帝纪上》，第 5 页。
② 《后汉书·光武帝纪上》："诸部喜曰：'刘将军平生见小敌怯，今见大敌勇，甚可怪也。'"第 8 页。

古代王朝「开国」的基本模式

洪水暴涨，士卒溺死者数以万计。新莽军各部士卒奔逃四散，只有王邑与所率领的长安勇敢士数千人回到洛阳。昆阳之战后，王莽已经无力调集军队主动攻击起义军。新莽政权大势已去。而刘秀作为一颗政治新星，已经升空。正如王夫之《读通鉴论》所说，"昆阳之战，光武威震天下，王业之兴肇此矣"①。

刘秀在昆阳之战中立有大功，刘縯则攻克宛城。他的势力和威望逐渐凌驾于绿林诸将之上。起义军中的若干部将劝更始帝刘玄杀害刘縯。刘秀闻讯赶赴宛城请罪，以求自保。他内心深埋悲痛，不敢自矜昆阳之功，又不敢为刘縯发表，饮食言笑如平常。②更始帝刘玄拜刘秀为破虏大将军，封武信侯。昆阳之战后，绿林兵乘胜分两路进军。一路由王匡指挥北上攻洛阳，一路由申屠建指挥，西入武关进攻长安。

当绿林兵奉更始帝刘玄之命攻击长安时，赤眉军也在中原奋战。更始帝刘玄占据洛阳之后遣使者招降赤眉军，樊崇等20余人还接受了刘玄的列侯封号。

在起义军的强大威势下，三辅震动，一时海内豪杰纷纷起兵响应，杀其牧守，自称将军，使用汉朝年号，旬月之间，烽火遍于天下。③

王莽众叛亲离，仍然借用符命迷信自欺欺人。新莽政权上

---

① 〔清〕王夫之：《读通鉴论》卷六《光武》，中华书局1975年7月版，第127页。
② 《后汉书·光武帝纪上》："光武因复徇下颍阳。会伯升为更始所害，光武自父城驰诣宛谢。司徒官属迎吊光武，光武难交私语，深引过而已。未尝自伐昆阳之功，又不敢为伯升服丧，饮食言笑如平常。"第9页。李贽《史纲评要》卷九《汉纪》就此事批注："何等根器。何等深心。"第241页。
③ 《后汉书·刘玄传》，第469页。

层统治集团也发生了分裂。卫将军王涉、国师刘歆和大司马董忠等密谋劫持王莽投降更始政权，只是因为"待太白星出"起事，以致计划败露，董忠被处死，王涉、刘歆被迫自杀。[①]

王莽外有出师之败，内有大臣之叛，朝廷一片混乱。这时，天水成纪（今甘肃庄浪西）人隗嚣及其家族起兵反新莽，隗嚣称大将军。析（今河南西峡）人邓晔、于匡率众拔析、丹水（今河南西峡西），攻武关（今陕西商南南）。长安受到东西两个方向重兵进攻的威胁。在反新莽大军逼近长安的时候，王莽组织城中囚徒出城抵抗。但是这支临时组成的部队刚刚行过渭桥，就一起哗变，并且掘毁王氏祖坟，烧其棺椁，又焚烧九庙、明堂、辟雍等礼制建筑。十月戊申日这一天，绿林军从宣平门入长安。庚辰日，绿林军进入未央宫。王莽逃到渐台，被冲入宫中的商人杜吴杀死。新莽政权灭亡。

绿林起义军攻入长安，灭亡新莽王朝之后，更始帝刘玄又迁入洛阳，随即派遣刘秀以破虏将军行大司马事的身份率军镇抚河北。刘秀前往河北，借用可以独力决策军政的条件，在这里充分发挥了自己政治才干，迅速扩充了自己的政治势力，逐步形成了实力最为强大的武装集团。

当赤眉军入关进攻更始集团时，刘秀派邓禹率军引兵而西，又派冯异拒守孟津。赤眉军迫近长安时，刘秀以当时民间流传的《赤伏符》所谓"刘秀发兵捕不道，四夷云集龙斗野，四七之际火为主"为宣传，在鄗（今河北高邑东）南千秋亭五成陌设坛场，于六月己未日即皇帝位，建元建武。[②]

---

① 《汉书·王莽传下》，第 4184 页。
② 《后汉书·光武帝纪上》，第 21 页。

同年十月，刘秀入洛阳，在这里定都，仍用汉朝国号，史称东汉。

平民出身的朱元璋在元末大起义中崛起，终于在推翻元帝国之后，一一翦灭群雄，创立了明王朝。

《明史·太祖本纪》记载："至元四年，旱蝗大饥疫"，朱元璋当时年仅十七岁，"父母兄相继殁，贫而不克葬。里人刘继祖与之地，克葬。"由于"孤无所依，乃入皇觉寺为僧"，不到一个月，又被迫"游食合肥，道病"，经人救治，才得痊愈，"凡历光、固、汝、颍诸州，三年复还寺"。元末，朝政不纲，"盗贼四起"，红巾军起义爆发。[①]至正十二年（1352）春，二十四岁的朱元璋投入起义军郭子兴部。后来以智勇过人，成为义军首领。至正二十四年（1364），朱元璋自立为吴王。在兼并了南方数支反元军队后，派军北伐，提出了"驱逐胡虏，恢复中华，立纲陈纪，救济斯民"的纲领。[②]1368年，朱元璋称帝，国号大明，建元洪武。洪武四年（1371），四川平定，十四年（1381）平云南。二十年（1387），山西、陕西以及东北平定，全国实现了统一。

在中国古代统一王朝中，以"造反"立国的有：西汉王朝，东汉王朝，唐王朝，明王朝。

如果考虑到东晋十六国时期、南北朝时期以及五代十国时期的情形，则"造反"开国所占的比率应当更低。

对于中国古代的历史，以往有一种误解，以为古代王朝的更替大都是因农民起义实现的。

---

① 《明史》，中华书局1974年4月版，第1页至第2页。
② 〔明〕宋濂：《洪武圣政记》卷二。

在以往的历史教科书中，对于农民起义、农民反抗和农民战争的肯定，曾经成为重要的原则。人们普遍赞同这样的论点："地主阶级对于农民的残酷的经济剥削和政治压迫，迫使农民多次地举行起义，以反抗地主阶级的统治。从秦朝的陈胜、吴广、项羽、刘邦起，中经汉朝的新市、平林、赤眉、铜马和黄巾。隋朝的李密、窦建德，唐朝的王仙芝、黄巢，宋朝的宋江、方腊，元朝的朱元璋，明朝的李自成，直至清朝的太平天国，总计大小数百次的起义，都是农民的反抗运动，都是农民的革命战争。""中国历史上的农民起义和农民战争的规模之大，是世界历史上所仅见的。在中国封建社会里，只有这种农民的阶级斗争、农民的起义和农民的战争，才是历史发展的真正动力。因为每一次较大的农民起义和农民战争的结果，都打击了当时的封建统治，因而也就多少推动了社会生产力的发展。""在汉族的数千年的历史上，有过大小几百次的农民起义，反抗地主和贵族的黑暗统治。而多数朝代的更换，都是由于农民起义的力量才能得到成功的。"[1] 对于"多数朝代的更换，都是由于农民起义的力量才能得到成功的"这样的论点，其实有必要进行具体的分析，至少直接因"造反"实现"开国"的王朝，数量是有限的。

通过"造反"得天下的开国君主，是成功的平民英雄。

以平民英雄身份夺得天下，建立了新王朝的创业者，由于比较熟悉社会真实情状，比较亲近社会下层人群，有比较好的基本立场和世事判断方面的优势。刘邦和朱元璋这样的政治人物，之所以有强有力的执政能力，与他们的草根出身和底层阅

---

① 毛泽东：《中国革命和中国共产党》，《毛泽东选集》，人民出版社 1967年 11 月版，第 588 页，第 586 页。

古代王朝『开国』的基本模式

历有一定关系。

因"造反"登基的帝王，从底层社会带来的政治感觉并不能世袭。有的学者说："由民间出身的人物，猜测人民的需要较为准确，但是到了第二代以后，子孙们'生于深宫之中，长于妇人之手'，故而我们常常看到民间出身皇帝若干措施受到赞美，而末期皇帝不是暴君便是昏君，尽是做些害民之事。"[①]

说到"造反"起家的帝王，有一个不少人予以关心的问题，这就是这些人物得天下的"野心"或者说"雄心"是何时生成的。他们在最初起兵时，有这样的"志向"吗？有人是否自幼就心存这种"大志"呢？这可能是我们在讨论历代王朝"开国"史的时候，有必要澄清的一个重要问题。

梁启超曾经写道："太史公诚史界之造物主也，其书亦常有国民思想，如……陈涉而列诸世家，……有深意存焉。"[②] 翦伯赞也说，与一般"以个人为中心的历史"不同，《史记》"是一部以社会为中心的历史"。"司马迁不仅替皇帝写本纪，也替失败的英雄项羽写本纪；不仅替贵族写世家，也替叛乱的首领陈涉写世家……他几乎注意到历史上的社会之每一个阶层，每一个角落，每一个方面的动态，而皆予以具体而生动的描写。""我以为《史记》是中国第一部大规模的社会史。"[③] 这里说到的"叛乱的首领陈涉"和"失败的英雄项羽"都没有顺利完成他们的"开国"实践，因此不是本书讨论的主要对象。但

---

① 毛汉光：《中国中古社会史论》，上海书店出版社2002年12月版，第4页。
② 梁启超：《中国史界革命案》，《新民丛报》第1号，1902年2月8日；《新史学·中国之旧史》，《饮冰室合集》，第1册，第5页。
③ 翦伯赞：《中国史纲》第2卷，大孚出版公司1947年3月版，第656页。

是他们的政治表现，确实影响了许多代成功的帝王，这是我们不能不予以注意的。在司马迁的笔下，"叛乱的首领陈涉"有这样的故事："少时，尝与人佣耕，辍耕之垄上，怅恨久之，曰：'苟富贵，无相忘。'庸者笑而应曰：'若为庸耕，何富贵也？'陈涉太息曰：'嗟乎，燕雀安知鸿鹄之志哉！'"[①]而那位"失败的英雄项羽"，在看到秦始皇出巡时规模宏壮的车队时，也感慨道："彼可取而代也！"[②]而相类同的表现，则有西汉王朝的"开国"君主刘邦的感叹："嗟乎，大丈夫当如此也！"[③]

刘邦的这种言辞，还不能视为明确的政治态度。正如有的学者所指出的："刘邦虽然因羡慕秦始皇的气势和威风而发出'大丈夫当如此也'的豪言壮语，但不到阶级矛盾十分尖锐，秦皇朝的横征暴敛威胁到自己的地位和生活时，他一般是不会反抗自己的主人的。但是，随着秦皇朝赋役征发的不断加重，刘邦之类的基层小吏的处境也是每况愈下，苦不堪言。况且，做了多年的亭长而不得升迁，也使他感到在秦皇朝统治下猎取富贵的希望近于破灭。于是，这个开始竭诚拥护秦皇朝统治的壮年小吏，就由对这个皇朝的怀疑、不满而逐渐走上了反抗的道路。"[④]固然所谓"做了多年的亭长而不得升迁"，"猎取富贵的希望近于破灭"的心理分析似出于推想，但是刘邦起初并不会有当皇帝的野心，应当是合理的判断。

有的学者在分析汉光武帝刘秀的心理时写道："受封萧王，

---

① 《史记·陈涉世家》，第 1949 页。
② 《史记·项羽本纪》，第 295 页。
③ 《史记·高祖本纪》，第 344 页。
④ 安作璋、孟祥才：《刘邦评传》，齐鲁书社 1988 年 12 月版，第 27 页。

成为专制一方的实力派人物，自然远不是刘秀的最终目的。他一心追求的是所谓'复高祖之业'、重兴汉室这样更大的目标。要之，也就是由他这位具有汉皇室血统的人，登基称帝，再建一个汉王朝。从当时的形势来看，实现这一目标的主客观条件均已成熟了。公元 25 年夏末，刘秀终于实现了夙愿，登上了皇帝宝座，创建了历史上的东汉帝国。"①刘秀所谓"复高祖之业"的"追求"，"登基称帝"的"目标"，其实也是随着政治形势的变化和自身实力的增长而生成和明朗的。

宋太祖时代的重臣赵普据说品性"刚毅果断"，"然从帝久，得志"，往往说起宋太祖平民时代的故事，"屡以微时所不足于帝及己者为言"，对于赵普的言论，宋太祖有自己的意见。他说："若尘埃中可识天子、宰相，则人皆物色之矣。"②李贽就此批注："是。""赵普小人，不有愧于太祖之言耶！"李贽对宋太祖的态度又有这样的评论："帝王气象自是不同。"③

后来的史书记述帝王的资质时，往往出现"少有大度"④"少有大量"⑤"少有大志"⑥一类说法。我们不可以因此误以为他

① 黄留珠：《刘秀传》，人民出版社 2003 年 3 月版，第 116 页，第 128 页。
② 《宋史·赵普传》，中华书局 1977 年 11 月版，第 8940 页。
③ 〔明〕李贽：《史纲评要》卷二七《宋纪》，第 739 页。
④ 《北齐书·文宣帝纪》："少有大度，志识沉敏。"中华书局 1972 年 11 月版，第 67 页。《周书·文帝纪上》："少有大度，不事家人生业。"中华书局 1971 年 11 月版，第 2 页。
⑤ 《南史·齐本纪上·高帝》："少有大量，喜怒不形于色，深沉静默，常有四海之心。"中华书局 1975 年 6 月版，第 113 页。
⑥ 《北史·僭伪附庸·后梁萧詧》："少有大志，不拘小节。"（中华书局 1974 年 10 月版，第 3089 页。〔宋〕周密撰，张茂鹏点校：《齐东野语》卷一九《安南国王》："安南国王陈日煚者，本福州长乐邑人，姓名为谢升卿，少有大志。"中华书局 1983 年 11 月版，第 352 页。

们真的很早就具有了统驭天下的心志和能力。如果轻信如此，则会有陷入传统史家"天命"迷信观念的泥潭的危险。

司马迁在《史记·高祖本纪》中说到刘邦已经走到秦王朝体制之外，在芒砀山泽潜伏时出现的异象："高祖被酒，夜径泽中，令一人行前。行前者还报曰：'前有大蛇当径，愿还。'高祖醉，曰：'壮士行，何畏！'乃前，拔剑击斩蛇。蛇遂分为两，径开。行数里，醉，因卧。后人来至蛇所，有一老妪夜哭。人问何哭，妪曰：'人杀吾子，故哭之。'人曰：'妪子何为见杀？'妪曰：'吾子，白帝子也，化为蛇，当道，今为赤帝子斩之，故哭。'人乃以妪为不诚，欲告之，妪因忽不见。后人至，高祖觉。后人告高祖，高祖乃心独喜，自负。诸从者日益畏之。"于丰西泽中斩蛇神话之后，刘邦的家族又制作并传播了芒砀山泽云气神话："吕后与人俱求，常得之。高祖怪问之。吕后曰：'季所居上常有云气，故从往常得季。'高祖心喜。沛中子弟或闻之，多欲附者矣。"《史记·高祖本纪》司马贞《索隐述赞》写道：

> 高祖初起，始自徒中。言从泗上，即号沛公。啸命豪杰，奋发材雄。彤云郁砀，素灵告丰。龙变星聚，蛇分径空。[1]

所谓"彤云""龙变"，都是神秘主义渲染。"彤云"指吕后制造的云气神话。"彤"，点明了"上赤"的政治文化基色。我们更应注意的，是汉高祖刘邦"啸命豪杰，奋发材雄"造反起义终于"氾水即位，咸阳筑宫。威加四海，还歌《大风》"的成功实

---

[1] 《史记》，第 347 页，第 348 页，第 394 页。

践。①《太平御览》卷一五引应劭《汉官仪》："高祖在沛，隐芒砀山。每游，上辄不欲令吕后知，常在深僻处。后亦常知其处。高祖问曰：何以知之？后曰：君所居处，上有紫气。"②"彤云"又成为"紫气"。这种宣传在当时是有效力的。所谓"诸从者日益畏之"，所谓"沛中子弟或闻之，多欲附者矣"，都说明了当时情形。宋人罗大经《鹤林玉露》卷六写道："……至诈为吉兆以动众，若老妪赤帝之称，芒砀云气之瑞，昭灼如此，安得使豪杰之不景从乎？"③这些传说的产生，一如陈胜、吴广发起鼓动群众，树立自身权威的篝火狐鸣方式。④正如明人胡应麟所说：

> 帝王受命必有祯符。芒砀之云，龙文五彩，近之矣。蛇当道，鱼腹之文乎？妪夜哭，丛祠之啸乎？⑤

宋代诗人梅尧臣《沛公歌》咏叹此事：

> 赤帝醉提龙剑行，径草没人壮士惊。白蛇断裂不可续，神妪哀哀夜深哭。酒醒自负气生虹，从者日畏天下雄。秦皇玉舆来向东，安知隐在芒砀中。妇人自识云气从，王命艰哉丰沛公。⑥

---

① 《史记·高祖本纪》，第394页。
② 〔宋〕李昉等撰：《太平御览》，中华书局用上海涵芬楼影印宋本重印复制1960年2月版，第74页。
③ 〔宋〕罗大经撰，王瑞来点校：《鹤林玉露》卷四，中华书局1983年8月版，第339页。
④ 参见王子今《芒砀山泽与汉王朝的建国史》，《中州学刊》2008年第1期。
⑤ 〔明〕胡应麟：《少室山房笔丛》卷六。
⑥ 〔宋〕梅尧臣：《宛陵集》卷三三。

所谓"酒醒自负气生虹，从者日畏天下雄"，反映了相关传说的生成和散播，对于"王命"寄托者政治权威提升的重要作用。

在正史中的屡屡见到开国君主们类似"老姬赤帝之称，芒砀云气之瑞"的记录，都是"天命"宣传。

开国模式之二：篡夺

中国古时的改朝换代，大多经历铁血历程。但是也并非每一次都是千百万人头落地。也有通过和平方式完成执政权力转换的情形。

这种方式，当事的新王朝的开国者往往取用远古圣王传说中的"禅让"来予以美化。有的历史学者在讨论古代"改朝换代"的历史过程时，以"和平演变"比况古时的"禅让"①，其实是并不十分妥当的。

当事者自谓"禅让"，后世政论家的批评，则往往指斥为"篡夺"。②对国家最高权力的"篡夺"，也被称为"窃国"。

---

① 有的历史著作写道："我们以往说起改朝换代，一般的概念，就是生灵涂炭、血流成河。这个一般的概念基本上没错，但是除此之外，还有一个变数，这个变数是什么呢？那就是'和平演变'，用一个中国传统的词来讲，就是'禅让'。""可以肯定，自从秦始皇统一天下，进入帝国时期以后，所谓的'禅让'无一不是权臣霸主篡夺江山的工具，它的惟一好处，就是比兵戎相见少了一些牺牲者。"刘后滨等：《大唐开国》，中华书局2007年11月版，第3页。

② 《前汉纪》卷三〇《孝平皇帝纪》引录《本传》曰："王莽始起外戚，折节力行，以要名誉，宗族称孝，朋友归仁。及其居位辅政，成、哀之际，勤劳国家，直道而行，动见称述。岂所谓'在家必闻，在国必闻'，'色取仁而行违'者？莽既不仁，而有邪佞之才，又乘四父历世之权，（转下页注）

（转下页注）

古代王朝「开国」的基本模式

《庄子·胠箧》说:"彼窃钩者诛,窃国者为诸侯。"[1]《史记·游侠列传》中也有"窃钩者诛,窃国者侯"的话。[2]后来人们往往把这种对国家执政权力的篡夺称为"窃国"。朝野上下,文臣武士,甚至民间关心政治的人民,都共同表现出对于所谓"奸雄窃国"[3]"篡臣窃国"[4]"乱臣窃国"[5]"奸臣之窃

(接上页注②)遭汉中微,国统三绝,而太后寿考为之宗主,故得肆其奸慝,而成篡夺之祸。推此言之,亦有天时,非人力也。及其窃位南面,处非所据,颠覆之势险于桀、纣,而莽晏然自谓唐、虞复出。乃始恣睢,奋其威诈,滔天虐民,穷凶极恶,毒被诸夏,乱延蛮貊,未足逞其欲焉。故海内嚣然丧其乐生之心,内外怨恨,远近俱发,城池不守,支体分裂,遂令天下城邑为墟,丘垄发掘,害遍生灵,延及朽骨。书传所载乱臣贼子无道之人,考其祸败,未有如莽之甚也。"(〔汉〕荀悦撰,张烈点校:《汉纪》,中华书局2002年6月版,第541页至第542页)这里说到了"篡夺"和"窃位"。"篡夺",今本《汉书·王莽传下》作"篡盗"。关于王莽"篡夺"的较早的史籍记录,又有《后汉书·刘玄传》所见方望谓弓林语:"前定安公婴,平帝之嗣,虽王莽篡夺,而尝为汉主。今皆云刘氏真人,当更受命,欲共定大功,何如?"(第473页)《后汉书·隗嚣传》记载隗嚣起事,移檄告军国,也写道:"故新都侯王莽,慢侮天地,悖道逆理。鸩杀孝平皇帝,篡夺其位。矫托天命,伪作符书,欺惑众庶,震怒上帝。反戾饰文,以为祥瑞。戏弄神祇,歌颂祸殃。楚、越之竹,不足以书其恶。"(第515页)所谓"篡夺其位",即合说"篡夺"和"窃位"。《通志》卷八一说"刘萧篡夺之事",卷一〇四两说王莽"篡夺"(即前说方望、隗嚣两例),卷一三〇说"(桓)温志在篡夺",卷一五六说"(尉迟)迥以隋文帝当权,将图篡夺,遂谋举兵",卷一八七说"(石)勒以石虎为魏郡太守,镇邺三台,虎篡夺之萌,兆于此矣",卷一九〇说"(桓元)今既握朝权,必行篡夺",李骧、王达语"防篡夺之萌","(李)寿承(李)雄宽俭,新行篡夺,因循雄政,未逞其志",又可见"篡夺之际,为功不难"的说法。

① 郭庆藩辑,王孝鱼整理:《庄子集释》,中华书局1961年7月版,第350页。
② 《史记》,第3182页。
③ 〔明〕胡应麟:《后醉中放歌五章》之三,《少室山房集》卷二六。
④ 〔宋〕王应麟:《困学纪闻》卷五《仪礼》。
⑤ 〔清〕方苞:《书史记六国世表序后》,《望溪集》卷二《读子史》。

国"①"猾贼窃国"②"僭伪窃国"③"攘位窃国"④的愤恨。这种篡夺中最典型的，即"王莽窃国"⑤，"王莽、曹操之窃国"⑥，传统政治理念对这种以非正常方式实现权力转移的情形持鲜明的否定态度。有诗人写道："嬴隋南北朝，窃国骋暴狡。社稷旋荒墟，苗裔悉剪剿。"⑦则以因果报应观念批评"窃国"行为，说"窃国骋暴狡"者，其"社稷"不久就成为"荒墟"，其"苗裔"尽数都被"剪剿"。

以篡夺方式开国的典型，有王莽、曹魏集团和司马氏集团等成功建立新王朝的情形。所谓"自汉以来窃国之盗，无若王莽、曹操、司马懿、杨坚、朱温"⑧，反映政治史总结者对这种现象的关注。

汉平帝时代，西汉王朝的政治衰败已经难以挽救。这一事实为社会上层的人们逐渐认识之后，期望一个有作为的政治人物带来新的转机，成为一种共同的心愿。在这样的背景下，汉元帝皇后王政君庶弟之子王莽，在西汉末年复杂的贵族宗派斗争中，以外戚身份运用矫情伪饰的手段取得高位，后来成为新朝的皇帝。王莽的政权曾经得到社会普遍拥护，他推行改制的失败又使得新朝失去民心。正统史家对于王莽篡汉的批判，延续了近两千年。

在东汉末年的社会大动乱中，曹操集团、刘备集团和孙权

---

① 〔明〕黄淳耀：《史记评论·田敬仲完世家》，《陶庵全集》卷四。
② 〔明〕朱明镐：《史纠》卷二《梁书·王僧辩传》。
③ 〔宋〕刘一止：《苕溪集》卷一四《奏状·应诏条具利害状》。
④ 〔清〕朱鹤龄：《季札不书公子辨》，《愚庵小集》卷一二。
⑤ 〔清〕胡渭：《禹贡锥指》卷六。
⑥ 〔明〕高拱：《本语》卷六。
⑦ 〔明〕薛瑄：《拟古四十一首》之四十一，《敬轩文集》卷二《古诗》。
⑧ 〔明〕王鏊：《相论》，《震泽集》卷三三《杂著》。

集团逐步扩张自己的实力，各自翦灭异己，逐步在局部地域实现了相对的安定，形成了魏、蜀、吴三国鼎立的局面。

曹操集团取得政治优势的一个主要因素，就是采取了"挟天子以令诸侯"①的策略。建安元年（196）七月，汉献帝回到洛阳。九月，曹操亲自到洛阳迎接汉献帝在许建都。从此占有了以朝廷名义号令四方的优越地位。曹操本人从政治出身来说，由于与宦官集团有渊源关系，属于为一般官僚士大夫所不齿的所谓"浊流"。然而正如陈寅恪所指出的，"东汉之季，其士大夫宗经义，而阉宦则尚文辞；士大夫贵仁义，而阉宦则重智术"②。曹操集团的行政风格，确实体现出注重灵活性和实用性的特色。"挟天子以令诸侯"的做法，尤其是高人一筹的政治策略。

荆州名士韩嵩曾经劝说刘表，请他当机立断，在袁绍、曹操两个军事集团之间迅速择定敌友。他指出："豪杰并争，两雄相持，天下之重，在于将军。"③刘表于是派遣韩嵩谒见曹操，以观虚实。韩嵩则表示，我使京师，如果天子授以官职，则是天子之臣子，将军之故吏也。在君为君，如此则只能守天子之命，义不得再为将军效死了。果然天子拜韩嵩为侍中，又任命为零陵太守，韩嵩于是"还称朝廷、曹公之德"，因而被刘表视为"怀贰"，竟然险些被处死。④从这件事，可以看出曹操"挟天子以令诸侯"的策略在一般士人心目中的影响。

① 《三国志·魏书·武帝纪》注引《献帝春秋》，第15页。
② 陈寅恪还说，袁绍是"汉末士大夫阶级之代表人"，曹操则是"阉宦阶级之代表人"。《书世说新语文学类钟会撰四本论始毕条后》，《金明馆丛稿初编》，上海古籍出版社1980年8月版，第42页。
③ 《三国志·魏书·刘表传》，第212页。
④ 《三国志·魏书·刘表传》注引《傅子》，第213页。

魏蜀吴三国统治集团相同的政治目标，都是要以自己为中心，建立大一统的新帝国。

　　曹操是在锄灭许多地方豪强势力之后统一北方的。不过，他却能大胆任用原先附从于不同豪强集团的文人才士，形成了自己效率超常的智囊机构。但是对于其中有些对统一进程起消极作用或破坏作用的人，曹操待时机适合，就毫不犹豫地或杀或罚，取缔他们的政治权利。蜀国是以继汉为旗帜的。魏、吴开国，也都分别以黄初、黄武、黄龙纪年，取义与黄巾起义以"黄天当立"为口号以及"著黄巾为摽帜"[1] 相类似，都利用了当时民间因五德终始学说而形成的政治迷信，以为"黄"是象征继代汉王朝的新政权的颜色。可见三国政治领袖都不甘心只作偏据一方的实力派军阀，而决心成为如同汉家天子那样的管理一统天下的帝王。

　　曹操一并天下的政治意图较早就暴露得非常明显。在为统一事业进行的努力中，曹操集团积蓄力量最久，基础最为雄厚，所取得的成就也最为显著。曹魏经艰难拼战，据有中国北方，后来西晋终于实现大一统，也是以曹操集团长期以来的政治积累为条件的。但是正如有的学者所指出的，"虽然事实上北方归根结底远远强于南方，最具有统一中国的条件，但是在没有统一以前，却不能把统一当作曹魏独有的权利"。而且还应当看到，"魏、蜀、吴各自的努力，不断地向人们宣告，南北是不能长久分离的。这也许可以算是三国交兵的一项积极意义吧"。[2]

_____

①　《后汉书·皇甫嵩传》，第 2300 页。
②　田余庆：《关于曹操的几个问题》，《秦汉魏晋史探微》，中华书局 1993
年 11 月版，第 125 页。

在曹操时代，孙权曾经上书称臣，"称说天命"，建议曹操称帝。曹操让臣下传看孙权的书信，说："是儿欲踞吾著炉火上邪！"意思是这小子要把我放在火炉子上面烧烤啊。侍中陈群、尚书桓阶上奏说：自从汉安帝以来，汉家天下"政去公室，国统数绝"，到了今天，实际上只有名号维持，"尺土一民，皆非汉有"，可以说"期运久已尽，历数久已终，非适今日也"。所以汉桓帝、汉灵帝时代，懂得"图纬"之学的，都预言"汉行气尽，黄家当兴"。殿下应合天时，"十分天下而有其九，以服事汉，群生注望，遐迩怨叹"，所以"孙权在远称臣，此天人之应，异气齐声"。臣下愚昧，然而认为"虞、夏不以谦辞，殷、周不吝诛放"，应当畏天知命，不必要谦让。①夏侯惇对曹操说："天下咸知汉祚已尽，异代方起。"自古以来，能除民害使得百姓归心的人，就是民众的主人。今殿下征战三十余年，功德著于黎庶，为天下所依归，应天顺民，还有什么可犹疑的呢！②

曹操则引孔子"施于有政，是亦为政"的话③，回答说："若天命在吾，吾为周文王矣。"④他愿意学周文王行天子之实而不取天子之名，让自己的儿子做周武王，得到控制天下的实力和名义。

《三国志·魏书·武帝纪》裴松之注写道："《曹瞒传》及

---

① 《三国志·魏书·武帝纪》裴松之注引《魏略》，第52页至第53页。

② 《三国志·魏书·武帝纪》裴松之注引《魏氏春秋》，第53页。

③ 《论语·为政》记载："或谓孔子曰：'子奚不为政？'"孔子回答道："《书》云：'孝乎惟孝，友于兄弟，施于有政。'是亦为政，奚其为为政？"程树德撰，程俊英、蒋见元点校：《论语集释》，中华书局1990年8月版，第121页。

④ 《三国志·魏书·武帝纪》裴松之注引《魏氏春秋》，第53页。

《世语》并云桓阶劝王正位，夏侯惇以为宜先灭蜀，蜀亡则吴服，二方既定，然后遵舜、禹之轨，王从之。及至王薨，惇追恨前言，发病卒。"[1]孙盛评论说："夏侯惇耻为汉官，求受魏印，桓阶方惇，有义直之节；考其传记，《世语》为妄矣。"[2]诸多臣子的态度，显示曹魏代汉实力已成，问题只是在于时机。

有学者分析说，"汉末曹操，挟天子以令诸侯。当时他要篡汉献帝的位是很容易的，但他不篡位，原因是东吴、西蜀还未消灭，他篡了位就失去了挟天子以令诸侯的美名，还有些忠心于汉的老臣如荀彧等人在旁不同意，所以他只能说：'吾其为周文王乎？'[3]这是明说的要篡位，现在不篡，将来要篡。"[4]

司马光读曹操《遗令》，注意到这位政治强人的遗嘱没有

---

[1] 《三国志》，第53页。宋人于石《曹操》诗："心非禅代荀文若，目识奸雄许子将。身苟未亡终篡汉，不知何德比文王。"《紫岩诗选》卷三。也说曹操是因身亡而没有来得及"篡汉"。

[2] 《三国志》，第53页。

[3] 〔宋〕欧阳修《泰誓论》说："谓文王有灭商之心，且显有叛商之迹，推其年岁，当在戡黎之时，遂谓其时西伯称王改元，武王本文王之志以伐商，即位不改元。而于泰誓之十年三年，谬解纷纭。曹操、司马懿遂有'吾其为周文王'之语。"《唐宋文醇》卷二五。史籍未见曹操"吾其为周文王乎"语。所谓"吾其为周文王"，则应是《魏氏春秋》"吾为周文王矣"转记之误。〔清〕李光地《榕树语录》卷二一《史》："古今言莽、操，若以孔子援情定罪，毕竟操少别，倒底不曾篡。虽曰'苟天命在我，吾其为周文王'，然比莽身为之，则差矣。若使操后接以陈思，终守臣节，则操岂至被此名哉。"〔清〕何焯《义门读书记》卷四九《文选·杂文》："'虽龙飞于文昌'，文昌即操所自谓'吾其为周文王'也。"〔清〕魏裔介《兼济堂文集》卷一四《三国论》："假若操居心笃棐，无戕杀孔融、董承之事，无贼弑皇后、贵妃之恶，鞠躬尽瘁，夙夜匪懈，其子丕化之世济忠贞，乌知天命不佑之乎？乃如鬼如蜮，曰：'天命在我，吾其为周文王。'操为此言，其亦蒙面丧心，不知愧耻，不特不可欺天下后世之人，即其附和之党，亦闻之而窃笑也。"

[4] 朱星：《中国皇帝评论》，中华书局2005年10月版，第66页。

说到禅代事，以为是重大发现。① 宋人黄震写道："曹操遗令至分香卖履，无不处置，无一语及禅代之事，是实以天下遗子孙，而身享汉臣之名。温公偶窥破，有喜色。元城谓操平生事无不如此。"② 明人薛瑄则认为："先儒谓曹操之死，于分香卖履细碎之事，无不区处，独不言禅代之事，乃其奸计，此固也。然观孙权称臣于操，称说天命之时，操之群臣因是劝曹即真。操曰：'若天命在吾，吾为周文王矣。'观此一言，已以文王自处。是以武王待其子也。禅代之计，盖昭然已露，又岂临死奸计所能掩哉？"③ 其实，"奸计"的指责，没有什么意义。所谓"禅代之计，盖昭然已露"，说阴谋已成阳谋，以"奸计""掩"其"禅代之计"，未必是曹操真实的想法。

公元 220 年正月，曹操去世。曹丕嗣位为丞相、魏王，改建安二十五年（220）为延康元年。

曹丕获得了世家大族的普遍拥护。在曹操逝世当年的十一月，汉献帝正式下诏禅位魏王曹丕，汉帝名号于是废去。魏朝

---

① 〔宋〕马永卿编《元城语录解》卷中："先生曰：老先生退居洛日，无三日不见之。一日见于读书堂。老先生曰：昨夕看《三国志》，识破一事。因令取《三国志》及《文选》示某，乃理会武帝《遗令》也。老先生曰：《遗令》之意如何？某曰：曹公平生奸至此尽矣，故临死谆谆作此《令》也。老先生曰：不然。此乃操之微意也。《遗令》者，世所谓遗嘱也，必择紧要言语，付嘱子孙，至若纤细不紧要之事，则或不暇矣。且操身后之事有大于'禅代'者乎？今操之《遗令》谆谆百言，下至分香、卖履之事，家人、婢妾无不处置详尽，无一语语及'禅代'之事，其意若曰'禅代'之事，自是子孙所为，吾未尝教为之。是实以天下遗子孙，而身享汉臣之名。此《遗令》之意，历千百年无人识得，昨夕偶窥破之。老先生似有喜色，且戒某曰：非有识之士，不足以语之。仆曰：非温公识高，不能至此。先生曰：此无他也，乃一诚字尔。"
② 〔宋〕黄震：《黄氏日钞》卷四四《读本朝诸儒书·温公迂书》。
③ 〔明〕薛瑄：《读书录》卷六。

建立，改延康年号，称黄初元年。元人郝经《三台》诗写道：
"当时两京荒，邺下王业开。窃国深规模，根基重栽培。"① 称之
为"窃国"。②

曹操虽然没有正式称帝，但是"曹操篡汉"的说法已成
历史共识。③ 亦如有的学者所说："谈到曹操，他一直到死只不
过是东汉王朝的丞相，可是在正史上，却一会称他是'太祖'，
一会称他是'武皇帝'，混淆的程度，使我们不知道所说何人，
又置身何地。"④ 之所以出现这种"混淆"，是因为曹操、曹丕
"窃国""篡汉"过程的复杂。

曹丕称帝之后，公元221年，刘备自称汉皇帝，史家或又
称之为"先主"。公元263年，曹魏将领司马昭灭蜀汉。

司马氏在灭蜀二年之后代魏，建立晋朝，取得帝权。咸宁
五年（279）冬，晋军大举攻吴。太康元年（280）占领建业，
吴国灭亡。新的统一又实现了。

---

① 〔元〕郝经：《陵川集》卷二《古诗》。
② 又郝经《西陵行》诗："汉鼎已移心未已，不肯分明作天子。冕旒北
面称警跸，造伪万般难免死。临终更不谋禅代，窃国规模有丕在。人间
解着鬼欺人，地下将缚鬼卖。漫言题作征西墓，谁信西陵亦虚墓。又
说谯都九乌井，臭腐掘埋秖几处。"《陵川集》卷一一《歌诗》。
③ 〔宋〕袁枢《通鉴纪事本末》卷九上题"曹操篡汉"。〔宋〕彭百川
《太平治迹统类》卷二三《元佑党事始末上》："近试学士院廖正一馆职，
乃以'王莽、袁绍、董卓、曹操篡汉之术'为问，此数人者，忠臣烈士
之所讳忌而未尝道。今二圣在上，轼代王言，专引莽、卓、袁、曹之事
及求所以篡国迟速之术，此何义也？考其设心，罪不可赦。"〔金〕王若
虚：《议论辨惑》："司马温公论曹操篡汉，以为非取之汉，而取之盗手。"
（《滹南集》卷三〇）〔清〕徐乾学《读礼通考》卷八七《葬考六·杂志》：
"曹操篡汉，有天下，殁后恐人发其冢，乃设疑冢七十二，在漳河之上。"
④ 柏杨：《中国人史纲》，第5页。

有人说，"晋篡魏，犹魏篡汉也"①。司马氏集团是在拥有行政控制权和军事指挥权之后，完成了"晋篡魏"的过程的。

魏咸熙二年（265）十二月，晋王司马炎，也就是后来的晋武帝司马炎夺取政权，建立了西晋王朝。

传说魏齐王芳佩剑无故遗失，被看作政治权力被篡夺的先兆。"齐王芳以正始六年铸一剑，常服之。无故自失，但有空匣如故。后有禅代之事，兆始于此。寻为司马氏所废。"②明人佘翔《高帝斩蛇剑》诗写道："拔剑长驱万里心，蛇分鬼母哭空林。元康武库流为火，火德将无属卯金。"③诗句暗示"斩蛇剑"所象征的刘姓以"火德"为象征的帝国执政权力，随着西晋元康年间武库火灾，已经化为烟尘。

明人王世贞《高帝斩蛇剑》诗也表述了大致同样的历史感叹："大泽云腥碧血侵，芙蓉犹在匣中吟。天教武库穿云去，负尽残年斩马心。"自注："'穿云'事见《西京杂记》。汉有'斩马剑'，谓司马氏也。"④

有的政治史评论家分析说，从曹操"篡汉"，到司马氏"篡魏"，有一脉相承的关系。此后，这种夺取政权的方式依然有不同的翻版："自操、丕篡汉，司马懿踵而行之。至刘裕又益甚焉。"⑤南朝刘宋王朝的开创者刘裕，也是以军政重臣的身份排斥前朝皇帝，取得了最高执政权力的。这种现象的出现，在

---

① 〔明〕张自勋：《纲目续麟》卷九。
② 《说郛》卷九五上陶弘景《刀剑录》。〔清〕杭世骏《三国志补注》卷一引作《古今刀剑录》。
③ 〔明〕佘翔：《薛荔园诗集》卷三。
④ 〔明〕王世贞：《弇州四部稿》续稿卷二三。
⑤ 〔元〕胡一桂：《史纂通要》卷一二引尹氏曰。

南北朝时代颇为频繁。后来有学者感叹说："自晋承曹魏之后，迤逦相承，皆曹氏之禅代也。于是二三百年无公论。二三百年无公论，则公论已矣。"①也有这样的说法："晋、宋及齐，并以篡夺，相寻如出一辙，所谓天道好还也。"②以为"篡夺"者而随即又被"篡夺"，似乎体现出一种历史的报应。有诗人歌咏史事变迁，也感叹"禅代"的频繁："我观阴与阳，禅代何时了？不能为鲁连，尚可作商皓。长歌《黍离》篇，酹酒问旻昊。"③宋、齐之间的"篡夺"，即所谓"刘萧篡夺之事"。④

　　宋代学者叶适评价曹丕的"禅代"表演，指出了其虚伪的本质："魏文之所欲者，禅代尔。而符瑞、章奏、劝进、辞让，前后节目，连篇累牍，存之极无谓。然可以见其辞烦而理寡也。"⑤

　　所谓"禅代"，设坛举乐，吹吹打打，在虚伪的"礼"的形式下完成了废与立的转换。看起来平和谦让，其实在"礼让"的背后是血腥的争夺。如晋武帝司马炎实现魏晋"禅代"时，"初以礼让，魏朝公卿何曾、王沈等固请，乃从之"⑥。而历史告诉我们，这虽然看起来形式上是和平的权力接替，却都有武力作为新政权的支撑。拱手交出政权的前代帝王，都是在暴力的威慑之下被迫放弃帝位的。

　　实现"禅代"的榜样魏武帝曹操之后，又有晋武帝司马

---

① 〔宋〕车若水：《脚气集》卷上。
② 〔清〕刘统勋编：《评鉴阐要》卷四。
③ 〔宋〕方逢辰：《送潘翠谷》，《蛟峰文集》卷六。
④ 〔宋〕郑樵：《通志》卷八一《宗室传第四·宋》。
⑤ 〔宋〕叶适著，沈文倬等校点：《习学记言序目》卷二七《三国志·魏志》，中华书局 1977 年 10 月版，第 373 页。
⑥ 《晋书·武帝纪》，中华书局 1974 年 11 月版，第 50 页。

炎。此后南朝宋、齐、梁、陈四朝，除了南朝齐外，南朝宋以及梁、陈的开国皇帝都称"武帝"，即宋武帝刘裕，梁武帝萧衍，陈武帝陈霸先，这绝对不是偶然的。

南朝齐的开国皇帝为齐高帝萧道成，他在位四年，继任者就是齐武帝萧赜。而宋武帝刘裕之后，有宋少帝刘义符、宋文帝刘义隆，随后则宋孝武帝刘骏即位。这又是一位"武帝"。

这些政权使用谥号时对"武"字的特别的偏爱，一方面体现出对军事实力和强硬政风的重视，另一方面也可以理解为对于因武力成功实现"禅代"的一种纪念。清人方苞说："自汉魏之衰，乘危窃国者，皆强臣，非邻敌也。"①也指出了这种带有某种规律性的现象。

对于以"篡夺"实现政权更替的情形，主持者也特别注意宣传其合法性。正如宋代学者洪迈所说："《易·革》之象曰：'天地革而四时成。汤武革命，顺乎天而应乎人。'魏晋而降，凡及禅代者，必据以为说。"②这种宣传，顾炎武以为为害甚大："有王莽之篡弑，则必有扬雄之《美新》。有曹操之禅代，则必有潘勖之《九锡》。是故乱之所由生也，犯上者为之魁，巧言者为之辅。故大禹谓之'巧言令色孔壬'，而与驩兜、有苗同为一类，甚哉其可畏也！"③沈约曾经为篡夺者进行舆论宣传，以致有前朝帝王"剑断其舌"的传说。④

---

① 〔清〕方苞：《论宋武帝》，《望溪集》卷五《论》。
② 〔宋〕洪迈：《容斋随笔四笔》卷一二《治历明时》。
③ 〔清〕顾炎武：《日知录》卷一九《巧言》。
④ 《太平御览》卷七三四引《梁书》曰："沈约病，梦齐和帝剑断其舌。令巫视之，言如梦。乃呼道士奏赤章于天，称禅代之事，不由己出。"〔宋〕李昉等撰：《太平御览》，第3255页。

以"篡夺"方式取得最高执政权的帝王，往往起先是军队统帅这样的实力派人物，或者前朝握有大权的重臣。

以军队统帅和前朝重臣身份成为帝王的人物，往往有丰富的行政经验以为进行政治管理的资本。王莽、曹丕、李渊、赵匡胤这样的由贵族而帝王的人物，他们走进皇宫，手握玉玺[①]，角色转换了，国家管理的实践则往往是以往政治生涯的延续。

王夫之《读通鉴论》分析了历史上的"篡夺"以及"造反"对王朝正统的危害，以为唐高祖李渊的相应处置是合理的。他写道："自东汉以后，权臣之篡者，成而为曹魏、六朝；未成而败，为王敦、桓温、刘毅、沈攸之、萧颖胄、王僧辩；伪成而速败，为桓玄、侯景；乃及隋之亡，而天下之势易矣，人皆可帝，户皆可王，是匹夫狂起之初机也。唐及早惩之，正草泽称尊之大罚，然且有黄巢之祸，延于朱温而唐以亡：使弗惩焉，则暗主相承，政刑无纪，闾井之匹夫，几人帝而几人王，生民之流血，终无已日矣。若权臣受将相之托，为功于国，而逼夺孤幼，则不待正铁钺于世充而无有继之者。高祖相世运之迁，大权之移，祸胜之变，而赏世充、诛三僭，其亦审矣，而岂贸贸以张弛乎？已天下之乱者义也，而义固随时以制宜者也。世充可诛也，建德、铣、仁果尤不可贷者也，非昧于治乱之几者，可执一切之义以论得失也。"[②]

赵翼曾经在《廿二史札记》卷七专辟"禅代"一节，讨论了"篡夺"这种新王朝通过和平的权力接替实现开国的形

---

① 〔清〕王士禛《池北偶谈》卷一三《补汉纲目》说王莽事，用"篡夺国玺"语，以"国玺"为"篡夺"对象国家权力的象征。
② 〔清〕王夫之：《读通鉴论》卷二〇《唐高祖》，中册第 578 页。

式。赵翼说：

> 古来只有禅让、征诛二局，其权臣夺国则名篡弑，
> 常相戒而不敢犯。王莽不得已，托于周公辅成王，以摄政
> 践阼，然周公未尝有天下也。至曹魏则既欲移汉之天下，
> 又不肯居篡弑之名，于是假禅让为攘夺。自此例一开，而
> 晋、宋、齐、梁、北齐、后周以及陈、隋皆效之。此外尚
> 有司马伦、桓玄之徒，亦援以为例。甚至唐高祖本以征
> 诛起，而亦假代王之禅，朱温更以盗贼起，而亦假哀帝
> 之禅。至曹魏创此一局，而奉为成式者，且十数代，历
> 七八百年，真所谓奸人之雄，能建非常之原者也。[①]

所谓"奉为成式者，且十数代，历七八百年"，指出这种政权
接递路径，已经形成了一种范式。

以"篡夺"方式取得政权，实现"立国"的政治史过程，正
统史家往往持批评态度。这一政治立场自然与当时执政者的情感
倾向有关。我们在《评鉴阐要》中可以看到这种政治态度的表现：

> "齐主问为政于刘璿，对以'宜戒宋氏前车之失'，
> 于是命群臣各言得失"目
>
> 晋、宋及齐，并以篡夺相寻，如出一辙，所谓天道
> 好还也。宋之亡，固反经齐之得。岂合道此，不过一时饰
> 伪求名之谈，俱可失笑。

---

① 〔清〕赵翼著，王树民校证：《廿二史札记校证》（订补本），中华书局
1984 年 1 月版，上册第 143 页。

又如：

> "齐主性清俭，尝言'使我治天下十年，当令黄金与土同价'"注
>
> 篡弑之贼，为天地所不容。即能恭俭，所谓小善不掩大罪。而乃肆言夸诞，益足鄙矣！[①]

据《四库全书》本《评鉴阐要》前附《御制通鉴辑览序》，"皇祖御批之《资治通鉴纲目》，盖是书集三编为一部，自三皇以至元末明初，振纲挈目，谨予严夺，足以昭万世法戒，为人君者不可不日手其帙而心其义也"。又陈述改编缘由及方式："全书于凡正统偏安，天命人心，系属存亡，必公必平，惟严惟谨，而无所容心曲徇于其间。观是书者，凛天命之无常，知统系之应守，则所以教万世之为君者，即所以教万世之为臣者也。"乾隆帝又说明："书中批论，一依皇祖之例，自述所见，据事以书者十之三，儒臣拟批者十之七；而经笔削涂乙者七之五，即用其语弗点窜者亦七之二云。"[②]可知所谓"俱可失笑"，"益足鄙矣"云云，都是帝王及其亲信"儒臣"们政治态度的表现。字里行间，如闻对于"篡弑之贼，为天地所不容"之"大罪"的切齿恨恨之声。

---

① 〔清〕刘统勋编：《评鉴阐要》卷四。
② 〔清〕刘统勋编：《评鉴阐要》序。

开国模式之三：侵灭

这里可以就"侵灭"一语的涵义略作说明。

"侵灭"，曾经是古人习惯使用的政治文化术语。如宋代理学家程颐撰《伊川易传》，又称《周易程传》，其中写道：

> 《象》曰：剥床以足，以灭下也。取床足为象者，以阴侵没阳于下也。灭，没也。侵灭正道，自下而上也。[①]

宋儒方闻一编《大易粹言》卷二三、宋儒董楷撰《周易传义附录》卷四下、明儒胡广等撰《周易传义大全》卷九、清儒陈梦雷撰《周易浅述》卷三、清儒纳兰性德编《合订删补大易集义粹言》卷二七等都取用这一说法。元代学者保巴《周易原旨》卷三说："君子体而用之，才见侵灭正道，知几之君子，可不慎诸！"[②] 我们看到，"侵灭"一语的使用，是有价值评判的意味在内的。所谓"侵灭正道"，就是如此。不过，我们在借用"侵灭"这一语汇时，取客观主义的历史态度。

人们在评述春秋战国时期的军事外交形势时，已经使用"侵灭"的说法。

据清乾隆时期编定的《周官义疏》卷二九，对于《周礼·夏官司马·大司马》"以九伐之法正邦国"的说法，有如

---

① 〔宋〕程颐：《伊川易传》卷二《周易上经》。

② 〔元〕保巴撰，陈少彤点校：《周易原旨》，中华书局 2009 年 1 月版，第 69 页。

下解释：

> 《正义》：郑氏康成曰："诸侯有违王命，则出兵以征伐之。所以正之也。诸侯之于国，如树木之有根本，是以言'伐'云。"贾氏公彦曰："案下文'九'者，唯贼贤害民称'伐'。此总言'伐'者，侵、灭二者亦是'伐'之例。其余六者，皆先以兵加其境，乃眚之、埠之、削之、正之、残之、杜之，故皆以'伐'言。"

下文言及"冯弱犯寡则眚之"，"贼贤害民则伐之"，"暴内陵外则坛之"[1]，"野荒民散则削之"，"负固不服则侵之"，"贼杀其亲则正之"，"放弑其君则残之"，"犯令陵政则杜之"，"外内乱鸟兽行则灭之"，是谓"九伐之法"，即九种政治惩罚的方式。[2]所谓"侵、灭二者亦是'伐'之例"，说"侵""灭"语义相近。

《春秋公羊传·僖公四年》："楚有王者则后服[3]，无王者则先叛。夷狄也，而亟病中国。"何休解释说：

> 数侵灭中国。

唐人徐彦疏：

> 注解云：即庄二十八年秋荆伐郑者，是其"数

---

① 注："坛，郑读作'埠'。音善。"
② 《钦定周官义疏》卷二九。
③ 何休注："桓公行霸至是乃服楚。"

侵""中国"之文。其"数""灭中国"者，即灭邓、谷之属是也。而《经》不书者，后治夷狄故也。[①]

当时的荆楚被视作"夷狄"之国，对"中国"的兼并，被称作"侵""灭"。宋代学者王皙说："案：楚，子爵，远在江汉，侵灭小国，浸以强大，又僭号称王。"[②]高闶也说："楚则当罪，其僭窃王号，侵灭小国也。"[③]沈棐亦指责"贰国君之命，重侵灭之恶"的行为。[④]戴溪也有"楚人强暴，侵灭小国"的批评。[⑤]明儒熊过说："夫楚，蛮荒之人，其轻中国久矣。彼其侵则侵，灭则灭，漠乎无所忌也。"[⑥]这里似乎也将"侵"和"灭"予以区别。另一位明代学者卓尔康在研习《春秋》时注意到兼并战争性质和等级的区别，他认为："《春秋》之初书取邑二，此牟娄及六年冬宋人取长葛而已。是时外取邑犹以为重。桓以后皆不书，盖侵灭之事，有甚于取也。"[⑦]论者在这里所说的"侵灭"，其实主要是"灭"。而"侵灭"行为的主体，也并不仅仅是一个楚国。

《后汉书·东夷传》说到东周时期越国实现霸权的背景："及幽王淫乱，四夷交侵，至齐桓修霸，攘而郤焉。及楚灵会申，亦来豫盟。后越迁琅邪，与共征战，遂陵暴诸夏，侵灭小

---

① 〔清〕阮元校刻：《十三经注疏》，第 2249 页。
② 〔宋〕王皙：《春秋皇纲论》卷三。
③ 〔宋〕高闶：《高氏春秋集注》卷一四。
④ 〔宋〕沈棐：《春秋比事》卷一九。
⑤ 〔宋〕戴溪：《春秋讲义》卷二下。
⑥ 〔明〕熊过：《春秋明志录》卷六。
⑦ 〔明〕卓尔康：《春秋辩义》卷一。

邦。"①当时，"侵灭小邦"，是"四夷交侵"的重要表现之一。

其实，秦兼并六国，实现统一，在某种意义上似乎也带有一定的"侵灭"的性质。当时东方诸国曾经对秦人"夷翟遇之"②，予以文化歧视，有"秦戎翟之教"③，"秦杂戎翟之俗"④，"秦与戎翟同俗"⑤等说法。《史记·天官书》甚至明确说：秦，"夷狄也"⑥。而秦军对东方六国的"侵灭"，确如摧枯拉朽，势如破竹。按照秦人自己的说法，即："奋扬武德"，"烹灭强暴"，"威烨旁达，莫不宾服"，"武威旁畅，振动四极，禽灭六王"⑦。于是"六王毕，四海一"⑧，使"大一统"从理想成为现实的强大的秦帝国建立起来了。李约瑟曾经就"秦朝""做得过头"进行政治文化分析时指出，"（法家）以编订"法律"为务，并认为自己主要的责任是以封建官僚国家来代替封建体制。他们倡导的极权主义颇近于法西斯"。⑨这种对于秦建国基本方针的判断，也是值得我们重视的。

我们在本书中讨论的古代王朝以"侵灭"形式开国的情形，对"侵灭"语义，也大体取侧重于"灭"的理解。所谓"侵灭"，主要是指处于少数民族即被中原正统史家称作"夷

---

① 《后汉书》，第 2808 页至第 2809 页。
② 《史记·秦本纪》，第 202 页。
③ 《史记·商君列传》，第 2234 页。
④ 《史记·六国年表》，第 685 页。
⑤ 《史记·魏世家》，第 1857 页。
⑥ 《史记》，第 1344 页。
⑦ 《史记·秦始皇本纪》，第 249 页，第 250 页。
⑧ 〔唐〕杜牧：《阿房宫赋》，《樊川集》卷一。
⑨ 〔英〕李约瑟：《中国科学技术史》第 2 卷《科学思想史》，王铃协助，科学出版社、上海古籍出版社 1990 年 8 月版，第 1 页。

狄"的势力以入侵征服的手段取代"中国"原有政权，建立新的王朝的政治史过程。

马端临《文献通考》写道："契丹自阿保机时，侵灭诸国，称雄北方。"①明人章潢《图书编》卷五二"契丹"条也这样描述辽史梗概："契丹本东胡种，其先为匈奴所破，保鲜卑山。与库莫奚异种而同类，并为慕容氏所破，俱窜于松漠之间。唐末阿保机始强盛，侵灭诸国，称雄北方。迨石敬瑭以幽州所属十六州赂德光，称儿皇帝矣。故宋有岐沟之败、澶渊之盟，至争'献纳'二字。而女真浸强，辽遂为金所灭。自安巴坚至天祚，凡九代。"②契丹人之立国，经历了"侵灭诸国"的历程。而所谓"女真浸强，辽遂为金所灭"，则是在辽的灭亡的同时，演出了女真人立国史的一幕。

女真人对北宋和南宋的"侵灭"，蒙古人对西夏、金和南宋的"侵灭"，满人对明的"侵灭"，一次又一次地复演着同样的历史。

由"侵灭"前朝终于控制中原行政大权的少数族领袖，走的是与金灭辽有所不同的另一种建国史的路径。

他们往往不得不学习和继承中原文化传统，以促成民众的理解，取得管理天下的合法地位和必要经验。这种学习和继承的程式，马克思曾经予以总结，称之为："野蛮的征服者总是被那些他们所征服的民族的较高文明所征服，这是一条永恒的历史规律。"③

---

① 《文献通考》卷三四五《四裔考·契丹上》，中华书局1986年9月版，第2702页。

② 〔明〕章潢：《图书编》卷五二。

③ 马克思：《不列颠在印度统治的未来结果》，《马克思恩格斯全集》第9卷，人民出版社1961年12月版，第247页。

中国古代思想家所谓"用夏变夷"①的文化理想，在这样的历史情势下似乎以被动的形式实现了。有学者分析北朝时代北方少数民族王朝"立国"之后中原的文化形势：

> 诸胡乘晋乱迭据中土，极强盛者不过数十年，纷纠腾突，徒互为废兴而不足以定事。盖华夷地势不同，习俗亦异，统御不一，彼此不安，亦其势然也。惟拓跋退都平城，纯用彼俗控勒诸夏，故最为长久。孝文慨慕华风，力变旧俗，始迁洛邑，根本既虚，随即崩溃，亦不过数十年，天下复还中国之旧矣。然则用夏变夷者，圣人之道也；不然，则遂为夷狄之利也。失其利则衰，反其常则灭；乌得谓"黎民怀之，三才其舍诸"！盖书生之浮论也。②

论者以为北魏孝文帝"慨慕华风，力变旧俗"，其实是导致"崩溃"的原因。看来，所谓"野蛮的征服者总是被那些他们所征服的民族的较高文明所征服"的文化演进过程其实有复杂的情由和走向。也许对于以"侵灭""开国"的征服者来说，"华风"和"旧俗"的关系于行政的作用，还需要认真的考察。

鲁迅曾经讥讽"'民族主义'旗下"的"小勇士们"对于蒙元"理想的元帅拔都"的歌颂。鲁迅质问道：你们既然自称"查过中外的史传"，"岂就会偏不知道赵家末叶的中国，是蒙古人的淫掠场？"鲁迅又写道：

---

① 《孟子·滕文公上》，〔清〕焦循撰，沈文倬点校：《孟子正义》，中华书局1987年10月版，第393页。
② 〔宋〕叶适著，沈文倬等校点：《习学记言序目》卷三四《北史·魏书》，第491页。

拔都元帅的祖父成吉斯皇帝侵入中国时，所至淫掠妇女，焚烧庐舍，到山东曲阜看见孔老二先生像，元兵也要指着骂道："说'夷狄之有君，不如诸夏之无也'的[1]，不就是你吗？"夹脸就给他一箭。这是宋人的笔记里垂涕而道的[2]，正如现在常见于报章上的流泪文章一样。[3]

鲁迅提醒人们，在"以成吉思汗自豪"的时候，应当"知道所谓这'我们'最阔气的时代，其实是蒙古人征服了中国，我们做了奴才"[4]。也许在乐观于"用夏变夷"的同时，应当深刻认识这种"侵灭"所导致的民生的灾难和文化的挫伤。

叶适论"有天下者，谨备三者而已"

分析"造反""篡夺""侵灭"三种形式在历代王朝开国史中的作用，就实现了统一的王朝而言，大致如下表所示：

造反	篡夺	侵灭
		秦
西汉		
	新莽	

---

① 《论语·八佾》："子曰：'夷狄之有君，不如诸夏之亡也。'"
② 〔宋〕庄绰：《鸡肋编》卷中。
③ 鲁迅：《"民族主义文学"的任务和运命》，《二心集》，《鲁迅全集》第4卷，第316页，第318页至第319页。原注："按鲁迅文中所说的元兵，当是金兵的误记。"
④ 鲁迅：《随便翻翻》，《且介亭杂文》，《鲁迅全集》第6卷，第138页。

造反	篡夺	侵灭
东汉		
	西晋	
	隋	
唐		
	北宋	
		元
明		
		清

可以看到，"造反""篡夺""侵灭"三种形式所占的比例，大体是相当的。

如果包括东晋十六国时期、南北朝时期、五代十国时期，则情形更复杂一些。其中多有因"侵灭"立国的皇帝。

朱星分析中国历代皇帝，曾经进行过这样的总结：

> 我们如果把中国历代皇帝分分类，可分：
>
> 1. 开国皇帝。一般较有作为。
>
> 2. 继承的皇帝。因出身皇家，养尊处优，平庸无能，或无知如蠢豕者，如晋惠帝闻人民无饭吃，他说："何不食肉糜？"这是多数。
>
> 3. 中兴皇帝。如周宣王、汉武帝、唐肃宗、宋高宗，很少。
>
> 4. 亡国皇帝。一般是暴王、昏君、幼稚、愚傻，如

蜀后主刘阿斗。

5. 暴君、昏君。也有些开国皇帝，到老来就成暴君或昏君。

6. 篡位的假皇帝。如王莽、曹丕、司马炎。

7. 统一皇帝。

8. 偏安皇帝。如东晋、南宋。

9. 割据皇帝。如晋十六国、唐末十国，其实三国魏、蜀、吴也是这一类。

10. 奴才皇帝。如后晋石敬瑭。

11. 傀儡皇帝。如宋刘豫。

12. 只靠武力没有文化知识的皇帝。这是绝大多数。

13. 有知识的皇帝。如梁武帝、梁元帝、清康熙，这是极少数。

14. 造反起义皇帝。一般是贫农，如陈胜、朱元璋。但不一定，如黄巢是进士，方腊是漆园主。

虽然情况各不同，多数是压迫人民、剥削人民的反动统治者甚至是罪魁祸首。①

应当指出，这样的"分类"，在逻辑关系上显得比较混乱。所列14种"皇帝"，情形其实并不可以相互并列。例如，"1. 开国皇帝"中，其实是包括"6. 篡位的假皇帝"，"8. 偏安皇帝"，"9. 割据皇帝"，"14. 造反起义皇帝"的。又如："5. 暴君、昏君。也有些开国皇帝，到老来就成暴君或昏君。"论者

---

① 朱星：《中国皇帝评论》，第142页至第143页。

自己也说到是包括"有些开国皇帝"的。此外，"9. 割据皇帝。如晋十六国、唐末十国，其实三国魏、蜀、吴也是这一类"。这些"割据皇帝"，严格说来，其实也是"开国皇帝"。而所谓"10. 奴才皇帝"的典型"后晋石敬瑭"，所谓"11. 傀儡皇帝"的典型"宋刘豫"①，其实也都是"开国皇帝"。"开国皇帝"之中，当然也包括"12. 只靠武力没有文化知识的皇帝"和"13. 有知识的皇帝"。

我们在本节讨论的因"侵灭"开国的皇帝，并不出现于这14类中。他们中的有一些人，或许应当归入"7. 统一皇帝"之中。

关于古代王朝开国的三种模式：造反，篡夺，侵灭，其实类似的看法，古人早就已经指出。笔者只是读书太少，未能及时获知。宋人叶适《习学记言序目》卷一九《史记一》有这样一段史论：

> 空诸侯之国而得天下者，秦也；驱天下之人而亡天下者，亦秦也。秦自以灭六国无与敌，及其败也，虽名诸侯复立，其实黔首化为盗贼，亡之如拾遗。自是之后，未有不以群盗亡者，次则夷狄，次则卒伍，皆古所无有也。然则后之有天下者，谨备三者而已。②

我们所说的"造反"，即叶适言"盗贼"。我们所说的"篡夺"，即叶适言"卒伍"。我们所说的"侵夺"，即叶适言"夷狄"。

---

① 今按："宋刘豫"应作"齐刘豫"。
② 〔宋〕叶适著，沈文倬等校点：《习学记言序目》，第 266 页。

我们说"造反""篡夺""侵灭",指促成"开国"的三种政治动作。叶适所说"盗贼""卒伍""夷狄",则指发起这些政治动作的行为主体。

叶适首先是从亡国史的角度进行这一政治史的总结的。而所谓"然则后之有天下者,谨备三者而已",则指出"开国""建国"同样由此"三者"。

叶适说此"三者""皆古所无有也",指出这一规律的形成,见于秦汉大一统王朝出现之后。

神人　门吏　玄武画像石之二（东汉）。
陕西绥德出土。上为一人身蛇尾者，下
层为玄武。现藏绥德县博物馆。

对于开国史的三种模式"造反""篡夺""侵灭",或者如叶适所说"盗贼""卒伍""夷狄",可以举出典型史例予以说明。

开国史的个案分析之一:斩蛇剑——刘邦帝业象征

汉高祖刘邦是以"造反"取天下的帝王。刘邦的事迹中,有斩蛇传说作为武装反秦的标志。

刘邦出身平民,曾经在秦时任基层官吏亭长。据说他在看到秦始皇壮丽的车队时,感叹道:"大丈夫当如此也!"《史记·高祖本纪》又记载:"高祖以亭长为县送徒郦山,徒多道亡。自度比至皆亡之,到丰西泽中,止饮,夜乃解纵所送徒。曰:'公等皆去,吾亦从此逝矣!'徒中壮士愿从者十余人。"司马迁还写道:"高祖被酒,夜径泽中,令一人行前。行前者还报曰:'前有大蛇当径,愿还。'高祖醉,曰:'壮士行,何畏!'乃前,拔剑击斩蛇。蛇遂分为两,径开。行数里,醉,因卧。后人来至蛇所,有一老妪夜哭。人问何哭,妪曰:'人杀吾子,故哭之。'人曰:'妪子何为见杀?'妪曰:'吾子,白帝子也,化为蛇,当道,今为赤帝子斩之,故哭。'人乃以妪为不诚,欲告之,妪因忽不见。后人至,高祖觉。后人告高祖,高祖乃心独喜,自负。诸从者日益畏之。"[1]斩蛇神话一如陈胜、吴广发起鼓动群众的篝火狐鸣方式,开始树立起刘邦的权威。

---

① 《史记》,第347页。

刘邦成为皇帝之后，似乎十分珍爱这柄"斩蛇剑"。

南朝学者陶弘景《古今刀剑录》记载了这样的传说："汉高帝邦在位十二年，以始皇三十四年于南山铸一铁剑，长三尺。铭曰'赤霄'，大篆书。及贵，常服之。此即斩蛇剑也。"[①]《汉官旧仪》卷上关于皇帝冠履制度，也写道："带七尺斩蛇剑。"[②]刘邦的"斩蛇剑"，后来被看作重要的文物。[③]《晋书·张华传》记载："武库火，（张）华惧因此变作，列兵固守，然后救之。故累代之宝及汉高斩蛇剑、王莽头、孔子屐等尽焚焉。时华见剑穿屋而飞，莫知所向。"[④]"汉高斩蛇剑"收藏在晋武库中，在意外的火灾中和"王莽头、孔子屐等"一同焚毁。所谓"（张）华见剑穿屋而飞，莫知所向"，当然只是传说。"剑穿屋而飞"者，应当是看到烈焰"穿屋"迸发引发的想象。[⑤]

---

① 〔清〕倪涛：《六艺之一录》卷二一。

② 〔清〕孙星衍辑，周天游点校：《汉官六种》，中华书局1990年9月版，第30页。

③ 据清人宫梦仁编《读书纪数略》卷四六《物部·礼器类》，有"汉四宝"。注："《郊祀志》神爵元年立四祠于未央宫中。"以为汉宫"立四祠"分别珍藏。"汉四宝"是："隋侯珠，斩蛇剑，受命宝（和氏璧），周康宝鼎（汾上所获）。"

④ 《晋书》，第1073页至第1074页。

⑤ 〔宋〕方回：《续古今考》卷二"拔剑斩蛇"条："东莱《大事记》：周威烈王十七年，秦初令吏带剑。东莱曰：佩玉，三代也；带剑，秦也。秦与三代之分无他，观其所佩而已。是年秦简公六年。《秦纪》又书：百姓初带剑。又秦始皇九年，王冠，带剑。东莱曰：始皇年二十一带剑，秦俗也。人主带剑废佩玉始此。其后荆轲难作，始皇赖剑以免。二十六年初并天下，销天下兵，则民间刀剑戟槊锋镝，尽以为金人十二。意者吏尚带剑，而民则莫敢有带剑者矣。刘季为亭长，送徒骊山，而得带剑，为吏故也。汉记以三尺剑取天下，于是舍三代之佩玉而佩秦之剑"关于"斩蛇剑"的神话，又见于《拾遗记》："拾遗记：汉高祖斩蛇剑藏于宝库之中。守藏者见白气如云出于户外如龙蛇。"（〔明〕徐应秋：《玉芝堂谈荟》卷二七）

陈胜大泽乡举事，反秦烽火燃起四方，楚地声势最大。刘邦在这时已经具有影响地方政治形势的力量。《史记·高祖本纪》记载："秦二世元年秋，陈胜等起蕲，至陈而王，号为'张楚'。诸郡县皆多杀其长吏以应陈涉。沛令恐，欲以沛应涉。掾、主吏萧何、曹参乃曰：'君为秦吏，今欲背之，率沛子弟，恐不听。愿君召诸亡在外者，可得数百人，因劫众，众不敢不听。'乃令樊哙召刘季。刘季之众已数十百人矣。于是樊哙从刘季来。沛令后悔，恐其有变，乃闭城城守，欲诛萧、曹。萧、曹恐，逾城保刘季。刘季乃书帛射城上，谓沛父老曰：'天下苦秦久矣。今父老虽为沛令守，诸侯并起，今屠沛。沛今共诛令，择子弟可立者立之，以应诸侯，则家室完。不然，父子俱屠，无为也。'父老乃率子弟共杀沛令，开城门迎刘季，欲以为沛令。刘季曰：'天下方扰，诸侯并起，今置将不善，壹败涂地。吾非敢自爱，恐能薄，不能完父兄子弟。此大事，愿更相推择可者。'萧、曹等皆文吏，自爱，恐事不就，后秦种族其家，尽让刘季。诸父老皆曰：'平生所闻刘季诸珍怪，当贵，且卜筮之，莫如刘季最吉。'于是刘季数让。众莫敢为，乃立季为沛公。"

刘邦正式起义。"祠黄帝，祭蚩尤于沛庭，而衅鼓旗，帜皆赤。由所杀蛇白帝子，杀者赤帝子，故上赤。于是少年豪吏如萧、曹、樊哙等皆为收沛子弟二三千人，攻胡陵、方与，还守丰。"司马贞《索隐述赞》写道："高祖初起，始自徒中。言从泗上，即号沛公。啸命豪杰，奋发材雄。彤云郁砀，素灵告丰。龙变星聚，蛇分径空。"[①] 其中"彤云郁砀，素灵告丰"句，

---

① 《史记》，第349页至第350页，第394页。

说明"砀"与"丰"，在刘邦早期反秦活动中具有同样重要的意义。"彤云"指吕后制造的云气神话。"彤"，点明了"上赤"的政治文化基色。

刘邦曾经以芒砀山泽作为自己的根据地。

《史记·高祖本纪》有关刘邦早期事迹，有三处说到"泽"：（1）"到丰西泽中，止饮，夜乃解纵所送徒。"（2）"高祖被酒，夜径泽中，……"（3）"隐于芒砀山泽岩石之间。"[①]这些关于"泽"的记录，是与我们今天对于芒砀地区地理形势的知识并不符合的。《史记·陈涉世家》记载："二世元年七月，发闾左适戍渔阳，九百人屯大泽乡。""大泽乡"，据裴骃《集解》引徐广曰："在沛郡蕲县。"[②]此乡得名"大泽"，不会和"泽"没有一点关系。又如《史记·魏豹彭越列传》写道："彭越者，昌邑人也，字仲。常渔钜野泽中，为群盗。"[③]也说反秦武装以"泽"作为依托的情形。《汉书·地理志下》信都国"扶柳"条颜师古注："阚骃云：其地有扶泽，泽中多柳，故曰扶柳。"[④]可知秦汉时期黄河下游及江淮平原，多有"泽"的分布。湖泽的密集，导致交通条件受到限制。《汉书·高帝纪上》关于刘邦斩蛇故事的记述，有颜师古注："径，小道也。言从小道而行，于泽中过，故其下曰有大蛇当径。"[⑤]"泽中"有"小道"可行，看来这里所谓"泽"，很可能是指沼泽湿地。

另外一则著名的历史事件，即西楚霸王项羽人生悲剧的

---

① 《史记》，第 348 页。

② 《史记》，第 1950 页至第 1951 页。

③ 《史记》，第 2591 页。

④ 《汉书》，第 1633 页。

⑤ 《汉书》，第 7 页。

落幕，也与"泽"造成的交通阻滞有关。《汉书·项羽传》写道："于是羽遂上马，戏下骑从者八百余人，夜直溃围南出驰。平明，汉军乃觉之，令骑将灌婴以五千骑追羽。羽渡淮，骑能属者百余人。羽至阴陵，迷失道，问一田父，田父绐曰'左'。左，乃陷大泽中，以故汉追及之。"[①]

山林水泽的掩护，为刘邦最初力量的聚集和潜伏提供了条件。[②]

我们在讨论刘邦"隐于芒砀山泽岩石之间"的事迹时，不应当忽略自然生态条件的变化。

《史记·货殖列传》写道："夫自鸿沟以东，芒砀以北，属巨野，此梁、宋也。陶、睢阳亦一都会也。昔尧作于成阳，舜渔于雷泽，汤止于亳。其俗犹有先王遗风，重厚多君子，好稼穑，虽无山川之饶，能恶衣食，致其蓄藏。"[③]这里不仅说到了邹逸麟未曾说到的另一处"泽"——"雷泽"，而且提示我们，"芒砀"在西汉时期，曾经是重要的地理坐标。

刘邦在芒砀地方这一基本根据地，建立了自己最早的武装。

---

① 《汉书》，第1818页。

② 邹逸麟曾经讨论"先秦西汉时代湖沼的地域分布及其特点"，指出"根据目前掌握的文献资料，得知周秦以来至西汉时代，黄淮海平原上见于记载的湖沼有四十余处"。所依据的史料为《左传》《禹贡》《山海经》《尔雅·释地》《周礼·职方》《史记》《汉书》等。列表所见湖沼46处，其中黄淮平原33处。邹逸麟说："以上仅限于文献所载，事实上古代黄淮海平原上的湖沼，远不止此。""先秦西汉时代，华北大平原的湖沼十分发育，分布很广，可以说是星罗棋布，与今天的景观有很大的差异。"邹逸麟：《历史时期华北大平原湖沼变迁述略》，《历史地理》第5辑，上海人民出版社1987年5月版，收入《椿庐史地论稿》，天津古籍出版社2005年5月版，第249页。

③ 《史记》，第3266页。

动乱，是秦末最基本的社会历史景象。有的学者分析秦末"动乱"时指出，"秦末人民困苦为致乱之原"。[①]

在反秦义军蜂起的时代，起兵于沛（今江苏沛县）的刘邦军和起兵于吴（今江苏苏州）的项梁、项羽军有比较强的军事实力。陈胜失利之后，刘邦军攻取砀（今河南永城北）、下邑（今安徽砀山）。项梁率军渡江，收容诸部，立楚怀王孙心，仍称楚怀王，在盱台（今江苏盱眙东北）建立政权。项梁自称武信君，引军北上，大破秦军于东阿（今山东东阿西南）。又派项羽、刘邦攻克城阳（今山东菏泽东北），雍丘（今河南杞县）等地，歼灭秦军数部。项梁主力又转战至定陶（今山东定陶），再次击破秦军。

项梁因连连取胜，渐有骄色。得到增援的章邯军全力进攻项梁军，楚军溃败，项梁不幸战死。定陶之战败后，一度取得军事优势的项羽、刘邦的部队于是不得不改变向西挺进的战略，引军而东，退守于彭城（今江苏徐州）附近。章邯军击破楚军之后，因"楚地盗名将已死"[②]，以为楚地已经大体安定，于是渡河击赵，围攻困守于钜鹿（今河北平乡西南）的赵军主力。楚怀王派宋义率军救赵，而刘邦率部挺进关中。

刘邦军在西向途中没有遭遇秦军主力，进取陈留（今河南开封东南）后，缴获了充足的粮储，又由宛县（今河南南阳）、武关（在今陕西商南）、蓝田（今陕西蓝田西）一路进军，兵锋直指咸阳（今陕西咸阳）。

秦二世三年（前207）八月，秦二世以东方战事危局责难

---

① 瞿兑之：《秦汉史纂》，鼎文书局1979年2月版，第84页。
② 《史记·秦始皇本纪》，第270页。

赵高。赵高指使亲信在望夷宫逼杀秦二世，又以为继任的秦贵族子婴"以空名为帝，不可。宜为王如故"①，取消帝号，秦政权的统治被迫恢复到战国时代的状况。

据司马迁《史记·秦始皇本纪》中的记载，子婴废帝号改称秦王四十六天之后，刘邦军入咸阳，秦亡。

秦末战争中，在楚怀王为名义上的最高统领的反秦军事阵营中，刘邦和项羽曾经多次联合作战。项梁战死后，楚怀王封刘邦为武安侯，封项羽为长安侯，令项羽随宋义北救赵，而令平素以宽容待人著称的刘邦引军长驱西进，避开秦军主力直取关中。并且正式约定，先入定关中者为关中王。

刘邦在进军关中途中，已经开始注重网罗人才，在军事行动中，又往往在遇到顽强抵抗时与守军约降，保留其首领原有的军权和地方行政权，因而得以避免过多的兵员伤亡，率领主力部队急速西进。他在入武关（在今陕西商南南）之后，甚至曾经与秦权臣赵高联络，以谋求以反秦为基点的合作。② 入关中后，约法三章，甚至曾经利用行政能力和政治影响力都不容忽视的"秦吏"宣喻其政令，事实上对秦国本土政治经济现状没有根本性触动。这些行为，与《史记·高祖本纪》所谓"沛公素宽大长者"③的形象是一致的，反映了刘邦政治思想的成熟。据说当时秦人大喜，唯恐刘邦不为秦王。

---

① 《史记·秦始皇本纪》，第 275 页。
② 《史记·秦始皇本纪》记载："沛公将数万人已屠武关，使人私于（赵）高。"子婴曰："我闻赵高乃与楚约，灭秦宗室而王关中。"第 273 页，第 275 页。
③ 《史记》，第 357 页。

刘邦率军突破峣关（在今陕西蓝田东南），逼近咸阳（今陕西咸阳）。秦王子婴投降。刘邦军入据咸阳。

刘邦军先入关，项羽在钜鹿大捷，击败秦章邯军之后，率反秦联军突破函谷关（在今河南灵宝北）关防，以最高军事指挥"上将军"的身份进入关中。

项羽军四十万众屯据于新丰鸿门（今陕西临潼骊山东北），准备以武力击灭在霸上（今陕西蓝田西）集结的刘邦军。刘邦军有众十万，处于绝对劣势。刘邦往鸿门项羽帐下谢罪，使项羽放弃了当即击杀刘邦的计划。

刘邦迫于项羽的军事霸权，接受了项羽"汉王"之封，率部众前往汉中（今陕西汉中）。

项羽的分封，没有真正成为政治军事定局。很快就因田荣起兵迎击齐王田都，杀胶东王田市、济北王田安，自立为齐王，彭越于梁地起兵，陈余、田荣击常山王张耳，重新进入战乱。项羽所封韩王、燕王、辽东王、赵王以及代王的辖地，也都相继再次燃起烽烟。

刘邦于汉王元年（前206）八月起兵暗自从故道北上，迅速平定关中。又率诸侯联军五十六万人东进，攻破彭城。项羽军三万回兵反击，刘邦军大败。在得到萧何补充的兵员和军需之后，与项羽军对峙于成皋（今河南巩义市东北）、荥阳（今河南荥阳东北）、广武（今河南荥阳北）一带。汉王五年（前202），刘邦军又与诸侯军合围楚军于垓下（今安徽泗县西南）。项羽突围后逃至江边，拒绝东渡，在乌江自刎。

同年二月，刘邦即皇帝位。

秦亡后，刘邦、项羽两个军事集团百战厮杀，虎争天下。

最终刘邦以弱胜强，于垓下决战逼杀项羽，建立了西汉王朝。

刘邦在芒砀山泽曾经使用的"斩蛇剑"，后来成为武装创业成功的象征，成为成就帝业的纪念。

《西京杂记》"斩蛇剑"条[①]写道："汉帝相传以秦王子婴所奉白玉玺，高祖斩白蛇剑。剑上有七采珠、九华玉以为饰，杂厕五色琉璃为剑匣。剑在室中，光景犹照于外，与挺剑不殊。十二年一加磨莹，刃上常若霜雪。开匣拔鞘，辄有风气，光彩射人。"[②]

陶弘景《刀剑录》列举了历代名帝名剑。虽然记录的只是传说，却也可以告知我们，刘邦"斩蛇剑"这种特殊文物在古人心目中的政治纪念意义：

秦始皇在位三十七年，以三年岁次丁巳，采北祗铜铸二剑，铭曰"定秦"，小篆书。李斯刻，埋在阿房宫阁下，一在观台下，长三尺六寸。

前汉刘季在位十二年，以始皇三十四年，于南山得一铁剑，长三尺，铭曰"赤霄"，大篆书。及贵，常服之。此即斩蛇剑也。

文帝恒在位二十三年，以初元十六年岁次庚午，铸三剑。长三尺六寸，铭曰"神龟"。多刻龟形，以应大横之兆。帝崩，命入玄武宫。

武帝彻在位五十四年，以元光五年岁次乙巳，铸八

---

① 今本《西京杂记》卷一作"剑光射人"条。
② 〔晋〕葛洪撰，周天游校注：《西京杂记》，三秦出版社2006年1月版，第29页。

剑。长三尺六寸。铭曰"八服"，小篆书。嵩、恒、霍、华、大山五岳皆埋之。

王莽在伪位十七年，以建国五年岁次庚午，造威斗及神剑。皆练五色石为之，铭曰"神胜万里伏"，小篆书。长三尺六寸。

更始刘圣公在伪位二年，自造一剑，铭曰"更国"，小篆书。

后汉光武秀在位三十三年，未贵时，在南阳鄂山得一剑。文曰"秀霸"，小篆书。帝常服之。

魏武帝曹操，以建安二十年于幽谷得一剑，长三尺六寸，上有金字，铭曰"孟德王"。常服之。[①]

除了汉文帝和汉武帝外，其他几位帝王的剑，其实都可以看作他们政治实践中开国的标志。秦始皇剑铭"定秦"，刘邦剑铭"赤霄"，王莽剑铭"神胜万里伏"，刘秀剑铭"秀霸"，曹操剑铭"孟德王"，大概都是陶弘景们没有什么根据的想象。

刘邦安定天下之后，有故乡之行。《史记·高祖本纪》："高祖还归，过沛，留。置酒沛宫，悉召故人父老子弟纵酒，发沛中儿得百二十人，教之歌。酒酣，高祖击筑，自为歌诗曰：'大风起兮云飞扬，威加海内兮归故乡，安得猛士兮守四方！'令儿皆和习之。高祖乃起舞，慷慨伤怀，泣数行下。谓沛父兄曰：'游子悲故乡。吾虽都关中，万岁后吾魂魄犹乐思沛。且朕自沛公以诛暴逆，遂有天下，其以沛为朕汤沐邑，复其民，世世无

---

① 《说郛》卷九五陶弘景《刀剑录》。

有所与。'"① 对于这一情节，李贽说："亦悲亦壮。近古帝王所不能有。"②《大风歌》虽然文辞简洁，但是表现了开国帝王的心志和胸怀，他在开国之初安定社会局势的政治考虑，也有所透露。

刘邦保存"斩蛇剑"以为纪念，是有"慷慨伤怀"的心绪寄托其中的。这里有对建国成功的感慨，也有对艰苦的创业生活的追思。

开国史的个案分析之二：王莽"始建国"

王莽是中国政治史上的一个特殊人物，王莽专政的时期，是中国政治史上的一个特殊的时期。王莽在六十八年的生涯中，进行了非同寻常的政治表演。他的人生轨迹和两汉之际社会大变乱的历史相迭合，他的政治努力大都导致了惨重的失败。于是对于王莽的评价，历来争议纷纭。

新莽王朝的开国史，有特殊的情节。

《汉书·王莽传下》"赞曰"在总结王莽一生的政治表现时说："王莽始起外戚。"③ 指出王莽地位的上升，与外戚势力对朝政的影响越来越显著有直接的关系。

中国古代的王室贵族的婚姻，很早以前就已经带有强烈的政治色彩。《礼记·昏义》说："昏（婚）礼者，将合二姓之好，上以事宗庙，而下以继后世也，故君子重之。"④ 对于握有政治

---

① 《史记》，第389页。
② 〔明〕李贽：《史纲评要》卷五《汉纪》上册，第129页。
③ 《汉书》，第4194页。
④ 〔清〕阮元校刻：《十三经注疏》，第1680页。

权力的家族集团来说，所谓"事宗庙"，其实具有共同继承先祖的政治传统，共同实践先祖的政治原则的意义。

与这一政治文化特征有关，我们看到，在中国古代政治生活中，曾经有一种独具特色的文化现象，这就是与皇族有姻亲关系的家族，即皇帝的母族或妻族，或者皇族中女性成员的夫族，在某一历史时期占据着显贵的政治地位，掌握了重要的政治权力，进行过活跃的政治表演。在一定的历史条件下，他们的政治活动，可以扶持皇权，稳定政局。司马迁在《史记·外戚世家》中曾经这样表述对于这一历史现象的认识："自古受命帝王及继体守文之君，非独内德茂也，盖亦有外戚之助焉。"[①]中国传统政治文化的这一特殊形式，被称为外戚政治。

外戚作为政治影响举足轻重的权力集团，他们的政治活动，往往又可以侵夺皇权，削弱皇权，甚至取代皇权。外戚政治的这种极端表现，史家一般称之为"外戚专权"。外戚政治对于王朝的严重危害，史家一般称之为"外戚之祸"。

外戚政治虽然在本质上说来并没有改变专制政权的根本性质，但是毕竟是与正统政治原则相抵牾的一种非正常政治现象。然而在政治史学者的眼光中，就高度集权的专制主义政体来说，在这种历史变态下的种种异常表现，恰恰可以更鲜明地展现它的许多本质特征。一般来说，历史上外戚专权现象发生的最初原因，往往是由于皇帝年幼，皇权孤弱。作为"生于深宫之中，长于妇人之手"[②]的政治上的弱者，却在名义上继承了

---

① 《史记》，第 1967 页。
② 〔清〕王先谦撰，沈啸寰、王星贤点校：《荀子集解》，第 543 页。

管理天下的政治权力。政治实力有限的皇帝为了保证国家机器的正常运行，于是不得不寻求能够对自己提供支持和有所帮助的政治力量。无论是出于主动的还是被动的选择，他们常常是首先依靠母后和舅父的护庇和扶持。

西汉后期外戚势力的崛起，外戚家族卷入政治漩涡，往往"大者夷灭，小者放流"[1]，走向悲剧结局。然而权力和利益的诱惑，又使得外戚干政成为规律。

汉元帝皇后是王莽的姑母，《汉书》专有《元后传》，记载了这个家族在汉末的特殊地位。班固记述，汉元帝崩，太子立，是为汉成帝。"以（王）凤为大司马大将军领尚书事，益封五千户。王氏之兴自凤始。又封太后同母弟崇为安成侯，食邑万户。凤庶弟谭等皆赐爵关内侯，食邑。"[2]时人称之为"阴盛侵阳"的形势开始形成。按照《汉书·外戚传下》记录的班彪的说法："三代以来，《春秋》所记，王公国君，与其失世，稀不以女宠。汉兴，后妃之家吕、霍、上官，几危国者数矣。及王莽之兴，由孝元后历汉四世为天下母，飨国六十余载，群弟世权，更持国柄，五将十侯，卒成新都。位号已移于天下。"[3]所谓"王莽之兴"，因"孝元后历汉四世为天下母"的背景，而王莽本人又有"敢为激发之行，处之不惭恶"[4]的资质，正如有的学者所指出的，"王莽起于贵戚而志事非凡"。[5]于是

---

① 《汉书·外戚传下》，第4011页。
② 《汉书·元后传》，第4017页。
③ 《汉书》，第4035页。
④ 《汉书·王莽传上》，第4040页。
⑤ 瞿兑之：《秦汉史纂》，第221页。

导致了后来政治史的重大变动。

王莽在朝廷高层之中是以道德表演方面的优势胜出，终于取得了最高政治权力的。

王莽是孝元皇后弟弟王曼的儿子。元后的父亲和兄弟都在元成时代封侯，居位辅政，家族中出了九侯、五大司马，只是王曼早逝，未得封侯。王莽虽出身外戚家族，却与其他兄弟不同，"莽群兄弟皆将军五侯子，乘时侈靡，以舆马声色佚游相高，莽独孤贫，因折节为恭俭"。他曾经从名儒学习《礼经》，"勤身博学，被服如儒生"。在家族中，"事母及寡嫂，养孤兄子，行甚敕备"。为人处世，谦虚谨慎，严守礼法。阳朔年间，伯父大将军王凤患病，"莽侍疾，亲尝药，乱首垢面，不解衣带连月"。[1] 王凤临终时，将他托付给太后及帝。

王莽在汉成帝元始元年（前16）被封为新都侯，《汉书·王莽传上》说他"爵位愈尊，节操愈谦"，经常将财物散发给宾客，家无所余。他礼待名士，交接将相，谦恭克己，生活也注意俭约。一次王莽母亲患病，公卿列侯各遣夫人慰问，王莽的夫人相迎，衣不曳地，布蔽膝，见之者以为僮仆，知道是夫人后，人人惊异。这就是有的学者所指出的："初（王）莽以行谊要名誉。"[2]

绥和元年（前8），王莽任大司马。汉哀帝时，一度罢官就第，杜门自守。三年后，又被征召。汉哀帝去世，王莽得太皇太后授权，控制了朝廷中枢部门，掌握了禁卫部队的指挥权。

汉平帝九岁即位，太后临朝称制，王莽复任大司马，总揽

---

① 《汉书·王莽传上》，第4039页。
② 瞿兑之：《秦汉史纂》，第221页。

开国史的个案分析：斩蛇剑——刘邦帝业象征

095

朝政。一时附顺者拔擢，忤恨者诛灭。元始元年（1）进位太傅，号安汉公，后加称宰衡。元始四年（4），王莽的女儿被立为皇后。元始五年（5），王莽得到"加九锡"的封赏，其威仪已经近于皇帝。

王莽因为能够苦身自厉，"折节力行，以要名誉"，一时"宗族称孝，师友归仁"，[1]最终以道德表演方面积累的优势，取得了最高政治权力。王莽地位的上升，有民意推举的因素。这一情形，可以说是刘姓集团面临危机无奈的政治退却，也可以看作动荡时代社会上下共同的文化选择。[2]

《汉书·王莽传上》说他节操谦谨，生活俭约。王莽有子四人，除一人病逝外，其余三个儿子大致都在年三十岁上下，政治上即将自立时，因罪被王莽逼迫自杀。按照班固的说法，王莽这样做的目的，在于"以示公义"。这在中国古代帝王中，形成相当少见的特例。清代学者赵翼《廿二史札记》中有"王莽自杀子孙"条，就此发表了评论。

赵翼写道：王莽妻生四子，名叫王宇、王获、王安、王临。汉哀帝时，王莽势力至于低点，被迫就国。王获杀奴，王莽切责王获，逼迫他自杀。及汉平帝立，王莽秉政，他担心汉平帝的生母卫姬夫人及舅卫宝、卫玄等入朝削弱自己的政治权力，于是建议"奉大宗者不顾私亲，但封以爵号，而不许入京师"。王莽的儿子王宇对这一举措内心不赞同，和他的老师吴章以及妻子的兄长吕宽私下议论，吴章以王莽不能听从批

---

① 《汉书·王莽传下》，第 4194 页。
② 然而，正如有的学者所指出的："（王莽）既得政，务收权势，而人心渐不附。"瞿兑之：《秦汉史纂》，第 222 页。

评意见然而迷信鬼神，建议利用其神秘主义意识"为变怪惧之"。王宇于是指使吕宽"夜持血洒莽门"，然而被门吏发现举报，王莽将王宇押送到监狱，王宇饮药自杀。王宇怀有身孕的妻子也被逮捕，产后亦杀之。"此未居摄以前，托大义灭亲之说以立名也。"僭位之后，以王安有疾，立王临为太子，而王莽的妻子以数哭子失明，王莽指派王临侍养。"妻侍儿原碧者，旧为莽所幸，至是临又通焉。惧事泄，谋杀莽。适以事贬出外第，而莽妻病，临寄书于母，为莽所见，中有怨望语，莽疑之，收原碧考问，具得谋逆状。"王莽不愿意这件事扩散，"乃杀考问者，而赐临药"。王临不肯饮，自刺死，他的妻子也一同自杀。也就在这一月，王安亦病死。王莽的孙子王宗自画容貌，服天子衣冠，刻三印，"其母舅吕宽家徙合浦，宗又私与通书，事发，宗亦自杀"。王莽哥哥的儿子王光，少时丧父，王莽"旧尝敬事寡嫂，抚光以立名"。王莽僭位后，王光私嘱执金吾窦况为之杀人。王莽闻之大怒，怒斥王光。王光的母亲对王光曰："汝自视孰与长孙、仲孙？"于是母子一同自杀。

赵翼说："是莽三子一孙一从子皆为莽所杀。其意但贪帝王之尊，并无骨肉之爱也。"①

王莽的政治表演有极其虚伪的性质，史书曾经称之为"匿情求名"②。白居易《放言五首》之三："赠君一法决狐疑，不用钻龟与祝蓍。试玉要烧三日满，辨材须待七年期。周公恐惧流言日，王莽谦恭未篡时。向使当时身便死，一生真伪复谁

---

① 〔清〕赵翼著，王树民校证：《廿二史札记校证》，第 74 页。
② 《汉书·王莽传上》，第 4041 页。

知？"[①]有人评价说，白居易诗句简洁深刻地总结出了对政治历史的规律性的认识："白乐天云：'周公恐惧流言日，王莽谦恭未篡时。若使当时身便死，一生真伪有谁知？'此诗乃二十八字史论。"[②]

有人以为王莽这样的道德伪装其实不难辨识。明代曾有学者误以为白居易诗为王安石诗，而其议论仍有可圈点之处："王介甫诗言：'周公恐惧流言日，王莽谦恭下士时。脱使当年身便死，至今真伪有谁知？'此是据他地头说，岂有心通乎道而不能知人者哉？当时六军万姓皆知周公之心。……王莽之奸，虽当时识之者少，然其过服垢弊，饰为节俭，假为谦恭，无非矫情干誉之事，包藏祸心之谋，其藏于中者如此，其发于外者必有赧然之色，偏诐文饰之言，亦非难知也。但不遇有道者以照之。"[③]

关于王莽在"匿情求名"，"折节力行，以要名誉"时期的"谦恭"，后来的政治史评论中多有严厉的揭露。唐人赵蕤有这样的评价："或曰：观伪新王莽，谦恭礼让，岂非一代之名士乎？至作相居尊，骄淫暴虐，何先后相背甚乎？虞南曰：王莽天姿惨酷，诈伪人也。未达之前，徇名求誉；得志之后，矜能傲物。饬情既尽，而本质存焉。愎谏自高，卒不改寤，海内冤酷，为光武之驱除焉。"[④]元代学者陈应润说："王莽谦恭下士，外貌似谦，心实不正。"[⑤]又明代学者叶山写道："初六，履霜坚

① 〔唐〕白居易：《白氏长庆集》卷一五。
② 〔宋〕赵与虤：《娱书堂诗话》。
③ 〔明〕胡居仁：《居业录》卷二。
④ 〔唐〕赵蕤：《长短经》卷二。
⑤ 〔元〕陈应润：《周易爻变易缊》卷三。

冰至。何也？叶子曰：物必有兆，事贵审机，能谨其始，则福致，辨之不早，则祸随。是以将萌之际，圣人有隐忧焉。故曰蜇螳一出，潜鱼尽怖；霜钟初动，巢鸟咸惊。何也？鼠牙虽尖，而有害象之技；豺舌虽狭，而有杀虎之能。君子不可以不慎也。昔者王莽谦恭之始，曹操夷难之初，司马懿恭命之日，识微之士，盖三致意焉。不有由然者乎！"[1] 论者将传统政治史观中以伪饰篡夺前朝政权的典型王莽、曹操、司马懿联系起来，指出对于他们伪装的政治假象应当有足够的警惕。有人在《易》学研究中讨论"谦亨君子有终"，指出这种"谦恭"不能长久："无体则伪矣，伪亦可以行礼致谦。然难乎其有终必矣。王莽谦恭，何终之有？"[2]

另一方面，王莽又往往"敢为激发之行"，政治思考大胆专断，行政操作无所顾忌。这就是评论者所谓"至作相居尊，骄淫暴虐"，"得志之后，矜能傲物"。[3]

汉平帝死后，王莽借口"卜相最吉"[4]，拥立年仅两岁的孺子婴，自己以"摄政"的名义控制了最高权力。朝会称"假皇帝"[5]，臣民称"摄皇帝"，车服称号皆如天子之制，改元"居摄"。

后来，王莽又利用民间慕势钻营之徒迎和上意所伪造的符命，宣称汉祚已终，于初始元年（8）正式自立为帝，改国号为"新"，结束了西汉王朝的统治。第二年，改年号为

① 〔明〕叶山：《叶八白易传》卷一。
② 〔清〕魏荔彤：《大易通解》卷四。
③ 〔唐〕赵蕤：《长短经》卷二。
④ 《汉书·王莽传》，第 4078 页。
⑤ 明代学者李贽在《史纲评要》卷五《汉纪》中"诏莽称假皇帝"句后写道："千古笑话。"第 233 页。

"始建国"。①

王莽于是从"假皇帝"成为"真天子"。

史书称这一历史变化为"王莽篡汉，刘氏抑废"。②

对于王莽"篡汉"的指责，充斥于历代政治史论。宋人袁枢《通鉴纪事本末》卷五下专有"王莽篡汉"一节。元代学者胡震说："王莽以诈伪而篡汉。"③顾炎武也指出："王莽假母后之权，行居摄之事，而篡汉家之统。"④"王莽篡汉，国祚将改"⑤"王氏篡汉，先除碍手之由。盖篡夺之人，智可蔽主，力可胁众，全仗一二胆识不二心之臣，洞见其微而遏之将然未然之际。"⑥

据说王莽素好鬼神，迷信符命，政治行为又往往"伪稽黄、虞，缪称典文"⑦，事事都要在圣王事迹和儒学经典中寻求根据。其政治文化立场表现出盲目复古的倾向，这就是所谓"追监前代"，"专念稽古之事"。面对深重的社会危机，王莽执政之后，即期求发动社会改革，调整阶级关系。然而他所推行的是典型的托古改制。对于改革，他没有经过成熟的理论思考，也没有进行必要的理论说明，只是简单地附会古礼，模仿传说中古代圣王的制度。分田授田的规定，是依照孟子的"井田制"理想制定的。"五均六筦"政策的名号，也是以古文经《周礼》和《乐经》为依据提出来的。

---

① 《汉书·王莽传》，第4081页至第4095页，第4099页。
② 〔汉〕荀悦撰，张烈点校：《后汉纪》卷一，中华书局2002年6月版，第1页。
③ 〔元〕胡震：《周易衍义》卷八。
④ 〔清〕顾炎武：《日知录》卷六《妻之党虽亲弗主》。
⑤ 〔明〕董斯张：《广博物志》卷二九《艺苑四》。
⑥ 〔明〕钟惺：《朱云梅福论》，《文章辨体汇选》卷四〇二《论十一》。
⑦ 《汉书·叙传下》，第4270页。

王莽推行新的政策，又往往心血来潮，朝令夕改，"号令变易"，"数变改不信"。地名的反复频繁的更改，就是表现之一。《汉书·王莽传》说，当时地名往往一年之内反复变更，有的郡名甚至先后五次变易，而最终又恢复原名。

　　王莽大规模更改地名，成为历史上的笑柄。但是新朝所试图进行的标榜为"分州定域，以美风俗"的政治文化区与经济文化区的重新划分，却在一定意义上体现出文化地理观的历史进步。王莽改制，也将政治中心东移的计划列入了日程。刘秀建立东汉王朝，定都洛阳，实现了王莽的设计。[①]这样看来，王莽行政无能，在某些方面却是有一定文化眼光的。曾经有学者就"贼臣迁都"有所讨论，以为"迁都"是以篡夺方式立国的"贼臣"的政治阴谋："自汉以来，贼臣窃国命，将欲移鼎，必先迁都以自便。董卓以山东兵起，谋徙都长安，驱民数百万口，更相蹈藉，悉烧宫庙官府居家，二百里内无复鸡犬。高欢自洛阳迁魏于邺，四十万户狼狈就道。朱全忠自长安迁唐于洛，驱徙士民，毁宫室百司及民间庐舍，长安自是邱墟。卓不旋踵而死。曹操迎天子都许，卒覆。刘氏、魏、唐之祚，竟为高、朱所倾。凶盗设心积虑，由来一揆也。"[②]论者没有说到王莽这一"贼臣""凶盗""移鼎""迁都"故事，可能是因为王莽"迁都"规划的提出，已经在新莽政权建立之后，已经不再是"将欲移鼎，必先迁都"的缘故。其实，王莽经营东都，情况确实与董卓等明显不同。

<hr>

① 参见王子今《西汉末年洛阳的地位和王莽的东都规划》，《河洛史志》1995年第4期。

② 〔宋〕洪迈：《容斋续笔》卷一〇。

王莽扩建太学，又"为学者筑舍万区"的事迹，也值得我们重视。宋人真德秀《大学衍义》以为王莽这一举措是"奸雄窃国之术"："臣按：莽将篡汉，故为此以要誉于天下之士。非真有意育材致贤，为国家计也。"[1]这样的分析，似乎也是以苛酷之心品量古人，未必符合历史真实。

王莽改制的尝试，破坏了原有的社会秩序，然而又未能建立合理有效的新体制。官爵制度的变革，使得大批官吏竞为奸利，广收贿赂。货币制度的变革，又使农商失业，食货俱废，于是社会面临严重的动荡。王莽为了镇压反抗，曾经以封侯等手段鼓励告密，诱惑敌对势力中的不坚定分子叛归，民间于是流传"力战斗，不如巧为奏"的民谣。王莽的做法，表现出执政者的虚弱和阴险，为后来历朝黑暗政治开了恶劣的先例。

面对迅速蔓延扩展，震动全国的民众起义，王莽一时仓皇无措。有人于是向他建议，《周礼》和《左传》都说，国有大灾，则哭以厌之，《周易》也有有关的文字，不妨仿效古制，"呼嗟告天以求救"。王莽竟然真的率群臣到南郊九庙仰天呼叫，捶胸大哭，直至气绝，伏而叩头。又组织诸生小民早晚大哭，专门备以粥饭，因恸哭悲哀而任用为郎者，多至五千余人。

然而这种滑稽闹剧并不能阻止起义民众的进军。绿林军很快攻入长安。王莽被冲入宫中的平民杀死。新莽政权灭亡。

王莽曾经从名儒受《礼经》，"勤身博学"，在历代新王朝的开创者之中，是极罕见的有较好文化素养的帝王。然而他却未能领会儒学文化的精髓，只是经常无聊地炫耀对于儒经

---

① 〔宋〕真德秀：《大学衍义》卷一七《格物致知之要二·辨人材·奸雄窃国之术》。

的皮毛之见，于是起初因此而得势，不久又因此而败亡。《汉书·王莽传下》写道："昔秦燔《诗》《书》以立私议，莽诵《六艺》以文奸言，同归殊途，俱用灭亡。"说秦时焚禁儒学经典，王莽则宣传儒学词句粉饰其"奸言"，两相比较，文化立场虽然表面看起来相反，却走向同样的结局。不过，王莽借用其表演手段，曾经成功地欺骗舆论，得到过许多人的支持。《汉书·王莽传上》说，他谢绝新野田的赏赐，"吏民以莽不受新野田而上书者前后四十八万七千五百七十二人，及诸侯、王公、列侯、宗室见者皆叩头言，宜亟加赏于安汉公"。吏民上书者487572人，正如有的学者所指出的，"班固是反对王莽的，这个数字不可能是虚假的，应该是有根据的"。[①]

白居易说王莽"色仁行远，先德后贼"[②]。"王莽谦恭未篡时"的诗句，更是人所熟知。"德"与"贼"，是政治道德评价。如果以民间文化倾向作为评定的尺度，也可以看到王莽失败之必然。

当起义军逼近长安时，王莽组织城中囚徒出城抵抗。但是这支临时组成的部队刚刚行过渭桥，就一起哗变，并且掘毁王氏祖坟，又焚烧九庙、明堂、辟雍等礼制建筑。王莽曾经"呼嗟告天"的庙堂被付之一炬，表现出民众对于这种政治宣传的轻蔑。王莽的首级后来被传送到起义军指挥中心，悬挂在宛城市中示众，百姓纷纷掷击，"或切食其舌"。[③]有人竟然切割他

① 周桂钿：《王莽评传——复古改革家》，广西教育出版社1996年8月版，第123页。
② 〔唐〕白居易：《有木诗序》，《白氏长庆集》卷二。
③ 《汉书·王莽传下》，第4192页。

的舌头食用，也反映民众对于王莽反复无常、虚伪轻浮的政治表演的厌恶。

开国史的个案分析之三：从成吉思汗到忽必烈

少数民族对汉族王朝的武力"侵灭"，在历史上演出过多次。

十六国时期至于北朝时期，少数民族政权统治了中国北方。少数民族即所谓"五胡"王朝的开国有复杂的背景，然而大都是通过"侵灭"的形式成就了帝王之业的。

这就是杜甫诗句所谓"华夷相混合，宇宙一膻腥"[1]的时代。

陆游诗"故都宫阙污膻腥"[2]，表现了这种历史过程，也透露出汉族知识人在这种历史形势下悲切的心理感受。

一方面是中原旧有秩序的摧坏，是王朝崩溃，田园荒芜，千百万人头落地，然而另一方面，就这些少数民族王朝本身而言，"立国"的过程，其实又是一部战旗猎猎、铁蹄奔腾的英雄主义史诗。

契丹贵族后裔耶律楚材后来服务于金，蒙古攻陷燕京后，为成吉思汗赏识，常跟随幕下。他曾经有这样的诗句描写草原民族的征服史："开夷逾汉武，平叛跨周宣。冠盖通穷域，车书过

---

① 〔唐〕杜甫：《秦州见敕目，薛三璩授司议郎，毕四曜除监察。与二子有故，远喜迁官，兼述索居，凡三十韵》，《九家集注杜诗》卷二〇。"膻腥"句注："言胡兵乱华也。"〔宋〕黄希原《补注杜诗》卷八："'浑合''膻腥'，陷长安扰中原也。"
② 〔宋〕陆游：《夜闻大风感怀赋吴体》，《剑南诗稿》卷一六。

古埏。""款塞诸蛮洞，来朝百济船。降王趋陛阙，强虏列氓编。净扫妖氛变，潜消烽火烟。"①他追随成吉思汗西征，诗句中也可以看到"从征西"的沙场亲身感受。例如："签记长安五陵子，马似游龙车如水。天王赫怒山无神，一夜雄师飞过此。""天兵饮马西河上，欲使西戎献驯象。旌旗蔽空尘涨天，壮士如虹气千丈。秦皇、汉武称兵穷，拍手一笑儿戏同。堑山陵海匪难事，翦斯群丑何无功。"②"武皇习战昆明上，欲讨昆明致犀象。吾皇兵过海西边，气压炎刘千万丈。""关山险僻重复重，西门雪耻须豪雄。定远奇功正今日，车书一混华夷通。"③耶律楚材的战争观在他的诗作中有所表现。在他看来，成吉思汗的远征，与汉武帝征伐四夷，与班超经营西域，其正义性是等同的。成吉思汗的新王朝，在耶律楚材笔下，似乎与汉王朝同样属于正统。

对于中原地方的征战，作为政治家兼诗人的耶律楚材也有记录。所谓"天纵吾君大圣人，天兵所指弭烟尘；三齐电扫何须郦，六国雷驱不用秦"，"六师严驾渡长河，师不留行谁敢何；千里旌旗翻锦浪，一声金鼓震寒波"④等，都以正面颂扬的笔调进行了战争史的记载。公元1230年，蒙古大军攻克长安（今陕西西安），耶律楚材有诗作："圣驾徂征率百工，貔貅亿万入关中。周秦气焰如云变，唐汉繁华扫地空。灞水尚存官柳绿，骊山惟有驿尘红。天兵一鼓长安克，千里威声震陕东。"⑤所谓

① 〔元〕耶律楚材:《和冀先生韵》,《湛然居士文集》卷一。
② 〔元〕耶律楚材:《再用前韵》,《湛然居士文集》卷二。
③ 〔元〕耶律楚材:《用前韵送王君玉西征二首》,《湛然居士文集》卷二。
④ 〔元〕耶律楚材:《过天德和王辅之四首》,《湛然居士文集》卷二。
⑤ 〔元〕耶律楚材:《和王巨川韵》,《湛然居士文集》卷三。

"曾观八阵云奔速，亲见三川席卷收"①，也显现出蒙古将士军事征服的雷霆万钧之力。

　　12世纪末至13世纪初，蒙古乞颜氏贵族铁木真的实力逐渐强大。1204年，实现了蒙古高原的统一。1206年，铁木真被尊为大汗，尊号成吉思汗。成吉思汗强化了蒙古族的社会结构和军事组织，用蒙古文发布命令、登记户口、编集法律文书、记录诉讼司法程序。逐渐强大的蒙古开始向邻近的民族发动战争。1205年、1207年和1209年三次攻入西夏，迫使夏国称臣。又全力进攻金王朝。1213年，成吉思汗率军从紫荆口入关，进围中都（今北京）。又分兵三路南下，破黄河以北数十州县。次年，金宣宗献公主、金帛求和。金宣宗迁都汴京（今河南开封），蒙古军再入，于1215年攻占中都，又实现了对黄河流域许多地方的军事控制。1217年至1218年，蒙古征服贝加尔湖地区，西辽政权亦被攻灭。1219年，成吉思汗亲自率领大军西征，进围花剌子模都城撒麻耳干（今乌兹别克斯坦撒马尔罕）。远征军在印度河上击溃花剌子模军主力。成吉思汗返回蒙古，蒙古军则在抄掠波斯之后越过高加索山，攻入钦察。1223年，蒙古军于阿里吉河（今乌克兰日丹诺夫市西北）击溃斡罗思诸国王公与钦察汗组成的联军，在伏尔加河流域劫掠之后返回蒙古。成吉思汗于1226年出兵进攻西夏，进围中兴府（今宁夏银川）。1227年，西夏国主李睍投降。同年七月，成吉思汗病逝于军中。

　　1229年，窝阔台被蒙古贵族推举为大汗，即位后即亲征

---

① 〔元〕耶律楚材：《过云川和刘正叔韵》，《湛然居士文集》卷三。

金朝。又派遣大军出击波斯，随即据波斯攻打诸国，谷儿只（今格鲁吉亚）、亚美尼亚等国先后归附蒙古。1233年，汴京守军投降。1234年，蒙古军追围逃奔归德（今河南商丘）、蔡州（今河南汝南）的金哀宗，金哀宗自杀，金亡。1235年，蒙古对南宋的战争开始。蒙古军于1237年攻入斡罗思，1241年，侵入孛烈儿（波兰）、马札儿（匈牙利）。蒙古军在里格尼茨（在今波兰西部）一役大败孛烈儿、捏迷思（德意志）联军，一时欧洲震动。

在摧枯拉朽的军事成功之后，新王朝就要面世了，"开国"的程序即将正式启动。

我们仍然可以从耶律楚材这样的诗句中读到当时人们面对"新朝威德"的"更元""渴望"："一扫氏羌破吐浑，群雄悉入北朝吞。""射虎将军皆建节，龙飞天子未更元。我惭才略非良器，《封禅书》成不敢言。"① 又如："新朝威德感人深，渴望云霓四海心。东夏再降烽火灭，西门一战塞烟沉。颙观颁朔施仁政，伫待更元布德音。"② 也呼吁"颁朔""更元"。所谓"白面书生酬夙志，黑头边帅领新权"③，"勇将谋臣满玉京，吾侪袖手待升平"④，也表现出新王朝开国之初的新气象。前朝灭国的文化残余，面对新的帝国的兴起，正在悲哀地消逝："生民垂欲陟春台，南斗妖氛绝点埃。典礼已随前代废，遗音犹怨《后

① 〔元〕耶律楚材：《过云中和张伯坚韵》，《湛然居士文集》卷三。
② 〔元〕耶律楚材：《和抟霄韵代水陆疏文因其韵为十首》之二，《湛然居士文集》卷三。
③ 〔元〕耶律楚材：《戊子钱非熊仍以吕望磻溪图为赠》，《湛然居士文集》卷四。
④ 〔元〕耶律楚材：《和宋子玉韵》，《湛然居士文集》卷四。

开国史的个案分析：斩蛇剑——刘邦帝业象征

庭》哀。"①

1260 年三月，忽必烈即大汗位，建元中统，建立了比较完备的行政管理机构，又努力推行"汉法"，大体奠定了元朝一代政制的规模。至元八年（1271）十一月，诏告天下，正式建国号大元。

在北方大体稳定的基础上，元军大举攻宋。渡江之役，攻克临安（今浙江杭州）之役皆大胜。据说曾经有"北客诗"流传："当日陈桥驿里时，欺他寡妇与孤儿。谁知三百余年后，寡妇孤儿亦被欺。"②将宋王朝得天下与失天下进行兴与亡的对照，感叹赵宋开国与蒙元开国史事。

至元十三年（1276）正月，宋幼帝上表降元，南宋灭亡。至元十六年（1279），元军完全占领四川，又追灭南宋卫王于崖山，结束了自唐末藩镇割据以来南北对峙或者若干个民族政权长期并存的分裂局面，重新实现了全国的统一。

明代学者李贽在《史纲评要》中就此感叹道："真天亡宋也。"③当时刘因有《白雁行》诗："北风吹起易水寒，北风再起吹江干。北风三吹白雁来，寒气直薄朱崖山。乾坤噫气三百年，一风扫地无留残。万里江湖想潇洒，伫看春水雁来还。"《西湖游览志余》录此诗，又解释说："盖寓言也。"④所谓"白雁"，取蒙古军主帅伯颜的谐音。

---

① 〔元〕耶律楚材：《和渔阳赵光祖二诗》之二，《湛然居士文集》卷一〇。
② 〔宋〕周密：《癸辛杂识》别集卷上。
③ 〔明〕李贽：《史纲评要》卷三五《南宋纪》，第 1037 页。
④ 〔明〕田汝成：《西湖游览志余》卷六。"一风扫地无留残"，刘因《静修集》卷一四及《元文类》卷四均作"一风扫地无留钱"。

当时元王朝的军事政治实力，已经显示出无可抵挡的强势，正统的地位已经稳固。有学者分析说："崖山之战，是宋元战争的最后一战，它彻底歼灭了二王逃亡政权及其所属的军事力量，平定了南宋残余势力所控制的闽广地区。在此前后，重庆、泸州、合州等川蜀最后一批宋军守城相继被占领。忽必烈所期待的混一南北，终于得以圆满实现。""崖山战败，意味着宋祚彻底灭绝，即使在南人看来，天下正统也是非元朝莫属了。"①

---

① 李治安:《忽必烈传》，人民出版社 2004 年 10 月版，第 259 页。

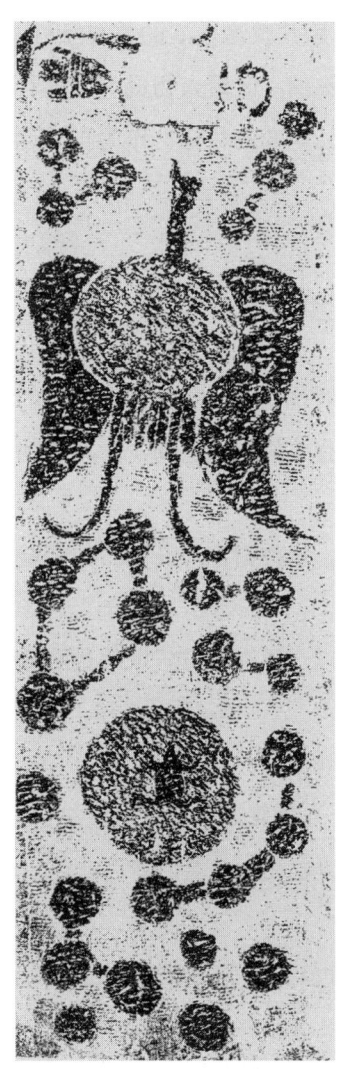

天象画像石（东汉）。河南南
阳丁凤店出土。画面上部为一
背负日轮的阳鸟，下刻一满
月，月内饰蟾蜍，为日升月落
之象，日月之间刻有星宿。现
藏河南南阳汉画像馆。

开国君主走上政治舞台，是开始其政治表演的首要条件。这一舞台，是以"天下"为空间范围的。政治人物成为开国君主，大致都较早以"天下"作为自己博弈的目标，作为自己逐鹿的猎场。①

政治危局：开国君主的机会

历代王朝"开国"的历史，同时也是前代君主"丧国"的历史。其实，正是前朝与政治失误有关的政治危局，为新王朝的"开国"实践提供了机会。

进行政治史或者行政史的总结，也许讨论"开国"的经验和"丧国"的教训是同样重要的。

金代学者王若虚曾经分析曹操以"篡夺"方式取得最高政治权力的历史，他写道：

司马温公论曹操篡汉，以为非取之汉，而取之盗手。失言之罪，万古不磨。胡致堂力攻之，是矣。②

司马光以为曹操实现篡夺汉王朝行政权，并不是由汉王朝夺

---

① 参见王子今《论〈赵正书〉言"秦王""出斿天下"》，《鲁东大学学报》（哲学社会科学版）2016 年第 2 期；《秦始皇"天下一统"的历史新识》，《光明日报》2017 年 7 月 17 日第 14 版。王子今：《秦汉政治意识之"天下一统""天下一致""天下一家"》，《首届濠镜思想家论坛——"东西方文化智慧与人类命运共同体构建"论文集》，澳门大学 2019 年 3 月版；《"一天下"与"天下一"：秦汉社会正统政治意识》，《贵州社会科学》2020 年第 4 期。

② 〔金〕王若虚：《滹南集》卷三〇《议论辨惑》。

取，而是借"盗手"而得逞。王若虚认为司马光的观点是错误的，"失言之罪，万古不磨"。而胡致堂已经驳斥过司马光的看法。其实，早在三国时期，就有"汉祚日微，曹操弥憍，终为篡盗"的说法。[①]逆臣们"篡夺"或者"篡盗"，另自"立国"行为的实现，首先在于前朝其"祚"已经衰微。

元代学者郝经也曾经对司马光"取之盗手"之说提出反对意见："或者又谓操取天下于盗手，非取之于汉室。司马光论操乃大盗，而谓人为盗乎？劫迁天子，弑母后，杀贵人，鸩皇子，诛大臣，戮名士，自加九锡，为公为王，非取之汉室，而孰取之哉？"[②]

司马光所论，见于《稽古录》："臣光曰：汉室不纲，群雄麕扰，乘舆播荡，莫之收省。太祖独奉迎而相之，披荆棘以立朝廷，则其名义固足以结民心矣。加之英威明略，过绝于人，驱策贤豪，粪除奸凶，于是张绣屈膝，吕布授首，公路野死，本初覆亡，刘琮献地，韩、马遁逃，中原肃清，戎狄靖服。然则魏取天下于盗手，而非取之于汉室也。惜其狭中多诈，猜忌贤能，此海内所以不尽服也。"[③]

其实，看曹操篡汉是"取之汉"还是"取之盗手"，在于怎样理解"曹操取天下"的基本条件。司马光所谓"汉室不纲，群雄麕扰，乘舆播荡，莫之收省"，为"曹操取天下"提供了历史机遇。而首要因素就在于"汉室不纲"，汉王朝自己丧失了执政能力，导致了战乱与动荡，曹操于是才有可能于

---

① 《三国志·吴书·甘宁传》，第1292页。
② 〔元〕郝经:《郝氏续后汉书》卷二五。
③ 〔宋〕司马光:《稽古录》卷一三。

"群雄"之中崛起。从这一角度，也可以说，"非取之汉室，而孰取之哉？"

清初名臣陈廷敬关于曹操的历史评论这样写道："操下令自叙其生平，辞多奸饰，然其实亦有不得自掩者。其曰：'欲孤便尔委弃所典兵众，以还执事，归就武平侯国，实不可也。诚恐已离兵为人所祸。'然则操之始念，不过欲全腰领、保妻孥、长子孙而已。会其时之可乘，亦未敢遂以有天下为心也。至于其势已成，不得自止，遂为自昔已来奸权窃国之雄，而莽、卓之伦不得并焉。呜呼！不有桓、灵之君，彼安能至此哉？"① 曹操实现"窃国"，实是由于"桓、灵之君"造成的政治危机，致使始则"其时之可乘"，终则"其势已成，不得自止"。清人汤右曾有诗曰："炎灵运四百，剑玺遗区宇。龙战争分崩，麑觭失守府。老瞒思窃国，天子不都许。"② 也说汉末形势为曹操"窃国"提供了历史机会。

晋元帝时，御史中丞周嵩上疏说道："始田氏擅齐，王莽篡汉，皆藉封土之强，假累世之宠，因暗弱之主，资母后之权，树比周之党，阶绝灭之势，然后乃能行其私谋，以成篡夺之祸耳。岂遇立功之主，为天人所相，而能运其奸计，以济其不轨者哉！"③ 前朝的所谓"绝灭之势"，确实应当是新王朝开国成功的重要条件。

北宋名臣范祖禹《论宦官札子》写道："臣闻《书》曰：'与治同道罔不兴，与乱同事罔不亡。'汉有天下四百年，唐

---

① 〔清〕陈廷敬：《午亭文编》卷三四《史评·曹操》。
② 〔清〕汤右曾：《武昌经吴故城》，《怀清堂集》卷七。
③ 《晋书·周嵩传》，第1660页。

有天下三百年。及其亡也，皆由宦官。相去五百余年，如循一轨，盖与乱同事，未有不亡者也。汉自元帝任用石显，委以政事，杀萧望之、周堪而废刘向等，汉之基业坏于元帝。东汉邓后临朝，中官用事，手握王爵，口含天宪。顺帝以后，五侯专朝，桓帝、灵帝之时，十常侍擅天下，子弟亲党割剥百姓，毒流四海。附之者宠及三族，违之者灭及五宗。大考党狱，夷戮天下名士。于是黄巾贼起，朝野崩离。及袁绍诛宦官，献帝奔播困饿，而曹操因之以篡汉。"[1]前朝执政能力的衰弱，导致了"乱"，导致了"亡"。论者将责任归于宦官专权，只指出了问题的一面。基业之"坏"，时势之"乱"，导致"黄巾"暴动的冲击，虽经挽救，最终仍然走到败亡的方向，于是"曹操因之以篡汉"。

前朝的政治危局，是开国君主们绝好的政治机会。

历代王朝的政治危局，是政治史中不宜忽视的历史现象。分析这种现象，从中得到带有规律性的认识，对于现代政治管理也是有益的。

分析历朝政治危局发生的基本类型，可以发现有这样几种情形特别值得注意。这就是：政争，外侵，天灾，民变。

（1）政争

历代王朝形成政治危局的政争，比较常见的有皇族成员争夺帝位，朝臣朋党相互倾轧，割据势力威胁中央，军阀集团发动政变等。

由于在专制时代，把握帝权即意味着占有一切，皇族集团

---

① 〔明〕杨士奇：《历代名臣奏议》卷二九二《近习》。

开国君主走上政治舞台

中的成员夺取最高权力的斗争，往往异常残酷激烈。这种政治斗争对于政权是否稳固，国家是否安定，有极其显著的影响。

对于这种斗争的过程，正史中的记录一般都站在正统的立场，将失败者的行为称作谋反、叛乱。当然，如果传统以为"僭逆"的事件取得成功，新的执政者也会巧妙地粉饰这种违反传统政治道德的行为，用心涂抹上合法的正统的色彩。开国之初的这种激烈政争特别引人注目。比如唐太宗李世民发动"玄武门之变"，明成祖朱棣发动"靖难之变"都是实例。唐高祖武德九年（626）六月初四，秦王李世民伏兵玄武门发动宫廷政变，杀死其兄太子建成及四弟齐王元吉，逼高祖立自己为太子。不久李渊被迫退位，为太上皇，李世民即位，是为唐太宗。明建文元年（1399），燕王朱棣以"靖难"为名发动夺取皇位的战争，四年（1402），攻陷南京，建文帝失踪，朱棣即位，是为明成祖。史称"靖难之变"的这一事件，使数省地方连年遭遇战祸，明成祖执政后，又清洗朝中，大行屠杀，并实行族诛之法，在统治集团上层造成了严重的政治动荡。

执政阶层中不同集团的相互争斗，也往往造成严重的政治危害。

东汉王朝专制主义政治体制的加强，使皇权进一步取得天下独尊的地位。皇帝择定亲信的三公或其他大臣主持尚书台事务，实际上等于自己直接指挥尚书台。此外，西汉时期宫内原本有时也委任士人的某些官职，这时则专由出身阉人的宦官充任，不再引用士人，以便皇帝能够直接控制，随心指使。然而，权力的高度集中，又往往导致在政治机制衰乱的时代，少数人可以挟主专权。东汉中晚期，皇权所倚恃的亲重，因觊觎最高权力，都力图挟持皇帝，控制朝政。自汉和帝时代起，两个权力集团为此相互激烈争斗，使东汉王朝的政治关系愈为复杂，东汉王朝的政治统治愈为昏暗。这两个权力集团，就是外戚集团和宦官集团。

外戚集团易于接近皇帝，往往利用皇帝幼弱，掌握朝中大权。而宦官集团则利用皇帝逐渐成年，亟欲亲政的条件，取外戚的地位而代之。外戚集团和宦官集团轮番执政，相互间排斥异己，无所不用其极。

外戚集团专权，一贯恣心横暴，多行非法之事。宦官集团的暴戾，也激化了社会矛盾。其宗族宾客以残虐的行政风格为害遍天下，以致民不堪命，不得不起来反抗。外戚集团和宦官集团的阴谋争斗，使东汉政治史的画卷被涂染上昏暗的色调，当时的社会也因此遭受严重的灾祸。

地方割据势力侵害中央权力，甚至发动武装叛乱的情形，也屡屡导致严重的政治危机。

西汉初年，因为中央政府政策的宽容，一些诸侯王有与朝廷分庭抗礼的倾向，汉景帝三年（前154）终于爆发了以吴王刘濞为首的史称"吴楚七国之乱"的诸侯国联合叛乱。

刘濞封地有三郡五十三城。吴地豫章郡（郡治在今江西南昌）有铜矿，于是招致天下亡命者盗铸钱，又有可利用的海盐资源，所以不向百姓征收赋税，而国用饶足。刘濞不遵守藩臣的礼节，称病不朝。又利用铜山海盐的资源优势，吸引人口，发展经济，积累三十余年，得到国中民众的拥戴。汉景帝即位后，晁错建议削藩，刘濞约胶西、胶东、菑川、济南、楚、赵诸国一同反叛。

叛军以诛贼臣晁错，清君侧，"以安刘氏"为名[①]，军势浩大。刘濞举事，闽越、东越也曾发兵追随。据说赵王刘遂甚至还私下派使者请匈奴发军策应。

在复杂危机的形势下，汉景帝曾经一度犹疑，听从前吴相袁盎的建议，杀晁错希望能够平息叛乱，但是刘濞并不因此罢兵。太尉周亚夫受命率三十六将军平定吴楚之乱，以放弃梁国为代价，使吴楚军在攻梁的战役中消耗实力，又派遣轻兵截断吴军粮道，终于击溃叛军。吴王刘濞被东越人所杀。"吴楚七国之乱"，作为汉初以来最严重的政治危机，是对汉王朝严峻的政治考验。西汉王朝凭借文景以来所创造的稳固的政治基底和雄厚的经济实力，方才平定了这一叛乱。

唐代中晚期的藩镇势力曾经割据地方，形成了对中央政权的严重威胁。唐玄宗李隆基统治后期，节度使安禄山和史思明发动叛乱。叛军攻陷洛阳后，安禄山称大燕皇帝。又破潼关，占据长安，逼迫唐玄宗仓皇逃往成都。

"安史之乱"在安禄山起兵七年又两个月之后方告平定。而安史部将势力并未清除，藩镇割据局面自此形成，吐蕃对唐的侵扰也日益频繁，唐王朝的国力大为削弱，其全盛时代宣告结束。"安史之乱"是唐王朝由盛而衰的转折点。

军阀集团发动政变，是中国古代相当普遍的政权转移形式。南朝宋、齐、梁、陈立国，都是以军事势力逼前朝皇帝禅让，夺取政权。可能正因为如此，南朝开国君主，除齐高帝萧道成外，历史上都称"武帝"。

---

① 《汉书·吴王刘濞传》，第 1910 页。

军人政变取得天下的最典型的史例，当然是宋太祖赵匡胤"陈桥兵变"的故事。后周显德六年（959），后周世宗柴荣病死，恭帝以七岁的幼年即位，主少国疑。次年元旦，握有军事实权的赵匡胤北上抗御契丹和北汉进犯，大军行至陈桥驿，赵匡胤的弟弟赵匡义[①]等把黄袍加于赵匡胤之身，拥立他为皇帝。正月初四，赵匡胤回师开封，逼恭帝禅位，改国号为"宋"，建立了赵宋王朝。

（2）外侵

许多时期，专制主义王朝所面临的主要政治危局，是因外敌入侵所导致的。比如，北宋王朝在辽、金、西夏军事威胁的压力下长期不能自振，最终在金军的进攻下覆灭。南宋王朝也为蒙古所灭。不过，纵观历史，因外敌入侵导致政治危局而灭亡的政权并不很多。

1840 年以后，清王朝所面临的外强威胁空前严重，这是当时世界形势的演变所决定的，与其他历史时期外侵导致政治危局的情形有所不同。然而事实上，面对外侵形成的压力所表现的社会危机，确实是导致清王朝被推翻的因素之一。

（3）天灾

对于以农耕为基本经济形式的社会来说，自然灾害是十分严重的威胁。专制王朝的经济基础主要在于农业。天灾造成的大面积农田歉收，使政府断绝财政来源，因灾害导致的民众流移对于政局的稳定更造成严重的威胁。

以西汉晚期为例，频繁而严重的自然灾害，是社会危机日

---

① 赵匡义后来被赐名"光义"。

开国君主走上政治舞台

益深刻的原因之一。而政府因本身腐败和社会结构严重失序在应对变乱时所表现的无能，也加剧了天灾造成的危害。

据《汉书·于定国传》记述，汉元帝刚即位时，关东地区因为连年遭受灾害，流民进入关中，所谓"谷贵民流"[1]，成为当时政治危局的主要表象。汉成帝阳朔二年（前23），关东大水，流民流移入关。鸿嘉四年（前17），又出现水旱为灾，关东流冗者众多，青州、幽州、冀州等部尤为严重的形势。在汉成帝在位后期，仍然灾害频繁。元延元年（前12），几种天灾相互交并，蚕桑和农田作物都受到破坏，又有影响地域相当广阔的严重洪灾，史称"百川沸腾，江河溢决，大水泛滥郡国十五有余"。因为农耕生产连年遭受惨重破坏，以致"百姓失业流散"。[2]

汉哀帝时，因自然灾荒所导致的流民问题依然是政局稳定的严重威胁，建平二年（前5），因连年歉收，"天下空虚，百姓饥馑，父子分散，流离道路"，流民人口竟数以十万计。[3]

汉平帝元始二年（2），又曾经发生"郡国大旱，蝗，青州尤甚，民流亡"的严重灾情。[4]

东汉晚期，严重的自然灾害也曾经导致大批流民离开家园往异乡漂泊。

汉顺帝永建六年（131）因连年水灾，百姓多有弃业，流亡不绝。永和四年（139）太原郡（郡治在今山西太原西南）

---

① 《汉书·杜缓传》，第2666页。
② 《汉书·谷永传》，第3470页。
③ 《汉书·孔光传》，第3358页。
④ 《汉书·平帝纪》，第353页。

发生严重旱灾，民众也多有流亡。

汉桓帝永兴元年（153），又一次发生由严重自然灾害引起的流民运动，当时三十二郡国都先后遭受蝗灾，黄河决口，民众饥穷，流落四方，多至数十万户。

严重的天灾使正常的生产条件受到破坏，社会经济失序，政治形势也显著恶化。

（4）民变

民众暴动，是政治危局中最为严重的形式。规模较大的民变，在执政集团行政调节能力低下的情况下，往往会导致政权的迅速崩溃。

秦王朝统治时期，徭役的过度征发使民众不得不承受极其沉重的负担。这一现象的极端表现，是不同的社会层面都受到冲击，终于使《史记·李斯列传》中所谓"人人自危，欲畔者众"的政治危机演进到无以挽回的严重地步。有心发起叛乱和参与叛乱的人数量众多，因而当暴动一旦发生，即迅速导致政权的土崩瓦解。

秦二世元年（前209）七月，被征发赴渔阳（郡治在今北京密云西南）戍边的九百名士兵在陈胜、吴广的领导下在大泽乡（今安徽宿州东南）起义，举兵反抗秦的暴政。起义军攻克陈（今河南淮阳）后，陈胜立为王，号为"张楚"。

陈胜举起义旗之后，各地民众纷纷响应。几个月内，人众多至数千的反抗秦王朝的武装集团已经多不胜数。陈胜起义军虽然起事不久就归于失败，但是从根本上动摇了秦王朝的统治，号召和鼓舞了各地各阶层民众的反秦斗争。陈胜所分立派遣的其他军事政治集团首领，以及曾经归附于他的侯王将相们最终埋葬了秦王朝。

王莽统治末年，王莽改制，使原有的政治经济秩序受到摧毁性的冲击，然而又不能够建立起合理有效的新的体制。官爵制度的变革，使得大批官吏竞为奸利，广收贿赂以自给。货币制度的变革，又使农商失业，食货俱废。经济结构的混乱无序，也致使整个社会面临严重的动荡。王莽把握朝政以至公开代汉，曾经激起刘氏宗室政治势力在各地的武装反抗。不过，这些反抗只在有限的社会集团中发起，影响也只限于局部地区，很快就被王莽扑灭。因为社会矛盾的普遍激化而引起的民众起义，则迅速蔓延扩展，震动全国，形成了导致新朝政权走向崩溃的社会洪流。当时奋起反抗新莽政权的民众起义，以绿林军和赤眉军势力最为强盛。

在起义军的强大的军事威势下，三辅震动，一时海内豪杰纷纷起兵响应，杀其牧守，自称将军，使用汉朝年号，旬月之间，烽火遍于天下。不久，起义军逼近长安，政府军哗变，绿林军进入长安，新莽王朝灭亡。

东汉末年，黄巾起义的爆发也对汉王朝的统治形成严重的威胁。

后来历代王朝中，直接为民众暴动所推翻的，有隋王朝、元王朝、明王朝等。

上述历朝政治危局的基本类型，其实有时有相互交叉的表现。例如天灾和民变的合力，往往成为许多王朝覆灭的原因。而民变的爆发，有时又是以天灾作为直接起因的。

外侵和天灾毕竟是外在因素，因而不是总结兴亡治乱之历史经验时的主要话题。但是对外侵和天灾的防御和救止，仍然必须以内在政治因素的健全有力为条件方能成功。在中国传统政治意识影响下，人们通常将外侵和天灾的发生，也归结于行政的失误。

如果对历史进行概括分析，可以说，执政者的政治失误常常是政治危局发生的主要原因。而对策的失当，则往往使形势愈益恶化，甚至最终导致政权的彻底瓦解和社会的严重灾难。

政治危局的出现，其实并不只是统治阶层的灾难。如果不能够控制和扭转，其破坏性甚至毁灭性的影响会迅速扫荡整个社会。

例如，汉武帝统治时期曾经对外大规模用兵，军役征发频繁，为了解决政府的财政亏空，加大了经济剥削的力度，对于各地发生的反抗，以繁重的刑罚严酷镇压。晚年汉武帝时代政治危局的集中表现，是"巫蛊之祸"这一事件的发生。关于当时形势之严重，有"海内虚耗，户口减半"的说法。[①]

东汉末年社会上层政治矛盾激化，引发了"党锢之祸"这样的严重事件。东汉中晚期采取半公开乃至完全公开的形式和当权的宦官集团抗争，曾经结成了相对坚致的群体的士大夫中正直激进的分子，受到当权的黑暗政治势力的残酷的迫害。"党人"被追捕、监禁、流徙、杀害的数以百人计。直到黄巾起义爆发后，"党人"才被赦免。

东汉后期，政治黑暗，权争激烈，当朝的决策集团和各级行政结构都陷于无可救药的腐败。豪强集团在社会生活的各个层面扩张势力，下层民众的苦难日益加重。天灾频仍，疾疫流

---

① 《汉书·昭帝纪》，第233页。

行，赋役苛重，使农耕经济的正常生产秩序遭到严重破坏，大批农民被迫流亡求生。流民暴动兴起于各地，规模越来越大，全国性的黄巾起义使东汉王朝的统治最终走向彻底的崩溃。在农民起义的冲击下，东汉王朝的执政者无力调整社会关系，解决社会危机，只是以缓和统治集团内部矛盾的方式，集中力量对抗反抗的民众。而因此兴起的军阀集团又成为中央政府不可能控制的力量。

东汉末年严重的天灾和动乱，导致了社会生产力的大幅度衰减。当时疾疫的大规模流行，也致使人口锐减。据《续汉书·五行志五》记载，汉桓帝至汉献帝时代发生的"大疫"，六十六年间竟然多达九次。

以汉献帝建安二十二年（217）的"大疫"为例，曹丕曾经回忆说，因此次疾疫，亲人故友多有遇难者。在这一年，"建安七子"中的陈琳、王粲、徐幹、应场、刘桢五人皆死于疾疫。曹植也曾经说，在这次"大疫"中，几乎家家都有亲属死去，甚至有的举族丧生。[1]政治制度的弊病，使得当时的社会没有力量有效地抵御自然灾变，相反，却加剧了其危害。特别是军阀连年争战，给民众带来了更为深重的苦难。

董卓死后，屯驻在陕（今河南陕县）的董卓部将李傕、郭汜请求赦免，遭到拒绝，于是举兵西进，以十万余人围攻长安。长安城破，纵兵掳掠，死者数万人。当时长安城中"人相食啖，白骨委积，臭秽满路"。[2]李傕劫持汉献帝，郭汜则将朝臣公卿劫留于营中。李、郭两部又相互猜忌，直至引兵相攻。

---

① 《后汉书·五行志五》，第 3351 页。
② 《后汉书·董卓传》，第 2336 页。

《后汉书·董卓传》记载，董卓强迫迁都长安时，关中民众尚有数十万户，连年战乱，百姓饥困，长安一度成为空城，强者流散谋生，弱者则出现人吃人的情形，两三年间，这一历史上曾经最为繁荣发达的地区，人口几乎绝尽。[①]

历经百战的中原地区，情况也大致相同。军阀混战，往往使农耕区经历反复洗劫，千里尽为荒野。据《后汉书·公孙瓒传》所说，当时粮食极端缺乏，军阀部队疲困不堪，掳掠百姓，中原大地屡遭洗劫，以致"野无青草"。[②]战争连年不已，民众被残酷屠杀，据说户口减耗的程度，至于十分之九，有的地方已经荒无人烟，一时"名都空而不居，百里绝而无民者，不可胜数"。[③]北方十二州，说起民众户口数字，不过相当于汉代盛世的一个大郡而已。[④]曹操来到家乡沛国谯县（今安徽亳县），曾经深切感叹道："旧土人民，死丧略尽，国中终日行，不见所识，使吾凄怆伤怀！"[⑤]

曹操的《蒿里》诗曾经用这样的名句真切描述了当时中原地区百业残破、民生维艰的情形："铠甲生虮虱，万姓以死亡。白骨露于野，千里无鸡鸣。生民百遗一，念之断人肠！"[⑥]最早发育中华农耕文明的富庶的黄河中游地区，已经被灾变和战乱洗荡成一片凄冷的荒野。

---

① 《后汉书·董卓传》，第 2341 页。
② 《后汉书·公孙瓒传》，第 2362 页。
③ 《后汉书·仲长统传》，第 1649 页。
④ 《三国志·魏书·蒋济传》："（蒋）济上疏曰：'陛下方当恢崇前绪，光济遗业，诚未得高枕而治也。今虽有十二州，至于民数，不过汉时一大郡。'"第 453 页。
⑤ 《三国志·魏书·武帝纪》，第 22 页。
⑥ 《宋书·乐志三》，第 606 页。

政治危局为有胆识的政治家开创新的政局提供了机会。社会动荡造成权力真空，人心思变也为集结新生政治力量提供了资源。古代史籍中可以看到对这种历史机遇的表述。如《汉书·叙传上》写道："世俗见高祖兴于布衣，不达其故，以为适遭暴乱，得奋其剑，游说之士至比天下于逐鹿，幸捷而得之，不知神器有命，不可以智力求也。"[1] 所谓"神器有命"是无稽之谈，"世俗"所"见"，才反映了历史真实。通常"战争方兴，犹逐鹿之并驱"[2]，一时"离乱日兆，家怀逐鹿，人有异图"[3]，"荒主爝燎原之焰，群盗发逐鹿之机"[4]，而最终得以成功者，当然依恃资质的优胜和战略的正确，以及具体的幸运机缘。

危机应对战略的蓝本

面对政治危局，中国古代专制主义王朝的执政者们提出与执行的对策，有成功的，有失败的。对于成功的经验，可以从许多方面进行总结。其中有些能够给予我们较深刻的历史启示。在政治危局中挺身而出的人物，其成功的缘由，往往在于善于从前代危机应对战略中汲取经验。

历史上一些有战略眼光的政治家对政治前景的准确预见，对政治方针的及时调整，对政治结构的大胆改革，在我们今天看来，仍然具有可资借鉴的价值。

---

① 《汉书》，第 4208 页至第 4209 页。
② 《晋书·徐嵩载记》，第 2955 页。
③ 《南齐书·王文和传》，第 512 页。
④ 《旧唐书·高祖纪》，第 18 页。

（1）对政治前景的准确预见

充分预计政治危局的严重前景，是有远见的政治家的历史贡献。最高执政者如果重视这种预见，有可能抑制政治灾祸的影响。

贾谊是西汉文帝时的政论家、思想家。他的政治思想在当时和后世都有重要的影响。我们总结贾谊的政治思想，不应忽视其中具有战略预见意义的内容。

贾谊的政治建议有些当时就直接体现出战略指导的意义，有些则在后来的历史过程中发生了战略性的影响。即所谓"后皆遵之有效，一一如谊所言"[①]。例如，汉初以来，中央政权与诸侯势力的矛盾，长期成为危害政治安定的严重隐患。诸侯王与朝廷分庭抗礼的倾向，有日益明显的趋势。面对当时的形势，贾谊建议及早采取有力措施抑制与朝廷离心的势力。他提出"众建诸侯而少其力"的办法，削弱其实力。后来"吴楚七国之乱"的发生，证实了贾谊的政治预见。而汉武帝时代"削藩"事业的成功，实际上也遵循了贾谊"众建诸侯而少其力"政治建议的战略指导。

汉景帝即位后，曾经任太子家令的晁错就任御史大夫，提醒汉景帝说，刘濞长期以来，愈益骄恣，又即山铸钱，煮海为盐，招诱天下流亡人口预谋发动动乱。现在，削夺其封地，可能会发生反叛；可是不削夺其封地，也会发生反叛的。削之，则反叛较早，祸害较为轻微；不削，则反叛较迟，祸害更为严重。晁错提出了后来果然被历史证实的预见，然而他个人却因汉景帝对叛乱者的退让，遭遇悲剧结局。不过，他的清醒的历

---

① 〔汉〕贾谊撰，阎振益、钟夏校注：《新书校注》，中华书局 2000 年 7 月版，第 516 页。

史预见，得到后人的肯定。"文帝采贾生之议分齐、赵，景帝用晁错之计削吴、楚"[1]，被认为是有益于削减政治危害，符合历史方向的成功的举措。

（2）对政治方针的及时调整

"巫蛊之祸"是发生于汉武帝统治晚期的一场急烈的政治风暴，都城长安在这次政治动乱中致死者之多，竟数以万计。其结果，导致了西汉中期汉帝国统治上层最严重的政治危局。

《汉书·武五子传·戾太子刘据》说：汉武帝年事已高，性情怪诞，"意多所恶"，又多病，疑心是左右用蛊道诅咒所致。[2]洪迈《容斋续笔》卷二"巫蛊之祸"条写道，当时汉武帝年迈，"忍而好杀"，确实出现李陵所批评的法令无常，大臣无罪夷灭者数十家的情形。而"心术既荒，随念招妄"，"迷不复开"，[3]也对政治生活有不利的影响。

"巫蛊"，本来是以民间礼俗迷信作为观念基础而施行的加害于人的一种巫术形式。汉武帝时代所通行的"巫蛊"形式，大致是用桐木削制成仇人的形象，有的插刺铁针，埋入地下，用恶语诅咒，以为能够使对方罹祸。"巫蛊"曾经是妇女相互仇视时发泄私愤的通常方式之一。宫廷妇女和贵族妇女中因嫉妒而使用"巫蛊"之术，使得这种迷信意识严重侵入上层社会生活。

在汉武帝晚年政风严酷的形势下，据说性情仁恕温谨，宽厚而守文，与汉武帝政治风格多有不同的太子刘据对汉武帝用法残厉，又多任用酷吏的做法每每多所平反，于是得百姓之

---

① 《汉书·诸侯王表》，第 395 页。
② 《汉书》，第 2742 页。
③ 〔宋〕洪迈:《容斋续笔》卷二。

心，而执法大臣都心中不悦。据《汉书·武五子传·戾太子刘据》记载，刘据成年之后，汉武帝即为他立博望苑，使与宾客交接，从其所好，因此多有以异端进见者。看来，在刘据的身边，当时已经聚集了一批有政治眼光和政治能力的人。

政治权力的转移，对于最高执政者本人来说，是非常严重的事。即使是他自己选定的继承人，也难免面对苛刻挑剔的目光。在父子行政倾向有所不同的情况下，心理裂痕会越来越明显。在这种极特殊的政治背景下，具有极敏感的政治嗅觉，又有投机之心，受到汉武帝特殊信任并赋予重要权力的直指绣衣使者江充，利用汉武帝父子政治倾向不同的矛盾，制造了太子宫中埋木人行"巫蛊"的冤案。

汉武帝病重时，据《汉书·江充传》记载，江充奏言汉武帝的病因就在于"巫蛊"，于是汉武帝任命江充为使者专治"巫蛊"。江充接受在长安大规模调查"巫蛊"一案的指令后，"胡巫"受江充之命，在调查"巫蛊"时制造假现场，导致冤案。江充暗自察知汉武帝的心理倾向，然后肆无忌惮，在宫中掘地调查，甚至于破坏御座。[①]在太子宫中，据说真的发现了以针刺之的六枚桐木人。

当时汉武帝在甘泉宫（在今陕西淳化）避暑养病，只有皇后、太子留处长安。太子刘据处于极被动的形势，考虑到秦太子扶苏在秦二世和赵高发动的政变中遇害的教训，于是终于下决心起兵杀江充，斩江充示众。随后动员数万市民与政府军战于长安城中。

---

① 《汉书》，第 2178 页。

当时在甘泉宫休养的汉武帝命令严厉镇压太子军,"捕斩反者,自有赏罚",甚至对于巷战战术也有具体指示。[1]并且他迅速回到长安,于城西建章宫颁布诏书,调发三辅地区邻近的军队,又亲自进行现场指挥。太子军与政府军在长安城中大战五日,死者数万人,以致路旁水沟都被鲜血染红。刘据最终兵败,出城东逃,在追捕中自杀。

事变之后,"巫蛊"冤情逐渐显现于世,汉武帝知道太子起兵只是由于惶恐而已,并没有其他的意图,又接受了臣下的劝谏,内心有所悔悟。他命令族灭江充家,并且肃清了江充的同党,一些当时因镇压太子军及追捕太子而立功受封的官员,也被一一处置。汉武帝"怜太子无辜",又在刘据去世的地方筑作思子宫与归来望思之台,以示哀念。[2]一时,天下闻而悲之。汉武帝认真反思太子刘据政治主张的利与弊,于是利用汉王朝西域远征军战事失利的时机,开始了基本政策的转变。

征和四年(前89),他公开承认:"朕即位以来,所为狂悖,使天下愁苦,不可追悔。"又向臣民宣布,自今事有伤害百姓,糜费天下者,统统予以罢除![3]据《汉书·西域传下》记载,汉武帝又正式颁布了被誉为"仁圣之所悔"的轮台诏,深陈既往之悔,否定了部分朝臣主张将西域战争继续升级的计划,表

---

① 《汉书·刘屈氂传》,第2880页。

② 《汉书·武五子传·戾太子刘据》,第2747页。

③ 《资治通鉴》卷二二"汉武帝征和四年":"三月上耕于巨定,还幸泰山,修封。庚寅,祀于明堂。癸巳,禅石闾,见群臣,上乃言曰:'朕即位以来,所为狂悖,使天下愁苦,不可追悔。自今事有伤害百姓,糜费天下者,悉罢之。'"中华书局1956年6月版,第737页。

示当今政事，最要紧的应当在于"禁苛暴，止擅赋，力本农"，决意把行政重心转移到和平生产方面来。又封丞相田千秋为富民侯，以表明使百姓得以"休息"，"思富养民"的决心。[①]

司马光在《资治通鉴》中分析"巫蛊之祸"及汉武帝挽回危局的措施时，曾经写道，汉武帝奢侈放纵，刑罚严酷，又频繁发动战争，使百姓不堪重负，以致奋起反抗。他的这些作为和秦始皇相差无几，然而为什么秦王朝因此而亡，汉王朝却在汉武帝之后实现了昭宣中兴呢？汉武帝能够"受忠直之言，恶人欺蔽"，"晚而改过，顾托得人"，是主要原因之一。[②] 正是因为如此，他虽然犯有与亡秦同样的过失，却避免了亡秦覆灭的灾祸。

明代思想家李贽也称汉武帝晚年的这一历史变局为"天下大坏而得以无恙"，他曾经这样评价汉武帝的"轮台诏"："汉武惟此一诏可谢高帝、文帝"，"佛门之忏，圣门之政，过天地之风雷，可不勇哉！"[③]

汉武帝成功地扭转危局，使西汉王朝于山穷水尽之后，又有柳暗花明的新转机，确实表现出一位有作为的政治家的大智大勇。

（3）对政治结构的大胆改革

当然，政治家最值得敬重的大智大勇，是能够抓住适当的历史时机对政治结构进行大胆的改革。这种改革往往是能够使政治局势转危为安的一剂良药。

回顾中国改革史，人们会注意到历史上的改革家们所注目

① 《汉书·西域传下》，第3914页。
② 《资治通鉴》卷二二，第747页。
③ 〔明〕李贽：《史纲评要》卷七《汉纪》，第185页。

的热点，常常集中在经济领域；他们所致力的事业，常常偏重于经济变革；他们所取得的成功，也常常体现为经济成就。其实，对政治事务的普遍关心，是传统中国引人注目的文化现象之一。历代士人都以"治国平天下"作为人生最高理想，以政治前途作为唯一的人生正途。作为人们终生博取的目标的所谓"三不朽"，即"大上有立德，其次有立功，其次有立言"[①]，然而从所谓"大上以德抚民"[②]，以及所谓"为政以德"[③]而"国功曰功"[④]理解，可以知道传统社会最为注重的"德"与"功"，其实都是指属于政治范畴的成就，而并非一般的道德修养与文化创造的事功。而所谓"立言"，也往往是指有影响的政治学说。在传统中国，政治等级确定了社会结构的秩序，政治动力影响着文化形态的衍变，政治意识形成民族精神的主体。在这种背景下，中国政治形态具有得天独厚的发育条件方面的优势，因而以完备的政治组织，密集的政治人才，成熟的政治权略为特征，表现出独有的足以高效能地主导一切的力量。

那么，为什么人们在观察历代改革史的轨迹时，偏偏少有对政治体制改革的印象呢？这是因为：

首先，政治体制的改革往往要触动更深层的社会根基，牵涉更宽泛的社会层面，迎击更顽固的社会阻力，因而要艰难得多；

其次，政治体制改革的形式往往与人们一般理解的改革不同，这种改革常常并不以"变法""更法"的形式出现，而有

---

① 《左传·襄公二十四年》。
② 《左传·僖公二十四年》。
③ 《论语·为政》。
④ 《周礼·夏官司马·司勋》。

时是通过改朝换代实现的，有时是以潜移默运的渐进形式实现的，人们通常并不以改革视之。

比如，秦始皇翦灭六国，实现了统一，在全国推行郡县制，从而结束了实行分封的传统制度。这是具有历史意义的影响深远的政治体制的改革。

汉初，政治也出现了引人注目的变局。这一变局的最突出的表现，就是变更秦政之所谓"繁法严刑""以暴虐为天下始"[1]为以"与民休息"为宗旨的"无为而治"。

汉初统治者记取秦亡的教训，实行轻徭薄赋慎刑的政策。汉惠帝、吕后当政时，丞相曹参沿袭萧何辅佐汉高祖的行政传统，一切无所变更。十五年中，很少兴发大役。汉惠帝时修筑长安城，每次调发民役不过一个月，而且都在农闲时调发。汉惠帝四年（前191），又废除了秦始皇焚书时颁行的《挟书律》。吕后元年（前187），还废除了夷三族罪和以过误之语为妖言而加以重责的所谓《妖言令》。文景时代，又在法律制度方面进行了一些改革。汉文帝下令废除了汉律中沿袭秦律而来的收孥相坐律令。汉文帝和汉景帝还废除了黥、劓等刑罚形式，减轻了笞刑。在这一时期，官吏较少滥用刑罚，断狱但责大指，不求细苛，定刑可轻可重时，都从轻处理。

于是，汉初形成了政治比较安定，社会比较平和的局面，这一成功，特别在汉文帝、汉景帝时代表现尤为突出，于是所谓"文景之治"，被看作中国历史上著名的盛世。不过，当时的执政者并不把这种变化称为"改革"，他们称此为"拨乱反

_____

① 〔汉〕贾谊撰，阎振益、钟夏校注：《新书校注》卷一，第13页。

开国君主走上政治舞台

133

正"顺流更始"①。

中国古代的选官制度，起初是"世官制"，即官僚身份可以世代承袭，后来转变为"察举制"，就是官僚由地方推荐产生，最后又转变为科举制。由"世官制"向"察举制"的转换，发生在汉武帝时代。

大约历朝政治形势，都有由功臣政治转变为功臣子弟政治，再由功臣子弟政治转变为贤臣政治的过程。分析比较西汉历任丞相的成分和政治背景，可以发现，西汉朝相权的归属，大致呈现这样的转化趋势：功臣——→功臣子弟——→掾史文吏——→经学之士。这一变化，其实意味着政治结构的某种重要转变。不过，正如李贽所说，这种转变十分艰难："宰相固当用读书人，但读书亦非易事。今有几个能读宰相书者？"②

正是在汉武帝时代，察举制确立了在仕进制度中的主体地位，辟除方式亦盛行，选举与教育也实现了早期的合理结合。功勋之臣于是不得不逐渐退出关键的政治职位，贤能之臣因而得到了更多的上升的机会。有学者于是认为，汉武帝"初令郡国举孝廉各一人"的元光元年（前134），是"中国学术史和中国政治史的最可纪念的一年"。③

当时，察举制已经发展为一种比较完备的仕进途径，察举制作为选官制度的主体的地位已经得以确立。

这一历史进步，当然也可以看作汉武帝时代政治体制改革

---

① "因民之疾秦法，顺流与之更始。"《史记·萧相国世家》，第2020页。
② 〔明〕李贽：《史纲评要》卷二七《宋纪》，第739页。
③ 劳榦：《汉代察举制度考》，《历史语言研究所集刊》第17本，1948年4月。

的成就。

秦始皇时代基本政治体制的改革，汉初基本行政方针的改革，汉武帝时代基本选官方式的改革，都是政治体制的改革。这种改革对于推进政治进步，消除危害政治安定的因素，防止政治危局的出现，都有积极的意义。

另一种政治改革，是政治危局已经出现之后，较开明的政治家为了扭转颓势，挽救政局而发起的革新运动。

在北宋王朝立国不久，政治弊病就相当突出，积贫积弱的局面逐渐显现出来。在辽、西夏的军事压力下，禁兵达百余万，兵费占岁入大半，导致严重的财政危机。虽然军事费用开支很高，军队却极其腐败，战斗力很差。官僚机构冗员奇多，效率极低。由于政治压迫和经济剥削的残酷，北宋初期就爆发了王小波、李顺起义。以后，农民和士兵的暴动时有发生。

在政治危局日益显著的情况下，范仲淹主持了以整饬吏治为主要内容之一的改革，史称"庆历新政"。宋神宗时代积极推行新政的王安石，曾经被列宁称为"中国 11 世纪时的改革家"。[①] 王安石变法持续十余年，虽然后来因守旧派的合力反扑最终归于失败，新法的效益还是十分明显的。

明代万历年间，针对宗室骄恣，庶政旷废，吏治因循，边备未修，财用大匮的形势，杰出的改革派政治家张居正曾经主持一系列的社会改革，整饬政务，刷新吏治，清理财政，巩固了中央集权，提高了行政效率，使一步步走向衰落的明王朝得以一度振兴，出现了短暂的相对清新的政治局面。

---

① 列宁：《修改工人政党的土地纲领》，《列宁全集》第 10 卷，人民出版社 1958 年 12 月版，第 152 页注 2。

通过政治改革以拯救政治危局的史例还有许多。类似王安石变法和张居正改革这样的政治行为，虽然从改革运动本身和改革派领袖个人事业本身的角度来说，可以说是失败了，但是从缓解社会危局的影响，延滞政治危局引发爆炸性的社会灾难这一角度来说，却又体现出一种历史的成功。

政治危局的出现，是对政治活动家的严峻考验。以上三个方面，体现出从政者应当具有的政治识见和政治胆略。不过，历史上大多数当政者并不能在这几个方面达到及格水平，于是政治危局往往总是演成历史灾难。他们的表现，于是只能够给后人提供历史教训。

面对政治危局，如若处理的方式失当，往往可能激化社会矛盾，导致更严重的动荡。

列宁曾经从这样三个方面指出了"革命形势的特征"："（1）统治阶级不可能照旧不变地维持自己的统治；'上层'的某种危机，即统治上层的政治危机，给被压迫阶级的愤怒和不满造成一个爆破的缺口。光是'下层不愿'照旧生活下去，对革命的到来通常是不够的；要革命到来还须'上层不能'照旧生活下去。（2）被压迫阶级的贫困和灾难超乎寻常的加剧。（3）由于上述原因，群众积极性大大提高，这些群众在'和平'时期忍气吞声地受人掠夺，而在动荡时期，整个危机形势和'上层'本身都迫使他们去进行独立的历史性的发动。"①

列宁在这里指出的第（1）条特征，可以指导我们对历史上人民革命的研究。《汉书·晁错传》记载晁错对秦末形势的

---

① 列宁：《第二国际的破产》，《列宁选集》第 2 卷，人民出版社 1972 年 10 月版，第 620 页至第 621 页。

评论：“秦始乱之时，吏之所先侵者，贫人贱民也；至其中节，所侵者富人吏家也；及其末涂，所侵者宗室大臣也。是故亲疏皆危，外内咸怨，离散逋逃，人有走心。”[①]其实，正是在这样政治危局之中，出现了有利于英雄崛起的机会，出现了新王朝建立的机会。

有些政论家特意从统治者的性格特征、行政风格和具体政策方面寻找政权覆灭的原因。董仲舒指出，国家的安定或者危亡，关键在于最高执政者的用人思想和用人政策。[②]李世民也曾经说，秦迅速败亡的教训，在于最高统治者生活奢淫，又专好刑罚。[③]有的清醒的分析家则指出，导致王朝崩溃的因素，

---

① 《汉书》，第2296页。

② 《春秋繁露·精华》：“鲁僖公以乱即位，而知亲任季子。季子无恙之时，内无臣下之乱，外无诸侯之患，行之二十年，国家安宁。季子卒之后，鲁不支邻国之患，直乞师楚耳。僖公之情，非辄不肖，而国衰益危者，何也？以无季子也。以鲁人之若是也，亦知他国之皆若是也，以他国之皆若是，亦知天下之皆若是也。此之谓连而贯之。故天下虽大，古今虽久，以是定矣。以所任贤，谓之主尊国安。所任非其人，谓之主卑国危。万世必然，无所疑也。”“是故任非其人而国家不倾者，自古至今未尝闻也。”（〔清〕苏舆撰，钟哲点校：《春秋繁露义证》，第97页）

③ 《贞观政要·君臣鉴戒》：“贞观六年，太宗谓侍臣曰：‘朕闻周、秦初得天下，其事不异。然周则惟善是务，积功累德，所以能保八百之基。秦乃恣其奢淫，好行刑罚，不过二世而灭。’”（〔唐〕吴兢撰，谢保成集校：《贞观政要集校》，第149页。）对于“奢淫”的危害，历代清醒的思想者和政论家多有严正警告。如苏轼《骊山》诗歌咏古来“丧国”事：“君门如天深几重，君王如帝坐法宫。人生难处是安稳，何为来此骊山中？复道凌云接金阙，楼观隐烟横翠空。林深雾暗迷八骏，朝东暮西劳六龙。六龙西幸峨眉栈，悲风便入华清院。霓裳萧散羽衣空，麋鹿来游猿鹤怨。我上朝元春半老，满地落花无人扫。羯鼓楼高挂夕阳，长生殿古生青草。可怜吴楚两醯鸡，筑台未就已堪悲。长杨五柞汉幸免，江都楼城自迷。由来留连多丧国，晏安鸩毒因奢惑。三风十愆古所戒，不必骊山可亡国。”（《东坡全集》卷二八）

并不在于一两个最高统治者个人的品质和才识，或者他们一时一事的失误，而在于整个统治阶层的政治素质，在于整个政治体制的运行机能。

明末清初的思想家顾炎武的名著《日知录》卷二有"殷纣之所以亡"条，其中发表了这样的见解：

> 自古国家承平日久，法制废弛，而上之令不能行于下，未有不亡者也。

顾炎武说，纣是由于"不仁"而亡天下的，人们大都这样认为，我却以为不尽然。纣身为国君，沉湎于酒，又有剖孕斫胫的残暴行为，后世只有以淫乱残酷著名的北齐文宣帝高洋可以和他相比。然而实际上"商之衰也久矣"，殷商王朝其实早就进入衰世了。《尚书·盘庚》说到卿大夫不从君令，《尚书·微子》说到小民不畏国法，《尚书·泰誓》说到民玩其上而威刑不立。在这样的形势下，以道德才能中等的君主守国，也不能保，更何况纣这样"狂酗昏虐"的帝王呢？而高洋的恶劣未必减于纣，北齐当时却能够强盛，这是因为其时"主昏于上而政清于下也"。到北齐后主高纬当政时，"国法荡然"，于是被北周执政者宇文氏取而代之。顾炎武说，总结殷纣之"亡"和周武王之"兴"的历史因素，通常都用"仁"至于极致的周武王攻伐"不仁"至于极致的殷纣做解释，这实际上是不公正不准确的说法，并没有揭示历史的真正缘由。① 顾炎武关于殷亡的

---

① 顾炎武这句话的原文是："然则论纣之亡、武之兴，而谓以至仁伐至不仁者，偏辞也，未得为穷源之论也。"〔清〕顾炎武:《日知录》卷二。

原因的分析，一反通常将责任归于殷纣一人的传统认识，指出"主昏于上"未必导致亡国。他所提出的国家衰亡的主要原因是"法制废弛"的见解，是值得我们重视的。

中国古代政论家分析旧政权因政治危机而覆灭的情形，指出有"土崩"和"瓦解"两种形式。"瓦解"原义指分裂，"土崩"则指政治体制和社会结构无可挽救的粉碎性的破坏。"天下之患在于土崩，不在于瓦解，古今一也。何谓'土崩'？秦之末世是也。"[①] 所谓"土崩瓦解"，则经常用来形容王朝的衰灭。班固在《秦纪论》中就说道："秦之积衰，天下土崩瓦解。"[②] 在"'下层不愿'照旧生活下去"，"'上层不能'照旧生活下去"的"危机形势"下，即形成了"革命到来"的历史条件。于是在旧的政权"土崩瓦解"的废墟上，新的政权应运而生，成就了移天易日的事业。

敏锐的政论家重视政治危机的出现和影响。人们又经常以"土崩瓦解"的危险警告帝王，在提出这种警告的同时，阐述自己的政治建议。例如，宋代有臣子对皇帝上疏："自古人主所恃以长久者，惟在于结人心。人主君临天下，虽贵为无敌，富为无伦，然得人心则安，失人心则危。安危之间，不在富贵，在于人心之得失耳。故人主自称曰'孤'，自称曰'寡人'。曰'孤'曰'寡'，盖言富贵之不足恃，而此身之常可忧也。是以得人心者，则天助顺，人助信，致宗社灵长，富贵长久。失人心者，则土崩瓦解，日消月亡，使社稷为墟，身危国灭。理之

---

① 《史记·平津侯主父列传》，第2956页。
② 《史记·秦始皇本纪》，第292页。

必然，无可疑者。"①所谓"失人心者，则土崩瓦解"，是严正的劝诫，也是诚恳的建言。明代名臣归有光曾经对皇帝说："人主抚全盛之运，知易离难合之天下，土崩瓦解之势，常伏于至全至安之中，诚不可一日而不兢兢业业者也。"②也是同样的用心。

明万历二十七年（1599），临洮狄道地震，有官员就此发出警告："夫山者，高而在上，地者，卑而在下。山忽崩而成沟，地忽起而成山，陵谷变迁，高卑易位，是阴乘阳，邪干正，下叛上之象。推理度势，必将有草野奸雄乘民之怨，斩木揭竿，起而与国家为难者。夫天下幸无事耳，一旦有事，则藏怒蓄忿之民易动，土崩瓦解之势立成。"③天人感应之说有浓重的神秘主义成分，然而以为自然灾异是"天意"的警报，借此提出改良政治的建议，是历代言官惯用的议政方法。事实上，这道上疏成文，距离崇祯三年（1630）李自成起义，只有三十年。李自成正是"草野奸雄乘民之怨，斩木揭竿，起而与国家为难者"。"大顺皇帝"的开国史，正是由这一天启始。所谓"一旦有事，则藏怒蓄忿之民易动，土崩瓦解之势立成"，可以说是准确的政治预言。

大顺政权虽然没有正式列入历代王朝序列，但是当时的统治效力，已经初见王朝的规模。

起义军主力东进时，"贼遣伪王往关东灵阆诸路，大张伪榜，移檄河南郡县。河南西境贼皆设伪官。""山西郡县闻贼至，望风迎款，贼遣伪牌遍行山西。"④河南、山东郡县，也通

① 〔宋〕袁说友：《又奏乞过宫状》，《东塘集》卷一三。
② 〔明〕归有光：《河南策问对二道》，《震川集》别集卷二。
③ 〔明〕余继登：《陕西山异疏》，《淡然轩集》卷二。
④ 〔清〕谷应泰：《明史纪事本末》卷七八。

行李自成政令。有学者认为，"自成在北京建制的同时，继续分兵略地，委派地方官吏，建立基层政权。北直、山东、河南、苏北、皖北各地州牧县令纷纷上任"。"是时大顺版图，东自山东，西至甘宁，北沿长城，南达江淮，掩有北直、山东、山西、陕西、河南五省，西北甘肃、青海、宁夏的一部分，川北保宁地区若干州县，及今江苏、安徽淮河流域地区，长江流域则有湖广的荆州、襄阳、承天、德安四府等地。"[①] 有学者指出，"即以农民军撤离北京后说，他们仍然据有湖广、鲁、豫和'百二河山之险'的秦、晋地区"。[②]

在社会危局背景下举事以求政治成功的人物，往往注意从前代政治设计的危局对策中汲取经验。他们的相应策略可以看作古来相关政策的摹本。这些努力，有的导致成功，有的导致覆亡。其得失成败，或决定于其基本执政理念，然而也与规划者和推行者的文化资质有关。

开国皇帝的文化资质

有人说，王朝兴替之间，时在危难之秋，"人希逐鹿之图，家有雄霸之想，暗王命而不寻，邀非分于无象"[③]，群雄纷起，然而顺利经行成功路径者往往只有一人。

有学者在对"中国历代创业帝王"进行历史总结时，注意

① 李文治：《李自成起义》，《中国大百科全书·中国历史》，第568页。
② 孙祚民：《试论明末李自成大起义的失败》，《中国农民战争史研究》1979年第1辑，收入《中国农民战争问题论丛》，人民出版社1982年6月版，第283页。
③ 《晋书·凉武昭王李玄盛传》，第2266页。

到"历代创业帝王得国前的身份与凭借"。论者引《宋史·赵普传》载宋太祖赵匡胤谓赵普语:"若尘埃中可识天子宰相,则人皆物色之矣。"又写道:"旧王朝的衰亡,新创业帝王的代兴并没有固定的身份,也没有一个制度或习惯以规定某种人可以取代旧王朝。因此,在旧王朝濒于衰亡之时,虽然人有异志,都不能保证谁能成功。观察历代创业帝王其得国之前身份约有三种:(一)方镇强豪;(二)中央朝臣;(三)外族君长。所谓方镇强豪系指在政治权力组织体内之方镇或人民,他们拥有强大的武力时,倘逢有利的时势便可举兵推翻旧王朝而成为另一新王朝的创业帝王。所谓中央朝臣系供职于京师之官吏,他们可凭借政权的威势,控制全国,以至受禅。所谓外国君长系在政治权力组织体之外,而时人视之为异族的政治组织之君长,他们可依赖强大武力创造一个新王朝。"[1] 其中"(一)方镇强豪"和"(三)外族君长"[2],都是凭借武力施展政治才具。而所谓"(二)中央朝臣",也不能离开武力的支撑。学者于是有这样的分析:"在历代创业帝王具有'朝臣'身份的四代中,皆掌握了强于地方的武力","王朝的转移既须凭借兵力"。(当然,有时只靠兵力并未必能成功,而需要将兵力变成'威力',才敢问鼎。)[3] 在论者所列《历代创业帝王得国前之身份分类录》中,"(甲)中央朝臣"四例(晋司马氏,齐高帝,隋文帝,宋太祖),"(乙)方镇或割据者"十六例(秦始皇帝,汉高祖,东汉光武帝,魏曹氏,宋武帝,梁武帝,陈高祖,北齐高氏,

---

① 王寿南:《中国历代创业帝王》,第73页。
② 论者有时又写作"外国君长"。
③ 王寿南:《中国历代创业帝王》,第73页至第74页。

北周宇文氏，唐李氏，后梁太祖，后唐庄宗，后晋高祖，后汉高祖，后周太祖，明太祖），"（丙）外族君长"三例（北魏道武帝，元世祖，清爱新觉罗氏）。

论者的研究，似乎忽略了对以"造反"形式得天下的帝王们政治成功轨迹的分析。然而对依靠"武力"、依靠"兵力"取得天下之程式予以特别的关注，确实指出了中国古代帝制时代改朝换代时通常习见的规律。

回顾中国古代的政治史，也可以肯定 20 世纪一位政治伟人的名言"枪杆子里面出政权"①，是对历史真理的发现。

从历代王朝的开国史就可以得知，新的王朝的建立，必定有武装力量作为基础，有军事实力以为保障。

刘邦说，"乃公居马上而得之，安事《诗》《书》？"②对于这句历史名言，有的记录是："吾居马上得天下，安用《诗》《书》乎？"③所谓"居马上得天下"，指出了一种历史常规。

"居马上得天下"这一说法的另一个版本，叫作"提三尺剑取天下"。这句话，同样也出自汉高祖刘邦之口。《史记·高祖本纪》记载："高祖击布时，为流矢所中，行道病。病甚，吕

---

① 毛泽东：《战争和战略问题》，《毛泽东选集》，人民出版社 1967 年 11 月版，第 512 页。毛泽东这一观点的提出，有对中国历史的思考以为基础。他说："外国的资产阶级政党不需要各自直接管领一部分军队。中国则不同，由于封建的分割，地主或资产阶级的集团或政党，谁有枪谁就有势，谁枪多谁就势大。""劳动人民几千年来上了反动统治阶级的欺骗和恐吓的老当，很不容易觉悟到自己掌握枪杆子的重要性。"（《毛泽东选集》，第 511 页）

② 《史记·郦生陆贾列传》，第 2699 页。

③ 〔汉〕荀悦撰，张烈点校：《前汉纪》卷四："（陆）贾时上前说《诗》《书》，上骂之曰：'吾居马上得天下，安用《诗》《书》乎？'贾对曰：'陛下居马上得之，宁能马上治乎？'"第 53 页。

后迎良医，医入见，高祖问医。医曰：'病可治。'于是高祖嫚骂之曰：'吾以布衣提三尺剑取天下，此非天命乎？命乃在天，虽扁鹊何益！'遂不使治病，赐金五十斤罢之。"①庚信《皇夏》歌辞用刘邦故事颂扬帝权的神圣："雄图属天造，宏略遇群飞。风云犹听命，龙跃遂乘机。百二当天险，三分拒乐推。函谷风尘散，河阳氛雾晞。济弱沦风起，扶危颓运归。地纽崩还正，天枢落更追。原祠乍超忽，毕陇或绵微。终封三尺剑，长卷一戎衣。"②最后一句与刘邦"吾以布衣提三尺剑取天下"的名言相印合。杜甫《重经昭陵》诗也写道："草昧英雄起，讴歌历数归。风尘三尺剑，社稷一戎衣。翼亮贞文德，丕承戢武威。圣图天广大，宗祀日光辉。"③诗句借刘邦典故颂扬唐太宗李世民，所谓"三尺剑""一戎衣"者，也有同样意境。

西汉王朝这位"以布衣提三尺剑取天下"的开国帝王，其文化资质颇值得我们注意。

刘邦本人出身平民，他的功臣集团大多出身低微，除了张良家世高贵而外，其余多为"亡命无赖之徒，立功以取将相"者，萧何、曹参、任敖、周苛都是小吏，"陈平、王陵、陆贾、郦商、郦食其、夏侯婴等皆白徒"，而樊哙是屠狗者，周勃是织席、吹箫服务于丧事者，灌婴是贩缯者，娄敬是挽车者。清代历史学者赵翼于是称此为"汉初布衣将相之局"，他同时指出，这种打破贵族政治传统定式的"前此所未有"的新的政治格局的形成，具有重要的历史意义，由此可以说明，"盖秦汉间

---

① 《史记》，第391页。
② 〔北周〕庚信：《皇夏》，《庚子山集》卷六《郊庙歌辞》。
③ 《集千家注杜工部诗集》卷一。

为天地一大变局"。赵翼认为，"自古皆封建诸侯，各君其国，卿大夫亦世其官，成例相沿，视为固然。其后积弊日甚，暴君荒主，既虐用其民，无有底止；强臣大族，又篡弑相仍，祸乱不已"。"其势不得不变，而数千年世侯世卿之局，一时亦难遽变"。战国晚期这种贵族政治体系已经动摇，不过，秦开一统之局，"兼并之力尚在有国者，天方藉其力以成混一，固不能一旦扫除之，使匹夫而有天下也"。秦始皇时代，"虽无世禄之臣，而上犹是继体之主也"。直到汉初，"天意已另换新局"，"于是汉祖以匹夫起事，角群雄而定一尊。其君既起自布衣，其臣亦多亡命无赖之徒，立功以取将相，此气运为之也"。新的政治体制得以开创，"天之变局，至是始定"。而且新的贵族在高度集权的中央政府统治之下，权位随时可以消除。"于是三代世侯世卿之遗法，荡然净尽，而成后世征辟、选举、科目、杂流之天下矣。"①

柏杨曾经这样评价刘邦的文化资质："刘邦先生是中国最伟大、最传奇的君王之一，他出身于地痞流氓阶层，可能并不识字（即令识字，教育程度也不会高）柏杨先生素来反对'天纵英明'——因有些头目，其蠢如猪，却自捧为或被捧为天纵英明，实在令人皮背发紧，但刘邦先生确实先天上有超越普通人之处。所有他的重要决策，几乎全来自部属们的建议，他也几乎是一个没有意见的人。但他大多数时候，对部属的建议，都有正确判断，而在发现判断错误时，决不'死不认错'，反而马上改正。在刘邦先生身上，找不到予智予雄的镜头，找

---

① 〔清〕赵翼著，王树民校证：《廿二史札记校证》卷二《汉初布衣将相之局》，第36页至第37页。

不到'指示机宜'的镜头。这要归功于他恢宏的胸襟和对新事物吸收消化的强大功能。""无疑的，刘邦先生是一位政治天才。"①这样一位"政治天才"用传统眼光来看，是没有文化的，"出身于地痞流氓阶层，可能并不识字（即令识字，教育程度也不会高）"，但是在政治决策方面，却有胸襟，有眼光。这种特殊的政治文化资质，决定了他能够"以匹夫起事，角群雄而定一尊"。

可以表明刘邦的文化倾向的史例，有著名的"溲溺儒冠"故事。《史记·郦生陆贾列传》记载：

> 沛公不好儒，诸客冠儒冠来者，沛公辄解其冠，溲溺其中。与人言，常大骂。②

清代学者查慎行《谷城山》诗说到刘邦"溲溺儒冠"是有秦时文化专制制度的背景的："秦皇凶暴蔑贤圣，偶语《诗》《书》皆弃市。布衣起自泗上亭，溲溺儒冠固其理。此非可以正道说，诡托阴符自兹始。"而刘邦开国成功，即所谓"大蛇中断群雄灭"，③可以说是遵循了在当时的文化条件下的另一种历史"正道"。

明代开国皇帝朱元璋是贫苦出身。"朱元璋年十七，父母及诸兄相继沦丧，身无所依。念儿时多病，父尝许从释氏，乃投皇觉寺。才五十日，主僧以食不给散遣其徒，元璋遂西游合

---

① 柏杨：《现代语文版资治通鉴》第3册《楚汉之争》，中国友谊出版公司1985年11月版，第107页至第108页。
② 《史记》，第2692页。
③ 《敬业堂诗集》卷二三。

肥、六安。"①他正是在走投无路的情势下，参与了推翻元王朝的农民起义的。

宋代学者真德秀在讨论"奸雄窃国之术"时说到王莽故事，涉及他的一些文化表现："是岁，莽奏起明堂、辟雍、灵台，为学者筑舍万区，征天下通一艺以上，皆诣公车，网罗天下异能之士。至者前后千数。臣按：莽将篡汉，故为此以要誉于天下之士，非真有意育材致贤，为国家计也。"②元代学者郝经也说："假我六艺，文彼奸回，静固幽深，矫揉造凿，如新莽篡汉，以儒为奇货者，莫之发也。破裂冲蹴，荡摇除划，莫知纪极，使天下之人，以儒为讳，复以儒为异，吾道从何而兴乎？言虽兴之，而心实讧之。圣人之道，其遂不行矣。"③这些议论，以为王莽推崇儒术的行为纯粹只是虚伪的表演，这样的批评可能并不符合历史真实。

王莽是以儒者的身份参与行政，设计革新的。

王莽起初正是因此获得了诸多支持。正如有的学者所指出的，"王莽代汉，是在'颂声交作'中进行的，当时无论是儒生官吏，还是宗室皇族，甚至是数不清的诸生、吏民，均翘首以待，希望他能早日登上权力的顶峰"。论者以为，可以通过以下例证证实这一分析：

例1：王莽在大司马任上被汉哀帝罢免，"在国三岁，吏上书冤讼莽者以百数"。

---

① 《资治通鉴后编》卷一七二。
② 〔宋〕真德秀：《大学衍义》卷一七《格物致知之要二·辨人材·奸雄窃国之术》。
③ 〔元〕郝经：《陵川集》卷二六《记·去鲁记》。

例2：元始三年（3），"庶民、诸生、郎吏以上守阙上书者日千余人，公卿大夫或诣廷中，或伏省户下，咸言：'明诏圣德巍巍如彼，安汉公盛勋堂堂若此，今当立后，独奈何废公女？天下安所归命！愿得公女为天下母。'"

例3：陈崇称王莽"有周公功德"，元始四年（4），"太保（王）舜等奏言：'春秋列功德之义，太上有立德，其次有立功，其次有立言，唯至德大贤然后能之。其在人臣，则生有大赏，终为宗臣，殷之伊尹，周之周公是也。'及民上书者八千余人，咸曰：'伊尹为阿衡，周公为太宰，周公享七子之封，有过上公之赏。宜如陈崇言。'"

例4："（元始）五年正月，祫祭明堂，诸侯王二十八人，列侯百二十人，宗室子九百余人，征助祭。礼毕，封孝宣曾孙信等三十六人为列侯，余皆益户赐爵，金帛之赏各有数。是时，吏民以莽不受新野田而上书者前后四十八万七千五百七十二人，及诸侯、王公、列侯、宗室见者皆叩头言，宜亟加赏于安汉公。"

例5：元始五年（5），"公卿大夫、博士、议郎、列侯张纯等九百二人皆曰：'圣帝明王招贤劝能，德盛者位高，功大者赏厚。故宗臣有九命上公之尊，则有九锡登等之宠。今九族亲睦，百姓既章，万国和协，黎民时雍，圣瑞毕溱，太平已洽。帝者之盛莫隆于唐虞，而陛下任之；忠臣茂功莫著于伊周，而宰衡配之。所谓异时而兴，如合符者也。谨以六艺通义，经文所见，周官、礼记宜于今者，为九命之锡。臣请命锡。'"

例6："风俗使者八人还，言天下风俗齐同，诈为郡国造歌谣，颂功德，凡三万言。"

例7：居摄元年（6）四月，"竦与崇族父刘嘉诣阙自归，莽赦弗罪。竦因为嘉作奏曰：'……建辟雍，立明堂，班天法，流圣化，朝群后，昭文德，宗室诸侯，咸益土地。天下喁喁，引领而叹，颂声洋洋，满耳而入。'"[①]

论者认为，"上列几例，均有精确的统计数字[②]，这些数字绝不是班固随意杜撰，而是班固直接引自当时政府保存的文书档案，具有很强的说服力。仅从这些数字中，我们便不难想象，王莽代汉时万民欢腾的场景，更不用说，那些称颂王莽功德业绩的频仍不绝的祥瑞。可以说，当时的社会，是一个'人心思变'、'万民盼王'的社会，正是在这样的社会环境中，王莽才能够顺利代汉，那么，是什么原因导致了西汉末年王莽代汉这一奇特历史场景的出现呢？"

论者提示我们，"欲探明这一问题，必须首先弄清三个事实"。他指出，这三个事实是："第一，汉儒的政治追求。""第二，西汉后期的政治危机。""第三，王莽的思想及行事。"其中第一点和第三点的联系，是密切的。"王莽本人既是外戚，又是儒生，拥有其他儒生不可企及的权力，又具有与广大儒生相同的政治追求，于是便成为众儒生共同拥戴的人物。"[③] 这样

---

① 《汉书·王莽传上》，第4052页，第4066页，第4070页，第4072页，第4076页，第4082页至第4083页。

② 今按：这一说法并不十分准确。所举七例中，例1、例2、例3、例6，都没有提供"精确的统计数字"，例7所谓"颂声洋洋，满耳而入"尤其如此。只有例4"吏民以莽不受新野田而上书者前后四十八万七千五百七十二人"和例5"张纯等九百二人皆曰"可以说"有精确的统计数字"。作者以为来自"文书档案"的推想是基本可信的。

③ 张小锋：《西汉中后期政局演变探微》，天津古籍出版社2007年4月版，第202页至第206页。

的观察，其实是沿袭了余英时的判断："王莽本人是当时两种矛盾的社会势力的综合产物：从他身世说，他乃是外戚，属于王室势力的系统；但从其行事及其推行的政策看，则又代表了汉代士人的共同理想。他之所以后来成为众望所归的人物，便正是由于他一方面有王室的关系为凭借，而另一方面又获得了不少士人的归心。"[1] 阎步克对于西汉以儒生群体为代表的新的社会政治意识追求，也有精到的分析："汉儒参政导致了从'秦政'到'汉政'的变迁，但是这一变迁并未全合于西汉儒生所崇扬的'王道'。帝国政治形态在总体上是所谓'霸王道杂之'，这是君主所公然申明的。儒生对此'汉政'的不满和对更纯粹的'王道'、'礼治'的寻求，促成了王莽'新政'的登场。"[2] 以对于王莽文化立场大致同样的认识为基点，有学者认为，西汉王朝正是亡于儒生。[3] 也有人说，"西汉并不亡于儒学，可以说亡于俗儒"。又说，"宣帝说：'俗儒不达时宜，好是古非今，使人眩于名实，不知所守，何足委任！'王莽也是宣帝所说的这种俗儒，失败也是必然的"。[4]

王莽的文化资质来自儒学的深厚根基。人们似乎已经形成某种共识，研究王莽的学者们都注意到，"王莽的思想来源是经过董仲舒改造过的儒家思想"[5]，"为王莽真正赢来声誉的"，正

---

① 余英时：《士与中国文化》，上海人民出版社 2003 年 1 月版，第 225 页。
② 阎步克：《士大夫政治演生史稿》，北京大学出版社 1996 年 5 月版，第 360 页至第 361 页。
③ 苏诚鉴：《"汉家尧后，有传国之运"——西汉亡于儒生论》，《安徽师大学报》1988 年第 4 期。
④ 周桂钿：《王莽评传——复古改革家》，第 23 页。
⑤ 孟祥才：《王莽传》，天津人民出版社 1982 年 12 月版，第 179 页。

是"他的儒生形象"。[1]我们在讨论开国帝王的文化资质及其政治作用时，不能忽略这一事实。

东汉王朝虽然也是以暴力形式，通过战争和军事手段开国的，然而开国帝王刘秀，却原本是一位有较高文化素养的读书人。

宋代学者王十朋《光武》诗这样写道："大命由来自有真，子舆徒号汉家亲。须知炎祚中兴主，元是南阳谨厚人。"[2]

刘秀，南阳蔡阳（今湖北枣阳西）人，汉高祖九世之孙。汉初刘邦父子兄弟四人，其家族至汉平帝时，成员已经有十余万人。[3]刘秀这样的刘姓宗室成员，并没有享受多少政治经济特权，他九岁就失去父母，被收养在叔父刘良家。据《后汉书·光武帝纪上》说，刘秀"性勤于稼穑"，好"事田业"，[4]看来是一位传统农耕经营方式的继承者。不过，刘秀在王莽天凤年间曾经前往长安读书，受《尚书》，略通儒学大义。

刘秀在长安就读期间，因为资用匮乏，曾经和同学合钱买驴，令从者代人载运，以运费补给开支。王莽地皇三年（22），南阳（郡治在今河南南阳）荒饥，刘秀当时避居新野（今河南新野），曾经卖谷于宛（今河南南阳）。从刘秀的生活经历看，他熟悉农耕业的基本形式，又有一定的儒学修养，而且能够采用较灵活的生存方式。

刘秀被族人看作"谨厚者"，有较为宽容的个人品格，又

---

① 葛承雍：《王莽新传》，西北大学出版社 1997 年 3 月版，第 15 页。
② 〔宋〕王十朋：《梅溪前集》卷一〇《咏史诗》。
③ 《汉书·平帝纪》："惟宗室子皆太祖高皇帝子孙及兄弟吴顷、楚元之后，汉元至今，十有余万人。"第 358 页。
④ 《后汉书·光武帝纪上》，第 1 页。

为人谨慎，史称"量时度力，举无过事"①。他能够团结部众，历经坎坷，终定大局，其文化资质方面的优越起到显著的作用。而东汉王朝的政治风格较为保守温和，也与刘秀的性格倾向有一定关系。

建武十七年（41）冬十月，刘秀回到家乡章陵（今湖北枣阳南），回顾往时宅院田庐，置酒作乐。当时刘姓诸母酒酣欢悦，相互夸赞刘秀年少时谨慎柔和的性情，说道，"文叔少时谨信，与人不款曲，唯直柔耳"，所以今天才能如此。刘秀听后大笑道："吾理天下，亦欲以柔道行之。"②所谓"谨信""直柔"，所谓"以柔道""理天下"，都反映了刘秀性格特征与东汉政风的关系。

元朝的建立，对于蒙古族来说，体现出政治文化的重大转变。蒙元的"开国"，可以看作从成吉思汗建立的以游牧为主体经济形式的国家向以农耕为主体经济形式的国家转化的标志。蒙古贵族在入主中原的过程中，不得不适应汉地原有的传统制度，接受汉文化的影响。元末诗人张昱《辇下曲》记述元帝国礼仪制度，其中有涉及文化建设的内容："儒臣奉诏修三史，丞相衔兼领总裁。学士院官传赐宴，黄羊湩酒满车来。""经筵进讲天人喜，宣索金缯赐讲臣。已觉圣躬忘所倦，教将古训更前陈。""文明天子念孤寒，科举人材两榜宽。别殿下帘亲策试，唱名才了便除官。""胄监诸生盛国容，大官羊膳两厨供。六经尽是君臣事，卿相才多在辟雍。""太祖雄姿自圣

① 《后汉书·光武帝纪下》，第85页。
② 《后汉书·光武帝纪下》，第68页。

152

神，一时睿断出天真。要将儒释同尊奉，宣谕黄金铸圣人。"①

忽必烈奠定的元朝政制，在很大程度上继承了中原王朝的传统政治形式，对蒙古旧制进行了重要的改革。而中原古老帝国政治生活中尊古崇圣的文化定式，也为蒙古新统治者所承袭。

据徐世隆撰《王鹗墓碑》，忽必烈"在潜邸"时，就"好访问前代帝王事迹"，王鹗当时被"朝夕接见"，"凡圣经所谓修身、齐家、治国平天下之道，无不陈于前"。②郝经《与宋国两淮制置书》也写道，忽必烈曾经"开邸以待天下士"，"访以治道，期于汤、武"。③掌握军政权力之后，注意任用儒生，下令蠲免儒户兵赋，解救被掳为奴的儒士。建立元朝之后，忽必烈"仪文制度遵用汉法"④。对于皇位继承人，他也十分注重进行汉家前代圣王治国思想的教育，要求皇太子"合看前代帝王治天下的文书"。⑤管理国家政务，也严格以儒家典籍中的先古制度为典范。当时人评价道："世祖圣明天纵，深知儒术之大，思有以变化其人而用之，以为学成于下，而后进于上，或疏远未即自达莫，若先取侍御贵近之师。是时风气浑厚，人材朴茂。"⑥

忽必烈对儒学"有选择地学习和吸收"⑦，致使元王朝在开国初期面对复杂的社会环境和民族关系，行政措施具有了一定的合理性。

<hr>

① 〔元〕张昱：《可闲老人集》卷二。
② 〔元〕苏天爵：《元名臣事略》卷一二。
③ 〔元〕郝经：《陵川集》卷三七。
④ 《元史·高智耀传》，第3073页。
⑤ 〔元〕王士点等：《秘书监志》卷五《秘书库》。
⑥ 〔元〕许衡：《鲁斋遗书》卷一四《先儒议论·虞氏邵庵语》。
⑦ 李治安：《忽必烈传》，第546页。

　　现在看来，开国皇帝的文化资质，对于国家政权建设和行政管理自然具有重要的意义，但是受传统文化影响较少的帝王，也许在政治方向的抉择和行政策略的选定等方面可以表现出更多的勇气。他们对于人才发现和人才使用如果有优异的眼光和魄力，则不妨碍借用臣下的才智为新王朝进行政治规划，并且从事行政操作。李贽评价后唐开国皇帝李存勖的继任者唐明宗李嗣源，就"唐主目不知书，四方奏事皆令安重诲读之，重诲亦不能尽读，奏选文学之臣共事，以备应对，乃以冯道、赵凤为瑞明殿学士"一段历史记录，这样评论道："你看不识字人倒好。"[1]李嗣源执政时据说政治安定，"唐主性不猜忌，与物无竞。登极之年，已逾六十。每夕于宫中焚香祝天曰：某胡人，因乱为众所推，愿天早生圣人，为生民主。[2]在位八年，年谷屡丰，兵革罕用。校于五代，粗为小康。"李贽亦就此评论："目不知书，而竟为贤主。人品岂在识字与不识字耶！"[3]

　　而原先在文化资质方面就显著优胜的政治家，如果对于社会下层生活有较多的了解，在开国历程中则无疑可以有更突出的表现。

成功的"王侯"和失败的"贼寇"

　　"成者王侯败者贼"，是中国民间俗语。

　　这句话，真切地指出了历代王朝开国史中政治竞争的激烈

---

[1] 〔明〕李贽：《史纲评要》卷二六《后唐纪》，第711页。
[2] 李贽于此批注："真心，真心。"
[3] 〔明〕李贽：《史纲评要》卷二六《后唐纪》，第713页。

与残酷。

《伯牙琴》的作者邓牧，生活于宋元之间乱世。《伯牙琴》这部书有《君道》篇，其中写道："夫惧人夺其位者，甲兵弧矢以待盗贼，乱世之事也。恶有圣人在位，天下之人戴之如父母，而日以盗贼为忧，以甲兵弧矢自卫邪？故曰：欲为尧舜，莫若使天下无乐乎为君。欲为秦，莫若勿怪盗贼之争天下。嘻，天下何常之有？败则盗贼，成则帝王。若刘汉中、李晋阳者，乱世则治主，治世则乱民也。有国有家，不思所以救之，智鄙相笼，强弱相陵，天下之乱，何时而已乎？"[1]

所谓"刘汉中、李晋阳"，正是汉高祖刘邦和唐高祖李渊这两位创建大汉王朝和大唐王朝的成功的开国皇帝。

所谓"败则盗贼，成则帝王"，后来成为人们评价政治史之成败得失的习用语。也有人引录为"成则帝王，败则盗寇"[2]。

有人说，"自古帝王受命，为逐鹿之喻，一人得之，万夫敛手"[3]。但是"得之"者和"敛手"者之间，往往经历长期的血腥争夺，成为社会生产和社会生活的严重祸害。如刘、项之间，"楚汉久相持未决，丁壮苦军旅，老弱罢转漕"。项羽对刘邦说："天下匈匈数岁者，徒以吾两人耳，愿与汉王挑战决雌雄，毋徒苦天下之民父子为也。"[4]

刘邦入关中，控制了秦地，秦王子婴投降，秦王朝灭亡。然而当共同的敌人被消灭之后，反秦武装自身随即发生了激烈

---

① 〔宋〕邓牧撰，金少华点校：《伯牙琴》，浙江古籍出版社2019年11月版，第7页。

② 柏杨：《中国人史纲》，第5页。

③ 《旧唐书·苏世长传》，第2628页。

④ 《史记·项羽本纪》，第328页。

的火并。

刘邦军先入据关中，并且在函谷关设防，已经表露出拒诸侯反秦军于关东的态度。而项羽却率军突破关防，首先开始了反秦武装内部的军事摩擦，以诸侯军共同拥戴的最高军事指挥"上将军"的身份进入关中。项羽军以四十万众的军事优势形成对刘邦军十万众的明显压迫。据说项羽因传闻刘邦据有秦宫珍宝，准备在关中建立政权，并且拟任用秦王子婴为相所激怒，接受了范增的建议，准备以武力击灭刘邦的部队。

在著名的鸿门宴上，刘邦以谦恭而灵活的反应，又因张良和樊哙的配合，使项羽放弃了当即击杀刘邦的计划。项羽以反秦军事联盟最高首领的地位，自立为西楚霸王，都彭城（今江苏徐州），又分封十八诸侯。刘邦的封地，僻在巴、蜀、汉中。其行政中心在南郑（今陕西汉中）。为了防止刘邦北上，项羽三分关中封秦降将。以章邯为雍王，管辖咸阳以西地方，都废丘（今陕西兴平）；以司马欣为塞王，管辖咸阳以东地方，都栎阳（今陕西高陵东北）；以董翳为翟王，管辖上郡地方，都高奴（今陕西延安）。

与刘邦重视以"宽大"作为政策基点相反，项羽在新安坑杀秦军降卒二十万人。入关中后，又处死秦降王子婴，火烧秦宫室。项羽简单化的粗暴的政治举措，引起了秦人的惶恐不安。所谓"项羽之暴"[1]，于是成为一种历史成见。有远见的政治家刘邦则深刻认识到秦王朝失败的教训。

当时，张楚政权的领袖陈胜、西楚霸王项羽都以建立楚

---

① 〔宋〕叶适著，沈文倬等校点：《习学记言序目》卷三三《南史·梁书》，第 477 页；〔宋〕刘敞：《设侯公说辞》，《公是集》卷四八《杂著》。

国霸业为目标，实行复国主义政策，只有刘邦注意克服狭隘的地方主义观念，致力于建立统一的帝国。同项羽与诸侯屠烧咸阳、掠货宝妇女而去截然不同，刘邦特殊信用的高级政治助手萧何入咸阳后，就抢先完整地接收了秦丞相御史府的律令图书案卷，妥为收藏。刘邦于是得以具体知晓国情和民情。

对于刘邦与项羽政治风格的不同，王夫之在《读通鉴论》中曾经发表这样的感叹："项羽之暴也，沛公之明也！"[①]

刘邦虽然先入关中，然而因兵势弱小，不能不承认项羽的军事霸权。在项羽分定十八诸侯之后，被迫以汉王身份率部众前往汉中。

项羽分封的其他诸侯，还有西魏王魏豹、河南王申阳、韩王韩成、殷王司马卬、代王赵歇、常山王张耳、九江王黥布、衡山王吴芮、临江王共敖、辽东王韩广、燕王臧荼、胶东王田市、齐王田都、济北王田安。称西楚霸王的项羽据有九郡之地，定都于彭城（今江苏徐州）。

项羽确定的这一新的政治秩序，包含有太多的不安定因素。在秦王朝以后新形成的这一政治格局，只是一个松散的军事联盟，项羽本人，只是一个临时的总指挥。柏杨批评项羽的政治设计缺乏政治家的思考。"仔细研究这一张封王的名单，项羽这个粗汉的政治头脑，竟贫乏到这种程度，使人不敢置信。他所建立的不是一个统一的国家，连'邦联'的资格都够不上，不过是一个地位互相平等的国际联盟。因为大家都是独立王国，在体制上，项羽这个国王并不能高过别的国王。查考

---

① 〔清〕王夫之：《读通鉴论》卷一《二世》，第6页。

某些新国王的原来职位，使我们发现，项羽处理这次分封，完全被自己的喜怒和他左右那些三流角色的政客所操纵，所以自己为自己制造出来不必要的严重危机。"这样的分析，是有道理的。柏杨还说："中国有句谚语：'天下本来不乱，都是低能的庸才把它搞乱的。'正是项羽先生的写照。"[1]柏杨所说到的中国谚语或许即"天下本无事，庸人自扰之"。不过，秦楚之际"天下"之"乱"，或许不能由被贬斥为"低能的庸才"的项羽一个人负责。

刘邦南下汉中，项羽允许他以三万士兵随行，其他慕从者又有数万人。刘邦军一路烧毁栈道，宣称防止其他武装力量南下侵扰，又向项羽表示无心北上发展。

当时，项羽是以松散的军事联盟首领的身份确定这一政治格局的。他的权威只是建立在军事实力强大的基础之上，没有民心的支持。他所分封的十八诸侯很快就不再服从这一权威。在诸侯各就国后，迅即发生变故。除了项羽本人废韩王韩成为侯，以及臧荼杀韩广据有其地而外，没有得到封地的齐地实力派军事领袖田荣愤而起兵迎击项羽指定的齐王田都，驱逐至于楚地，又杀胶东王田市、济北王田安，在实际上控制了齐地，于是自立为齐王。同时，彭越起兵于梁地，陈余与田荣合力击常山王张耳。项羽所封韩王、燕王、辽东王、齐王、胶东王、济北王、赵王和代王的辖地都相继发生武装变乱。各据重兵的列国诸侯之间烽烟再起。

刘邦也决策东向，争权天下，暗渡陈仓，还定三秦。

---

① 柏杨：《现代语文版资治通鉴》第 3 册《楚汉相争》，第 69 页至第 70 页。

刘邦采用张良制定的战略，在汉王元年（前206）八月起兵暗自从故道北上，袭击雍王章邯。首战陈仓（陕西宝鸡东），再战废丘（陕西兴平），一举平定雍地，随后继续东进，塞王司马欣、翟王董翳、河南王申阳相继投降。

刘邦平定三秦后致书项羽，表示只是要如约取关中之地，不敢继续东进。项羽为这一假象所迷惑，并不以刘邦为主要敌手，首先部署在齐地用兵。

刘邦又听从萧何的建议，破格提拔普通军官韩信做独当一面的主将，令他率军平定韩地。次年三月，刘邦渡河，西魏王魏豹降。汉军又占领河内，俘虏殷王司马卬。刘邦至洛阳后，为据说被项羽派人杀害的义帝发丧，以诸侯首领的身份进行攻击项羽的政治动员。不久，乘项羽主力在齐地进攻田荣之机，刘邦率诸侯联军五十六万人全力伐楚，一举攻破彭城。

项羽率三万精兵迅速回军反击，大破刘邦军。刘邦军死者二十余万人。刘邦本人仓皇西逃，其父太公以及其妻吕雉等都为楚军所拘捕。在这样的形势下，诸侯又大多背汉亲楚。

刘邦退据荥阳（今河南荥阳北）一带，收拾残部，接着得到萧何组织的关中人力的补充，军势又大振。楚汉两军在荥阳以南争战，互有胜负。项羽军屡屡断绝刘邦军往敖仓取军粮的通路，使汉军陷于窘境。而刘邦则用计使项羽猜忌疏远范增。范增愤而辞归，在行途中病逝。

汉王三年（前204），韩信以背水之阵破赵。次年，韩信定齐。由于韩信军在侧翼的配合，以及彭越军在敌后的骚扰，以致刘邦军主力虽然势弱，却成功地抵抗了项羽军使其无法西进。

项羽军与刘邦军在成皋（今河南巩义东北）、荥阳（今河南荥阳东北）、广武（今河南荥阳北）反复攻守，长期相持。于汉王四年（前203），双方约定中分天下，鸿沟以西者为汉，鸿沟以东者为楚。

也许是历史的巧合。鸿沟一线所划分的战略形势，恰巧与秦始皇即位时秦与其他六国政治军事地图的形势相似。

秦当时由西而东以武力实现了统一。刘邦再次复演了这一历史过程。

项羽军如约退兵而东。而在这时，刘邦采用张良、陈平的计谋，进兵追击项羽军。

汉王五年（前202），刘邦军又与诸侯军合击楚军，与项羽决胜于垓下（今安徽泗县西南）。项羽军兵少食尽，夜闻汉军四面皆楚歌，以为刘邦已经占领楚地，于是士气沮丧，在会战中大败。项羽本人逃至江边，因当年率江东子弟八千人渡江而西，现在无一人还，以为无面目见江东父老，于是拒绝东渡，在乌江自刎而死。

同年二月，刘邦即皇帝位。西汉王朝正式建立。

宋代史学家司马光说，"高祖奋布衣，提三尺剑，八年而成帝业。其收功之速，如是何哉？"[1]刘邦公元前209年起义，前206年推翻了秦帝国。他从事武装斗争凡七年，其中三年是参与反秦战争，而对付原先的起义战友，又打了四年的仗。而且，这后四年比前三年，可以说，战争更为激烈，对社会生产和社会生活的破坏更为残酷。

对于项羽的失败，后来的历史评论家有"羽真忠厚人"的

---

① 〔宋〕司马光：《稽古录》卷一二。

说法。又说"项羽真忠厚人，真有心肠人"，并有"上好根器"的评断。[1]《史记·项羽本纪》记载："项王已死，楚地皆降汉，独鲁不下。汉乃引天下兵欲屠之，为其守礼义，为主死节，乃持项王头视鲁，鲁父兄乃降。始，楚怀王初封项籍为鲁公，及其死，鲁最后下，故以鲁公礼葬项王谷城。"李贽也评论说："长使英雄泪满襟。忠厚人亦泪满襟。"[2]

　　曾经"定齐三年"，以武力与刘项对峙的田横，在汉并天下后以一死抗拒汉高祖的无上威权，虽败而不失英雄气，在历史上留下了千古英名。对于田横及其五百士的悲壮故事，司马迁在《史记·田儋列传》中记述："汉灭项籍，汉王立为皇帝"，"田横惧诛，而与其徒属五百余人入海，居岛中"。刘邦得知这一情形，以为田横兄弟曾经控制齐地，人望甚高，"齐人贤者多附焉，今在海中不收，后恐为乱"，于是派使者宣布赦令，召见田横。田横表示"臣恐惧，不敢奉诏，请为庶人，守海岛中"。刘邦命令属下不得加害于田横及其随从："齐王田横即至，人马从者敢动摇者致族夷！"并再次派使者召见，宣称："田横来，大者王，小者乃侯耳；不来，且举兵加诛焉。"田横于是以客二人随从前往洛阳。到了距离洛阳三十里的尸乡厩置，田横对使者说："人臣见天子当洗沐。"于是停宿尸乡厩置。又对随行客说："横始与汉王俱南面称孤，今汉王为天子，而横乃为亡虏而北面事之，其耻固已甚矣。且吾烹人之兄，与其弟并肩而事其主，纵彼畏天子之诏，不敢动我，我独不愧于心乎？且陛下所以欲见我者，不过欲一见吾面貌耳。今陛下在洛阳，今

① 〔明〕李贽：《史纲评要》卷五《汉纪》，第103页至第104页。
② 〔明〕李贽：《史纲评要》卷五《汉纪》，第118页。

斩吾头，驰三十里间，形容尚未能败，犹可观也。"于是"自刭，令客奉其头，从使者驰奏之高帝"。刘邦感叹道："嗟乎，有以也夫！起自布衣，兄弟三人更王，岂不贤乎哉！"为之流涕，于是拜其二客为都尉，发卒二千人，以王者礼葬田横。"既葬，二客穿其冢旁孔，皆自刭，下从之。"刘邦听说后，"乃大惊，以田横之客皆贤。"又派使者召田横在海中客五百人。使者至，五百客得知田横死，亦皆自杀。对于田横以及"田横之客"的事迹，司马迁以"太史公曰"的形式赞扬说："田横之高节，宾客慕义而从横死，岂非至贤！"①

后人对刘邦召五百士事，有这样的评论："方高帝时，群雄逐鹿，惟田横最得人心。至从海岛者五百人，蹈死不变，其得士可知矣。高帝汲汲欲其来，万里召之，岂真有意于报贤人哉？其意谓同心协力数百人，萃于一国，彼岂终帖帖者邪？外以礼诱之，终以兵胁之，必使之死而后已。此高帝本心也。"②

类似田横五百士的故事，又见于西晋开国史中。《太平御览》卷四一七引《魏志》："诸葛诞为镇东将军杀扬州刺史乐綝，据寿春反。遣司马昭征之，斩诞。诞麾下三百人不降。昭令曰：'不降皆斩！'众咸曰：'愿从诸葛公，死不恨矣！'每斩一人，诸人颜色不变。时人谓之'后代田横'。"③

对于田横及其五百士事迹，宋代诗人唐庚《过田横墓》诗写道："成则为王败则亡，英雄成败本寻常。沧溟无际何妨死，

---

① 《史记》，第 2647 页至第 2649 页。
② 〔宋〕费衮：《梁溪漫志》卷八《闻见后录论田横》。
③ 〔宋〕李昉等撰：《太平御览》，第 1923 页。明人王世贞《五言古诗》其四十九咏叹此事："晋昭实剪商，诞也谊弗受。麾下数百人，一一田横友。矫矫继汉龙，夫岂称魏狗。"《弇州四部稿》续稿卷四。

却死东郊未耿光。"① 元代诗人陈基有《田横墓》诗："一门兄弟王齐中，耻与群臣事沛公。五百余人同日死，也胜匹马向江东。"② 又如明人诗："伤心再睹田横客，意气凛凛填胸臆"③，也颂扬田横客"意气凛凛"。清人陈廷敬《咏汉事六首》其六写道："田横能得士，高义陵千秋。横来大者王，横来小者侯。慷慨五百人，不与韩彭侔。富贵苟不乐，沈殒遂所求。至今沧海上，天风激清流。"④ 陈廷敬作为服务于清廷的汉人学士，对于田横"清流""高义"的热切赞叹，料想一定有深沉的心理背景。

对于有关田横的历史记载，李贽就田横自杀、田横随行二客自杀、田横在海中客五百人自杀，连书三个"奇"字。又写道："五百人亦不济。田横有肝肠，亦不甚有眼。"⑤ 所谓"有眼"，当是指有政治眼光，有政治判断力。对于田横"不甚有眼"这样的评价，是很有意思的。

我们更为关注的，是"成则为王败则亡"的情形。

汉光武帝刘秀建立东汉王朝的战争历程，也同样主要体现为"群盗"之间的相互角逐。

刘秀于公元22年起兵，公元23年新莽王朝就归于覆灭。刘秀于公元25年称帝，而终于消灭公孙述的军事势力，在公元36年。也就是说，刘秀打了十四年仗，只有一年是与前朝腐朽政权作战，其余十三年，都是和当年曾经与自己一同反抗

① 〔宋〕唐庚：《眉山诗钞》，《宋诗钞》卷四六。
② 〔元〕陈基：《夷白斋稿》外集卷上。
③ 〔明〕孙承恩：《文简集》卷二〇《王梅翁从祀文山祠纪事》。
④ 〔清〕陈廷敬：《午亭文编》卷三。
⑤ 〔明〕李贽：《史纲评要》卷五《汉纪》，第119页。

新莽统治的农民军战友以及其他割据地方的友军厮杀。

刘秀经营河北时，当地有铜马、大肜、高湖、重连、铁胫、大抢、尤来、上江、青犊、五校、檀乡、五幡、五楼、富平、获索等部农民军，据说人众多达数百万。除了农民军以外，各地豪强地主武装和王莽政权残余力量结成的地方割据势力也有强固的影响。

在进军河北途中，南阳新野（今河南新野）人邓禹向刘秀建议"延揽英雄，务悦民心"[①]，以充实政治实力，扩大政治影响。颍川父城（今河南平顶山西北）人冯异发现刘秀在刘縯死后虽然不敢公开显露悲戚的心情，然而每当独居时，则不饮酒食肉，枕席往往残留泪痕，觉察到他与更始军最终必然分手，于是建议他利用独当一面的机会，尽力争取民心。刘秀接受了这些建议，所过之处注重抚慰民众，安定人心，废除王莽时代的苛政，又尽量避免杀戮，于是得到民众拥护，据说"吏人喜悦，争持牛酒迎劳"[②]。

刘秀部进展顺利，至邯郸（今河北邯郸）后，又长驱直进真定（今河北石家庄北）。刘秀到邯郸时，故赵缪王子刘林建议："赤眉今在河东，但决水灌之，百万之众可使为鱼。"[③]刘秀没有理睬这番话。刘秀到真定后，刘林于是诈以卜者王郎冒充汉成帝之子子舆，立为天子，以邯郸为都，派遣使者，控制了邯郸附近各郡国。

刘秀这时正北进征抚，至于蓟（今北京西南）。故广阳王

---

① 《后汉书·邓禹传》，第599页。
② 《后汉书·光武帝纪上》，第10页。
③ 《后汉书·光武帝纪上》，第11页。

子刘接则起兵蓟中以响应王郎。刘秀被迫出逃，沿途历经困苦，直到信都（今河北冀州）方才得到接应，脱离了险境。

刘秀征发附近诸县兵壮，得四千人，相继攻占堂阳（今河北新河北）、贳县（今河北束鹿西南）。王莽时任命的和成郡（郡治在今河北平乡西南）行政长官举郡来降，也使刘秀的军力得以壮大。此后，又有昌成（今河北冀州西北）、宋子（今河北赵县东北）民众开城归附。刘秀又北进占领了下曲阳（今河北晋州市西），流散的部下逐渐汇合，军队已经多达数万人。河北地区的豪强地主率宗族、宾客先后归附刘秀，成为刘秀安定河北的强大助力。

刘秀挥师北上进击中山，攻克其首府卢奴（今河北定县）。并移檄边部，号召共击王郎，得到诸郡县的普遍响应。刘秀军在柏人（今河北内丘东北）大破王郎大将李育，又得到上谷（郡治在今河北怀来东南）、渔阳（郡治在今北京密云西南）等郡武装的增援。更始军也派军征讨王郎。更始二年（24）五月，刘秀军攻拔邯郸，诛王郎。刘秀至此已经大体控制了河北诸郡。

更始帝刘玄立刘秀为萧王，令其罢兵南归。刘秀则借口"河北未平"拒绝从命。[1]

刘秀继续用兵河北，逐一吞灭了铜马、高湖、重连等部割据地方的农民军，当时被关西人称为"铜马帝"。

不久，刘秀派遣吴汉等袭杀更始政权的尚书谢躬，与农民军公开决裂。

165

更始军占领关中之后，各部终日以抢劫掳掠为事，一时"横暴三辅"①。刘玄住在长安长乐宫，沉浸在宫廷享乐生活中，无心理政，日夜与妇人饮宴后庭，群臣请求上奏言事，往往醉而不能见。有时实在不得已，竟然令宦者坐在帷帐中应付臣下。刘玄又大封诸王，滥授官爵，长安于是有"灶下养，中郎将；烂羊胃，骑都尉；烂羊头，关内侯"的传言。②有人建议应当变革制度，招纳英俊，因才授爵，以辅佐朝政，竟然激怒刘玄，被投入狱中。于是民众失望，"关中离心，四方怨叛"。诸将出征，往往各自委派地方行政长官，以致州郡官员交错，民众不知所从。③

更始二年（24）十二月，赤眉军西进入关，连续摧毁更始军的阻拒，进军到华阴（今陕西华阴东）。军中巫者以天神代言者的身份说：本来应当做执政者的，为什么要做"贼"呢？有人借此劝说樊崇："今将军拥百万之众，西向帝城，而无称号，名为群贼，不可以久。不如立宗室，挟义诛伐。以此号令，谁敢不服？"樊崇于是立刘氏宗室刘盆子为帝，自号建世元年。④

更始集团中有人建议勒兵掠长安以自富，东归南阳，如果再败，不妨再入湖池中为盗。刘玄否定了这一建议。于是有劫更始帝以东归的密谋。更始集团上层的政争，导致了流血事件。长安发生内乱，赤眉军占领长安，刘玄单骑出城。后来在赤眉军威逼之下，更始帝刘玄请降。

---

① 《后汉书·刘玄传》，第471页。
② 《后汉书·刘玄传》，第471页。
③ 《后汉书·刘玄传》，第472页。
④ 《后汉书·刘盆子传》，第480页

正如王夫之《读通鉴论》所说，"莽未诛，赤眉者，莽之赤眉也；莽已诛，赤眉者，汉之赤眉也。"于是刘秀政权"以新造之邦，代莽而受赤眉之巨难"。[①] 这样的已经失控的农民军势力已经成为刘秀必须解决的问题。赤眉军在长安劫夺财物，虏暴吏民。城中粮食消耗尽净，又收载珍宝，纵火焚烧宫室，引兵而西。乱军又发掘汉帝诸陵，取其宝货。赤眉军起初西走陇坂，寻找出路，在受到地方割据势力隗嚣的抵抗和风雪的袭击之后，又折返长安。赤眉军与更始军在关中反复交战，使关中社会遭到严重破坏。"时三辅大饥，人相食，城郭皆空，白骨蔽野，遗人往往聚为营保，各坚守不下。"赤眉军在掳掠无所得的情况下引而东归。当时尚有二十万众，然而行军途中，仍不断流散。[②] 公元 27 年，刘秀军在宜阳（今河南宜阳）大破赤眉军，刘盆子投降。

刘秀军在与更始军作战时，多有残暴记录，甚至刘秀集团家乡所在也不能幸免劫掠。《后汉书·岑彭传》说："更始诸将各拥兵据南阳诸城。帝遣吴汉伐之。汉军所过多侵暴。时破虏将军邓奉谒归新野，怒吴汉掠其乡里，遂反，击破汉军，获其辎重，屯据淯阳，与诸贼合从。"[③] 邓奉抗击吴汉军暴行的行为，致使刘秀亲自率军镇压。柏杨曾经就这一事件发表评论："东汉王朝皇帝刘秀先生的部队，被史书形容成一支解人民于倒悬，出人民于水深火热之中的仁义之师。而吴汉先生，又是云台绘图的名将。然而，他们对于人民的暴行，所有史书，包括《资

---

① 〔清〕王夫之：《读通鉴论》卷六《后汉更始》，第 124 页。
② 《后汉书·刘盆子传》，第 484 页。
③ 《后汉书》，第 656 页。

治通鉴》在内，都轻轻一笔带过。千千万万被这些仁义之师杀死、奸死、烧死的冤魂，死不瞑目。仅就此项事情观察，吴汉先生的暴行，连他的同僚都不忍卒睹，不惜叛变，就可了解他暴行的程度。然而《通鉴》只温良敦厚的一句：'多有侵暴行为'。"[1]应当说明，《资治通鉴》卷四〇"光武帝建武二年"的记载是"所过多侵暴"，取用的是《后汉书·岑彭传》的记录。所谓"《通鉴》只温良敦厚的一句"云云，对司马光的指责似乎不免过于苛切。

刘秀对更始军的战争，王夫之以为与刘备攻击刘璋性质是同样的。"光武之拒更始，与昭烈之逐刘璋，一也；论者苛求昭烈，而舍光武，失其平矣。"人们苛求刘备，而对于有同样行为的刘秀却不予批评，是不公平的。"刘焉之于昭烈，分不相临，光武则受更始大司马之命矣。更始起于汉室已亡之后，人戴之以嗣汉之宗社；刘焉当献帝之世，坐视宗邦之陵夷，方且据土而自尊。则焉父子有可逐之罪，而更始无之……而昭烈有辞，光武无辞矣。"[2]

刘秀一一平定各地群雄，其中正式称皇帝的，就有刘永、李宪、公孙述等。刘秀军不能常胜，战争打得十分艰苦。在公元36年吴汉占领成都，灭亡公孙述政权之后，又有一次残酷的屠城。《后汉书·光武帝纪下》记载："（建武十二年）冬十一

---

[1] 柏杨：《现代语文版资治通鉴》第11册《全国混战》，中国友谊出版公司1985年10月版，第69页至第70页。柏杨还写道："我们歌颂邓奉先生，歌颂他敢于反抗暴政，不惜叛变。中国历史上的暴政特多，都是被中国人苟且求全，和懦弱无能性格宠出来、惯出来、培养出来、鼓励出来的。中国人如果多出来几个邓奉先生，暴君暴官就一定大为减少。"

[2]〔清〕王夫之：《读通鉴论》卷六《后汉更始》，第125页。

168

月戊寅，吴汉、臧宫与公孙述战于成都，大破之。述被创，夜死。辛巳，吴汉屠成都，夷述宗族及延岑等。"①《后汉书·公孙述传》写道："述以兵属延岑，其夜死。明旦，岑降吴汉。乃夷述妻子，尽灭公孙氏，并族延岑。遂放兵大掠，焚述宫室。帝闻之怒，以谴汉。又让汉副将刘尚曰：'城降三日，吏人从服，孩儿老母，口以万数，一旦放兵纵火，闻之可为酸鼻！尚宗室子孙，尝更吏职，何忍行此？仰视天，俯视地，观放麛啜羹，二者孰仁？良失斩将吊人之义也！'"②延岑在投降之后，又被族灭，是典型的杀降行为。刘秀的表态，补充了史书关于事件细节记载的不足。柏杨读《资治通鉴》，就这一段历史又有如下评论："如果没有刘秀先生的诏书，我们只知道吴汉先生屠城而已，当然是在血战的愤怒之下，兽性一时无法遏止。然而，从刘秀先生的诏书中，可以发现，吴汉先生的屠城令，却发生在接收成都两天之后，在这两天中，吴汉先生露出的是满面笑容，直等到布置妥当，男女老幼，都在欢乐中对吴汉先生充满感恩图报之时，他却突然翻脸。忍不住有一种困惑：暴君暴官迫害人民，一向勇敢。但对于没有自卫能力，而又已经屈服的俘虏，跟妇女和孩童，却公然无惧地大规模下此毒手，只有专制封建政府才做得出。"所谓"满面笑容"，所谓"感恩图报"，都是文人的想象。然而对连刘秀都说"闻之可为酸鼻"的杀降屠城暴行进行揭露和批判，表露出绝对的历史正义之心。柏杨又揪出吴汉在新野"多侵暴"的恶行，再次进行斥责："我们认为，吴汉先生身上流有畜生的血液，东汉大将邓奉先生，就是

---

① 《后汉书》，第 59 页。
② 《后汉书》，第 543 页。

被他的暴行逼反，而他并没有任何改正。"

柏杨的另一段话，也可以启发我们深思。他说："吴汉所统御的野兽集团，是正统的'王者之师'——万人称颂、铲除暴政、吊民伐罪的'王者之师'，反抗他们的就是盗贼。"[1] 每一个新的王朝创立时，都有这样的"王者之师"和"盗贼"的战争。且不说与"王者"同样曾经反抗旧王朝的"盗贼"们被征伐，被剿灭，广大民众，包括数以万计的"孩儿老母"们，在这样的战争中流血死亡。这就是开国史。这就是开国君主和他的"王者之师"的功业。

刘秀称帝之后，尚有强大的割据政权难以在短时期内平定。有学者说，"赤眉到了建武三年春完全为刘秀所平定"，此后尚有"相当于今甘肃四川的全部和河北山东江苏的各一小部分"尚未由刘秀控制。"这些版图缺角的补足，是他以后十年间从容绰裕的事业。"[2] 虽然说"从容绰裕"，但是长达十年之久的征服共同对付王莽的盟友们的统一战争，依然是十分艰苦的。

明人宋濂评价诸葛亮辅佐刘备立国的历程，说道："孔明奉昭烈于艰难之中，尺地、一民皆夺之于群盗之手，徒以大义震撼天下，裂天下而三分之。"[3] 所谓土地人口"皆夺之于群盗之手"，是符合正统史学认识对于乱世起家的帝王们之政治争夺史的解说的。

王夫之在《读通鉴论》中评价唐高祖李渊，有这样的分

---

① 柏杨：《现代语文版资治通鉴》第12册《马援之死》，第14页。
② 张荫麟：《中国史纲》，上海古籍出版社1999年12月版，第224页。
③ 〔明〕宋濂：《静学斋记》，《文宪集》卷三《记》。

析："唐之为余民争生死以规取天下者，夺之于群盗，非夺之于隋也。"这是因为，"隋已亡于群盗，唐自关中以外，皆取隋已失之宇也"[①]。实际上，隋王朝的执政者隋炀帝已经在公元618年死去，随后恭帝杨侑和越王杨侗已经不具有行使政治统治的实力。唐高祖李渊在作了数次尊隋的表演之后终于在公元618年称帝。唐王朝的开国，实际上是在全力进行征伐各地"群盗"的战争历程中实现的。对薛举的战争，对刘武周的战争，对王世充的战争，对窦建德的战争，对刘黑闼的战争……李渊、李世民、李建成们在征服"群盗"连年战争的血泊中，建立了唐帝国的基础。后来若干年创造的所谓"盛世"，也是在与战争牺牲与破坏的历史对比中形成的。

这样的战争，一胜一负，一成一败，胜利者成为帝王，失败者被斥为"群盗"。对于李世民战胜薛举、薛仁杲的胜利，有学者这样分析："在天下大乱的年代里，英雄和土匪是并生的。英雄和土匪的区别，不在于谁的兵力强大，也不在于一两次战役的输赢，关键是看志向有多大，目标有多远。"论者又写道："与薛氏父子相比，我们不难明白，为何他们终将败亡，而李唐得以统一天下。没有家国和天下的关怀、没有全局和长远眼光的政权，在历史大潮中，只能是昙花一现，最终无疑将会被淘汰。"[②]

如果我们回到当时的历史氛围之中，以平视"英雄"与"群盗"的视角来看开国史上类似的场景，也许是有意义的。也许"英雄和土匪的区别"，本身就是一个没有意义的问题。

---

① 〔清〕王夫之：《读通鉴论》卷二〇《唐高祖》，第572页。
② 刘后滨等：《大唐开国》，第119页。

或许失败的也有"英雄",成功的也有"土匪",而成功的"土匪"又在千百年历史记载有心和无心的装饰作用下,成就为"英雄"。在某种意义上,"志向有多大,目标有多远",也许并不是决定存亡与胜负的关键。历史因素非常复杂。我们在这里更为关注的,是开国帝王怎样翦平群雄,建立了新的王朝,而"群雄"又被称作"群盗",以悲剧结局陪衬着帝王的政治光荣。

　　明王朝的创始者朱元璋平定天下,"奋起淮右,首定金陵,西克湖湘,东兼吴会,然后遣将北伐,并山东,收河南,进取幽燕,分军四出,芟除秦晋,讫于岭表,最后削平巴蜀,收复滇南。禹迹所奄,尽入版图,近古以来所未有也"[1]。据《明史·太祖纪三》记载:"帝天授智勇,统一方夏,纬武经文,为汉、唐、宋诸君所未及。当其肇造之初,能沉几观变,次第经略,绰有成算。"这位大明洪武皇帝曾经与诸臣论取天下之略。朱元璋说:"朕遭时丧乱,初起乡土,本图自全。及渡江以来,观群雄所为,徒为生民之患,而张士诚、陈友谅尤为巨蠹。士诚恃富,友谅恃强,朕独无所恃。惟不嗜杀人,布信义,行节俭,与卿等同心共济。初与二寇相持,士诚尤逼近,或谓宜先击之。朕以友谅志骄,士诚器小,志骄则好生事,器小则无远图,故先攻友谅。鄱阳之役,士诚卒不能出姑苏一步以为之援。向使先攻士诚,浙西负固坚守,友谅必空国而来,吾腹背受敌矣。二寇既除,北定中原,所以先山东、次河洛,止潼关之兵不遽取秦、陇者,盖扩廓帖木儿、李思齐、张思道皆百战

────────────────

[1]　〔清〕张廷玉:《明史地理志序》,《皇清文颖》卷一七。

之余，未肯遽下，急之则并力一隅，猝未易定，故出其不意，反旆而北。燕都既举，然后西征。张、李望绝势穷，不战而克，然扩廓犹力抗不屈。向令未下燕都，骤与角力，胜负未可知也。"

《明史》的编纂者写道："帝之雄才大略，料敌制胜，率类此。故能戡定祸乱，以有天下。语云'天道后起者胜'，岂偶然哉。"[①] 其所谓"戡定祸乱"，竟然主要是对付一同反抗元王朝暴政的起义"群雄"。被朱元璋称作"巨蠹""二寇"的张士诚、陈友谅部，以及其他部队，其实都曾经是朱元璋反元的友军。

还有一种曾经非常通行的说法，值得我们在进行目前的讨论时关注。

这就是，新王朝的开国者，都是窃取了农民战争胜利的果实。这种说法，也是在如下观念的基础上形成的："在中国封建社会里，只有这种农民的阶级斗争、农民的起义和农民的战争，才是历史发展的真正动力。……这种农民起义和农民战争得不到如同现在所有的无产阶级和共产党的正确领导，这样，就使当时的农民革命总是陷于失败，总是在革命中和革命后被地主和贵族利用了去，当作他们改朝换代的工具。""而多数朝代的更换，都是由于农民起义的力量才能得到成功的。"[②]

比如，有学者说："随着秦王朝的灭亡，项羽和刘邦由农民起义领袖演变为封建势力的代表，他们之间的战争，已属于

① 《明史·太祖本纪三》，第 55 页至第 56 页。
② 《中国革命和中国共产党》，《毛泽东选集》，第 588 页，第 586 页。

不同的封建集团之间、为争夺农民革命胜利果实而展开的斗争。斗争的结果，刘邦打败了项羽。……开始了统一的西汉王朝的历史。"西汉末年的农民起义……斗争的成果为刘秀豪强地主集团所篡夺。"① 或说："新末农民革命的英雄们，以无畏精神，前仆后继，英勇顽强，经过六年苦战，终于推翻了王莽的残暴统治"，"以刘秀为首的南阳豪族地主集团""窃夺了农民革命的胜利果实，重建了封建王朝"。②

而朱元璋建立了明王朝的政治表现，则被定义为"由农民军领袖蜕变成为封建地主阶级的总代表"。③

这种对历史的表述，在人们已经普遍摈弃简单化、公式化和贴标签式的历史解说方式的今天，已经不为多数史学研究者所认可。

---

① 张绍良、郑先进等:《中国农民革命斗争史》，求实出版社 1983 年 6 月版，第 18 页，第 39 页。
② 孟祥才:《王莽传》，天津人民出版社 1982 年 12 月版，第 183 页。
③ 张绍良、郑先进等:《中国农民革命斗争史》，第 265 页。

水榭人物画像石（东汉）。山东微山两城镇出土。上层四个披发仙人骑兽向左行，下层刻水榭楼台、垂钓、观鱼、人首鸟身神医治病和六博等。现藏山东曲阜孔庙。

一个新的王朝建立，起初往往有一系列新的政治动作。开国君王往往会提出新的执政纲领，确定新的制度，颁布新的法令，推行新的政策。这些措施会影响国家的走向，也会影响社会的安危，经济的盛衰，以及政治的成败。不同的王朝史，有些迹象是共同的。

"杀功臣之讥"："狡兔死，走狗烹"

刘邦之所以能够于垓下一役，终于战胜项羽，建立了西汉王朝，很重要的原因是能够依靠他最亲信的基本干部即汉王朝的重要功臣。刘邦出身楚地平民，然而却能够以宽怀之心行政。他曾经和臣下就"我为什么能够据有天下，项羽为什么终于失去天下"进行讨论。有的将领回答道，刘邦能够"与天下同利"，项羽则妒贤嫉能，对于有功者忌害，对于贤者怀疑，功臣不能得到实际的利益，这是他所以失去天下的原因。刘邦则指出，这种见解是知其一，不知其二。他说，运筹策帷帐之中，决胜于千里之外，我不如张良；管理国家，抚定百姓，筹集运输军需给养，我不如萧何；统率百万之军，战必胜，功必取，我不如韩信。他们三人，都是人中俊杰，然而我能够用之，这就是我所以能够取天下的原因。项羽有一范增而不能用，所以最终为我所击败。[①]

秦王朝的国家行政体制建筑在军功贵族政治的基地之上。这对于以宗法制为主体的先秦政制传统，已经表现出历史的革

---

① 参见《史记·高祖本纪》，第381页。

新。但是政体的基本形式，从某种意义上来说，仍然大致是先秦国家体制的修改和放大。考察汉初政治格局，则可以发现一种平民风格。

刘邦本人出身平民，在秦时任过亭长。他的功臣集团大多出身低微，除了张良家世高贵而外，其余多为所谓"亡命无赖之徒，立功以取将相"者。萧何、曹参、任敖、周苛都是基层政权的普通小吏，陈平、王陵、陆贾、郦商、郦食其、夏侯婴等都是一般平民，樊哙是屠狗者，周勃是织席、吹箫服务于丧事者，灌婴是卖织品的小贩，娄敬是挽车的普通役人。清代历史学者赵翼总结西汉初期政治结构，曾经称此为"汉初布衣将相之局"。他同时指出，这种打破贵族政治传统定式的"前此所未有"的新的政治格局的形成，具有重要的历史意义，由此可以说明，"盖秦汉间为天地一大变局"。[①]

赵翼在《廿二史札记》卷二写道，自古以来，都是封建诸侯，各君其国，卿大夫也世袭其官，成例相沿，视为固然。后来这种政治格局积弊日甚，暴君荒主，于是以残虐之心役使民众，没有任何力量可以约束限制；而强臣大族又篡弑相仍，政治斗争激烈，以致祸乱不已。这样的政治形势是不能不改变的，但是数千年来世侯世卿之局，一时也难以迅速扭转。战国晚期，这种贵族政治体系实际上已经动摇，不过，新的政治体制的面貌尚不明朗。秦开一统之局，政体焕然一新，但是，"虽无世禄之臣，而上犹是继体之主也"。大臣的任用虽然已经打破"世禄"的传统，而最高统治者依然是王族世袭。历史走到

---

① 〔清〕赵翼著，王树民校证:《廿二史札记校证》，第36页。

汉初，新王朝之气象大变，似乎"天意"显示"另换新局"，新的政治体制得以开创，"天之变局，至是始定"。而且新的贵族在高度集权的中央政府统治之下，权位随时可以消除。于是三代以来世侯世卿之陈旧政统，被历史潮流荡除净尽。[①]后来的社会阶层，出现了上下流动的可能。

看来，当时的官僚阶层在一定程度上比较能够接近社会下层，作风也与后世有所不同。萧何以丞相之尊，置田宅时，专门挑选穷僻之处，经营宅第，并不大兴土木。他说，后世如果贤良，则一定会效法我的俭朴；如果不贤良，家产也不至于为强势之家所侵夺。[②]汉王朝建国之初，朝廷仪礼简省，据《史记·刘敬叔孙通列传》说，当时朝中往往"群臣饮酒争功，醉或妄呼，拔剑击柱"[③]，这一情形，也在一定程度上反映了新建立的西汉王朝政风的平易。

汉高帝十一年（前196），宣布士卒当年跟随入蜀、汉、关中的，终身免除徭役。刘邦早期军事集团成员的特权，又得到进一步的确定。几位力战数年，与刘邦合力击败项羽的主要功臣被封为诸侯王。

韩信封楚王，都下邳（江苏邳州市南）。彭越封梁王，都定陶（今山东定陶）。韩王信封韩王，都阳翟（今河南禹州）。吴芮封长沙王，都临湘（今湖南长沙）。淮南王英布、燕王臧荼、赵王张耳等，仍保持原有的政治地位，拥有控制地方的行政权力。

---

① 〔清〕赵翼著，王树民校证：《廿二史札记校证》，第36页。
② 《史记·萧相国世家》："何置田宅必居穷处，为家不治垣屋。曰：'后世贤，师吾俭；不贤，毋为势家所夺。'"第2019页。
③ 《史记》，第2722页。

刘邦分封异姓功臣，是因为他们已经拥兵据地，对于这一既成事实不能不承认的缘故。

异姓诸侯王国的存在，显然和专制皇权有直接的矛盾。于是刘邦待时机成熟，从高帝六年（前201）起，开始逐一翦灭异姓诸侯。

楚王韩信首先被降封为淮阴侯。同年，改以太原郡为韩国，徙韩王信王之，都马邑（今山西朔州）。在与匈奴作战时，韩王信被围困于马邑，派使者与匈奴议和。汉朝廷疑心韩王信有二心，派使者前往责问。韩王信心存畏惧，于是向匈奴投降。汉高帝九年（前198），赵王张敖被废。汉高帝十一年（前196），韩信、彭越相继被杀。淮南王英布起兵与中央政权对抗，于次年败死。

韩信以谋反罪被刘邦逮捕时，曾经高声大呼："天下已定，我固当烹！"[1]所谓"狡兔死，走狗烹；蜚鸟尽，良弓藏"，是古代政治生活的带有某种规律性的现象。清代学者王士禛讨论"古来功臣之冤"时曾说："所谓'兔死狗烹，鸟尽弓藏'，读书尚论者不能不抚膺流涕也。"这一情形，可以说是"万古不易定案"。[2]

吕后为人有谋略且性格刚毅而狠厉，在刘邦翦除异姓诸侯王时曾经临事决断，发挥了重要的作用。高帝十年（前197），刘邦率军平定陈豨叛乱，吕后留守长安，听说韩信有诈赦诸官徒举事策应陈豨的企图，于是与萧何商议，谎称前线来报陈豨已死，令韩信入宫贺。韩信入宫，被处死于长乐宫钟室，并夷

① 《史记·陈丞相世家》，第2057页。
② 〔清〕王士禛：《居易录》卷二四。

灭三族。刘邦击陈豨时，至邯郸，向都于定陶（今山东定陶）的梁王彭越征兵，彭越称病，只派遣属将率兵前往，刘邦怒，废彭越为庶人，徙居蜀地。彭越行至郑（今陕西华县），路遇东行前往雒阳（今河南洛阳东）的吕后，自言无罪，请求徙处昌邑（今山东金乡西）。吕后以为彭越至蜀则此自遗患，于是与俱往雒阳。随后又指使人诬告彭越谋反，夷灭其家族。

《新序》卷一〇《善谋》说："（汉王）诛三秦王，定其地，收诸侯兵，讨项王，定帝业，韩信之谋也。"[1] 后来人们基本认同这样的说法。宋人洪迈曾经写道："汉高祖有天下，韩信之力为多。"[2] 周行己认为："夫西汉之兴，始于韩信之一言。"[3] 陈渊也说："汉之所以定三秦、擒项羽者，韩信之策也。"[4] 程珌说："汉之创业，韩信之功也。"[5] 有人指出，所谓韩信谋反，是一大历史冤案。清人朱尊彝《韩信论》写道："或曰：'韩信之反信乎？'曰：'信不反也。''何以知之？''于信之报漂母知之也。方信在淮阴，一市咸笑其怯，母独为进食，宜其有知己之感，千金之报，不为重也。迨于楚，为郎中，投汉为都尉，至此而天下遂无一人知己者，此信所由亡也。当其时豪杰并起，可与就天下者，惟楚汉。信之亡，将安往哉？盖惟有穷饥于深山以没世焉尔。何也？彼其视郎中、都尉之遇，甚于胯下之辱也。乃高帝一闻萧何之言，不特赦其罪，且以为大将。又设坛场，具礼召居上座。自古君臣相遇之隆，未有若高帝之于信也。其知己之

---

① 〔汉〕刘向编著，石光瑛校释，陈新整理：《新序校释》，第 1277 页。
② 〔宋〕洪迈：《容斋随笔》五笔卷一《人臣震主》。
③ 〔宋〕周行己：《浮沚集》卷三《策·两汉兴亡》。
④ 〔宋〕陈渊：《默堂集》卷一六《上皇帝书》。
⑤ 〔宋〕程珌：《洺水集》卷二《奏疏·轮对札子》。

感，虽菹醢其身不惜。彼武陟蒯通之言，曾何足以动心哉！天下已定，信未尝有纤毫之过，而陈平倡伪游之邪说，无故贬爵，使与绛、灌并列，其与郎中、都尉之遇何异？欲禁其无怨望之言，难矣。彼吕后者，包藏祸心，以为信不死必不为所用，由是文致其辞，戮之钟室。史遂附会其说，谓与陈豨有执手之言。呜呼，以信用兵之神，众寡莫测，欲反则反耳，何藉豨为？信之视豨犹绛、灌之属，不屑与之言者也。'然则信悔不用蒯通之心，非二心何？'曰：'信之言曰：衣人之衣者，怀人之忧；食人之食者，死人之事。信为高帝所杀，则虽菹醢无憾。其为是言者，深憾为女子所卖也。不然，以漂母一饭之不忘，忍负解衣推食之高帝哉？豫让之死也，曰：中行众人畜我，我故众人报之；智伯国士遇我，我故国士报之。贾生以让行同狗彘，而能抗节若是。孰谓信也行乃出豫让下哉！"①

　　论者以为，通过韩信对漂母报恩的故事，可以推知韩信对刘邦同样深心感动，而即使有心谋反，以其军事家的素质，不至于采用拙劣的策略。这样的分析，是有一定的说服力的。

　　宋人王质作《汉高帝论》，其中主要文字在讨论刘邦与韩信的微妙关系。他写道："嗟夫，君臣而至于交相负者，未有不自疑生者也。汉景帝疑吴王濞，而吴王濞反。齐显祖疑侯景，而侯景反。唐废帝疑石敬塘，而石敬塘反。彼其一旦而乖君臣之分，相与争死生成败于干戈锋镝之间，虽甚暴戾凶嚚之人，岂其心乐为也？夫惟有所不得不为而后至于为。故尝谓韩信非负汉者也。谓韩信非负汉者，当日挈手绕庭之计胡为而发哉？

————————————————————
①〔清〕朱彝尊：《曝书亭集》卷五九《韩信论》。

要之，其初非负汉者也，方其去楚而归汉，解衣推食之恩，韩信未尝一日忘也。安知其终至此哉？嗟乎，使韩信至于负汉，则高帝疑之之过也。"①以为刘邦的猜忌，导致了韩信的二心。

对于刘邦处置韩信的方式，王夫之有这样的评论：

> 汉王甫破项羽，还至定陶，即驰夺韩信军，天下自此宁矣。大敌已平，信且拥强兵也何为？故无所挟以为名，而抗不听命，既夺之后，弗能怨也。如姑缓之，使四方卒有不虞之事，有名可据，信兵不可夺矣。夺之速而安，以奠宗社，以息父老子弟，以敛天地之杀机，而持征伐之权于一王，乃以顺天休命，而人得以生。
>
> 且信始不从蒯彻之言与汉为难者，项未亡也。三分天下，鼎足而立，蒯彻狂惑之计耳。昔者韩尝以此持天下之纵横，然吞于秦而不救，其覆轨矣。信反于齐，则张耳扼其西，彭越控其南，鼎足先折而徒为天下蟊贼。信知其不可而拒彻，计之深也。项王灭，汉王倦归于关中，信起而乘之，乃可以得志。彻之说，信岂须臾忘哉？卞庄子小死大毙一举而两得之术，俟时而发，发不旋踵矣。其曰"不忍背汉"者，姑以谢彻耳。削王而侯，国小而无兵，尚欲因陈豨以发难；拥三齐之劲旅，西向而虎视，尚谁忌哉？②

---

① 〔宋〕王质：《雪山集》卷四《论·汉高帝论》。

② 〔清〕王夫之：《读通鉴论》卷二《汉高帝》，第13页至第14页。王夫之又以刘邦与韩信故事同赵匡胤与石守信、高怀德等故事相比较："或曰宋太祖之夺藩镇也类此。而又非也。信者，非石守信、高怀德之俦也。割地而王，据屡胜之兵，非陈桥拥戴之主也。故宋祖惩羹吹齑而自弱，汉高拔本塞源以已乱，迹同而事异。其权不在形迹之间也。"

对于刘邦在项羽主力被歼灭后于定陶"驰夺韩信军"事，王夫之以为意义在于消除了不安定因素，"天下自此宁矣"。他说，大敌已平，韩信拥有强兵要做什么呢？王夫之还指出，"驰夺韩信军"之"驰"，或所谓"夺之速"，在于不失时机，"如姑缓之"，则可能发生意外事变，以致成为"信兵不可夺矣"的特殊因素，或可作为"抗不听命"的借口。"夺之速而安"，可以安定宗社，可以使父老子弟得以休息，可以限抑"天地之杀机"，使社会免除战火灾难，使民众得以安生。

蒯通曾经建议韩信举兵与刘邦抗衡。《史记·淮阴侯列传》记载："齐人蒯通知天下权在韩信，欲为奇策而感动之，以相人说韩信"，谓"相君之背，贵乃不可言"。蒯通说："天下初发难也，俊雄豪桀建号一呼，天下之士云合雾集，鱼鳞杂沓，熛至风起。当此之时，忧在亡秦而已。今楚汉分争，使天下无罪之人肝胆涂地，父子暴骸骨于中野，不可胜数。楚人起彭城，转斗逐北，至于荥阳，乘利席卷，威震天下。然兵困于京、索之间，迫西山而不能进者，三年于此矣。汉王将数十万之众，距巩、雒，阻山河之险，一日数战，无尺寸之功，折北不救，败荥阳，伤成皋，遂走宛、叶之间，此所谓智勇俱困者也。夫锐气挫于险塞，而粮食竭于内府，百姓罢极怨望，容容无所倚。以臣料之，其势非天下之贤圣固不能息天下之祸。当今两主之命县于足下。足下为汉则汉胜，与楚则楚胜。臣愿披腹心，输肝胆，效愚计，恐足下不能用也。诚能听臣之计，莫若两利而俱存之，三分天下，鼎足而居，其势莫敢先动。夫以足下之贤圣，有甲兵之众，据强齐，从燕、赵，出空虚之地而制其后，因民之欲，西乡为百姓请命，则天下风走而响应矣，孰敢不听!割大弱强,以立诸侯,诸侯已立,天下服听而归德于齐。案齐之故,有胶、泗之地,怀诸侯以德,深拱揖让,则天下之君王相率而朝于齐矣。盖闻天与弗取,反受其咎;时至不行,反受其殃。愿足下孰虑之。"韩信则说:"汉王遇我甚厚,载我以其车,衣我以其衣,食我以其食。吾闻之,乘人之车者载人之患,衣人之衣者怀人之忧,食人之食者死人之事,吾岂可以乡利倍义乎!"蒯通警告韩信"人心难测",又说"今足下戴震主之威,挟不赏之功,归楚,楚人不信;归汉,汉人震恐:足下欲持是安归乎?夫势在人臣之位而有震主之威,名高天下,窃为足下危之。"韩信谢曰:"先生且休矣,吾将念之。"数日之后,蒯通再次劝说韩信,希望他当机立断:"夫听者事之候也,计者事之机也,听过计失而能久安者,鲜矣。听不失一二者,不可乱以言;计不失本末者,不可纷以辞。夫随厮养之役者,失万乘之权;守儋石之禄者,阙卿相之位。故知者决之断也,疑者事之害也,审豪牦之小计,遗天下之大数,智诚知之,决弗敢行者,百事之祸也。故曰'猛虎之犹豫,不若蜂虿之致螫;骐骥之局躅,不如驽马之安步;孟贲之狐疑,不如庸夫之必至也;虽有舜禹之智,吟而不言,不如喑聋之指麾也'。此言贵能行之。夫功者难成而易败,时者难得而易失也。时乎时,不再来。愿足下详察之。"韩信依然"犹豫不忍倍汉,又自以为功多,汉终不夺我齐",于是拒绝了蒯通。后来,"汉王之困固陵,用张良计,召齐王信,遂将兵会垓下。项羽已破,高祖袭夺齐王军"。韩信最终被杀害。临终有对不听从蒯通建议表示悔恨的言辞:"吕后使武士缚信,斩之长乐钟室。信方斩,曰:'吾悔不用蒯通之计,乃为儿女子所诈,岂非天哉！'"①

王夫之说，韩信所以拒绝蒯通的计谋，是当时形势所决定。"信始不从蒯彻之言与汉为难者，项未亡也。""信知其不可而拒彻，计之深也。"而韩信与陈豨的配合，表明"不忍倍汉"并非真心实意。

刘邦铲除异姓诸侯王的措施，其实并不能真正使得政局安定。有学者说："在高帝看来，清一色的刘家天下比之宗室的异姓杂封的周朝，应当稳固得多了。但事实并不然。他死后不到二十年，中央对诸侯王国的驾驭，已成为问题。"②

苏轼曾经写道："昔田横，齐之遗虏，汉高祖释郦生之憾，遣使海岛，谓横来，大者王，小者侯，犹能以力自刭，不肯以身辱于刘氏。韩信以全齐之地，束手于汉而不能死于牖下。自古同功一体之人，英雄豪杰之士，世乱则藉以剪伐，承平则理必猜疑。与其受韩信之诛，岂若死田横之节也哉。"③

晋元帝时，御史中丞周嵩上疏，其中写道："光武以王族奋于闾阎，因时之望，收揽英奇，遂续汉业，以美中兴之勤。及天下既定，颇废黜功臣者。何哉？武力之士不达国体，以立一时之功，不可久假以权势。其兴废之事亦可见矣。"④所谓"武力之士不达国体"，也许是基本符合当时的具体情形的。

《论衡·定贤》写道："以权诈卓谲，能将兵御众为贤乎？是韩信之徒也。战国获其功，称为名将；世平能无所施，还入

① 《史记·淮阴侯列传》，第2623页至第2625页。
② 张荫麟：《中国史纲》，第175页。
③ 〔宋〕苏轼：《东坡全集》卷一〇〇《拟作二首·拟孙权答曹操书》。
④ 《晋书·周嵩传》，第1659页。

祸门矣。高鸟死，良弓藏；狡兔得，良犬烹。权诈之臣，高鸟之弓，狡兔之犬也。安平身无宜，则弓藏而犬烹。安平之主，非弃臣而贱士，世所用助上者，非其宜也。向令韩信用权变之才，为若叔孙通之事，安得谋反诛死之祸哉？"①关于"韩信之徒""入祸门"故事，王充分析说，并不是人主"弃臣而贱士"，而是因为"世所用助上者，非其宜也"，他们的才能智慧，已经不适宜于在新的政治形势下发挥效能了。也就是说，"世平"时代已经与"战国"时代不同，在新的政治形势下，"战国获其功"的"名将"，已经"能无所施"，对于作为"安平之主"的帝王，对于新的王朝，已经没有用处了。所谓"世所用助上者"，已经另有其人。如果韩信能够"用权变之才"，行"叔孙通之事"，怎么可能"得谋反诛死之祸"呢？他们不能在"世平"时代有"所施"，而只有影响安定的威胁，于是自然会走入"祸门"。

《容斋随笔》五笔卷一《人臣震主》专门讨论了功臣是否有可能威胁君王的地位这一问题。洪迈写道："人臣立社稷大功，负海宇重望，久在君侧，为所敬畏，其究必至于招疑毁。汉高祖有天下，韩信之力为多。终以挟不赏之功，戴震主之威，至于诛灭。霍光拥昭立宣，势侔人主，宣帝谒见高庙，光从骖乘，上内严惮之，若有芒刺在背。其家既覆，俗传之曰：'威震主者不畜，霍氏之祸，萌于骖乘。'周亚夫平定七国，景帝怒其固争栗太子，由此疏之。后目送其出，曰：'此鞅鞅，非少主臣也。'讫以无罪杀之。谢安却符坚百万之众，晋室复存，

---

① 黄晖撰：《论衡校释》（附刘盼遂集解），中华书局1990年2月版，第1115页。

功名既盛，险诐求进之徒多毁短之。孝武稍以疏忌，又信会稽王道子之奸扇，至使避位出外，终以至亡。齐文宣之篡魏，皆高德政之力。德政为相，数强谏，帝不悦。谓左右曰：'高德政恒以精神凌逼人。'遂杀之，并其妻子。隋文帝将篡周，欲引高颎入府。颎忻然曰：'愿受驱驰，纵公事不成，亦不辞灭族。'及帝受禅，用为相二十年，朝臣莫与为比。颎自以为任寄隆重，每怀至公，无自疑意。积为独孤皇后、汉王谅等所谮，帝欲成其罪，既罢之后，至云：'自其解落，暝然忘之，如本无高颎，不可以身要君，自云第一也。'迨于炀帝，竟以冤诛。郭子仪再造王室，以身为天下安危，权任既重，功名复大。德宗即位，自外召还朝，所领副元帅诸使悉罢之。李晟以孤军复京城，不见信于庸主，使之昼夜泣，目为之肿。卒夺其兵，百端疑忌，几于不免。李德裕功烈光明，佐武宗中兴，威名独重。宣宗立，奉册太极殿。帝退谓左右曰：'向行事近我者，非太尉邪？每顾我，毛发为之森竖。'明日罢之，终于贬死海外。若郭崇韬、安重诲皆然也。"[1]功臣的"鞅鞅"意态，使帝王不安。至于所谓"挟不赏之功，戴震主之威"，"以精神凌逼人"，更使得他们感觉到"若有芒刺在背"，"毛发为之森竖"，终于由"敬畏"而"疏忌""疑毁"，最后甚至可以下毒手杀害。

又宋人吴曾《能改斋漫录》有"高祖用良平韩信"条，其中写道："宋景文公云：或讥汉高祖非张良、陈平不能得天下，宋曰：不然。良、平非高祖不能用。夫智高于良、平乃能听其谋。至项羽不知用范增，则败矣。予以为景文徒知其一耳。独

---

① 〔宋〕洪迈：《容斋随笔》卷一《人臣震主》。

不见韩信之言乎？方信之被擒也，互论其长，信曰：陛下不善将兵，而善将将。嗟乎！不知高祖胸中能著几韩信耶？"[1] 开国君王与功臣的关系就是这样。他们能用功臣，也能驾驭功臣，决定功臣的穷达与死生。

清人王士禛曾经发表为明代开国功臣傅友德的悲剧人生深表不平的文字。他写道：

> 予尝疑傅颖公友德之贤，中山而外，无与伦比，其平滇、平蜀功尤最诸将。而卒不免猜忌，以无罪死，古来功臣之冤，未有如颖公之甚者。公宿州人。予尝过宿，凭吊而悲之，赋诗云："跃马千山外，呼鹰百战场。平芜何莽苍，云气忽飞扬。寂寂通侯里，沉沉大泽乡。颖川汤沐尽，空羡酇侯王。"陈涉亦宿人。汉高帝犹为涉置守冢。以颖公之贤，且有大功于明，而食报顾远不逮涉，故悲之也。

> 适读海宁朱一是所作《傅颖公传后记》，略云：洪武末，胡蓝二狱之后，旧臣、宿将有方面之勋者惟颖公、宋公（冯胜）在。而宋公将略不及颖公，心之纯白亦不及颖公也。颖公，开平后一人耳。高皇帝必欲去之者，何故？其时帝春秋高，皇太孙幼，不无汉景疑亚夫之心。然颖公死，而少帝之长城坏矣。

> 汉高杀功臣，与高帝类，然犹能存周勃、陈平定吕氏之乱，而高帝不能存一颖公以拒靖难之师。其始之深防过计，凡以为少帝，而少帝适用此亡。虽贻谋之不善，要

---

[1] 〔宋〕吴曾：《能改斋漫录》卷一〇《议论》。

之有天意焉。天命在太宗，欲不亡少帝，不可得也。天欲
亡少帝，欲不杀颍公，不可得也。郑晓《吾学编》，国书
之善者也。别颍公于宋公，列诸名臣，悼颍公之为纯臣
也。又云：考其过恶，欲文致而无从，甚其诛夷，并赠恤
而不及。所谓兔死狗烹，鸟尽弓藏，读书尚论者不能不抚
膺流涕也！此论痛快淋漓，可为万古不易定案。三代之所
以直道而行也。①

论者将汉代和明代功臣的命运进行了比较，指出两代开国君主
就"杀功臣"而言，是相类的。而明太祖更为严酷，以至不能
保留有用之臣以预防内部的动乱。有学者分析说，"明太祖夺取
了全国政权之后不是继续利用这些文官武将的长处，相反，他
对创业功臣心怀猜忌。为了保证朱家子孙能坐稳天下，朱元璋
大肆屠戮有功之臣，正所谓'飞鸟尽，良弓藏；狡兔死，走狗
烹'"。②朱元璋其"深防过计"，也许不宜以个人心理特征评断。
在专制制度下，也许"兔死狗烹，鸟尽弓藏"，确是"万古不
易"的历史定式。

开国初期的政治定式：功臣执政和功臣子弟执政

宋代历史学者司马光对于汉王朝的创立者汉高祖刘邦开国
的成功，曾经发表过这样的评论：

---

① 〔清〕王士祯：《居易录》卷二四。
② 许倬云：《从历史看管理》，广西师范大学出版社 2005 年 8 月版，第
120 页。

臣光曰：高祖奋布衣，提三尺剑，八年而成帝业，其收功之速如是，何哉？惟其知人善任使而已。故高祖自谓"镇国家抚百姓不如萧何，运筹策决成败不如子房，战必胜攻必取不如韩信，三者皆人杰，吾能用之，所以取天下"。韩信亦曰"陛下不善将兵，而善将将"。斯言尽之矣。吕氏之乱，汉氏不绝如线，然而卒不能为患者，外有宗藩之强，内有绛、灌之忠也。文景之时，天下家给人足，几致刑措，后世皆知称慕，莫能及之。①

刘邦建国，以及汉初政治的成就，多依仗萧何、张良、韩信"三杰"以及"绛、灌之忠"。文景之治能够成为历代治世的标范，周亚夫等开国功臣子弟的功绩是重要因素。

中国古代王朝在开国初年，最高执政集团多由创业功臣构成。有的学者称之为"功臣政治"。随后往往有功臣子弟集中从政并占据高位的情形，这就是所谓"功臣子政治"。

回顾西汉一代的政治史，从高级官僚的任用来说，西汉前期的丞相，多是功臣或功臣子弟，而西汉后期诸朝丞相，逐渐演变为以掾史文吏和经学之士为主。

西汉丞相共计45人。我们考察一下服务于12任最高权力者丞相的出身，可以看到：高帝朝1人，惠帝朝2人，高后朝1人，文帝朝4人，都是功臣。景帝朝4人，功臣子3人，其他1人。② 武帝朝12人，其中功臣子5人，外戚宗室3人，掾

① 〔宋〕司马光：《稽古录》卷一二。
② 卫绾以戏车为郎，击吴楚有功封侯。

史文吏1人，其他3人。[①]昭帝朝3人，都是掾史文吏。宣帝朝5人，掾史文吏4人，经学之士1人。元帝朝2人，都是经学之士。成帝朝5人，外戚宗室1人，掾史文吏1人，经学之士3人。哀帝朝5人，掾史文吏1人，经学之士4人。平帝朝1人，经学之士。

很显然，正是从昭宣时代起，政府高级官员的成分发生了重要的变化。掾史文吏和经学之士在上层决策机构人员构成中占有较大的比重，反映了当时政治文化形势的重要演变。西汉后期诸朝丞相，已经以掾史文吏和经学之士为主。

自昭宣时期到西汉末年，丞相计21人22任，考察其出身地域，也可以获得有意义的发现：其中齐鲁人合计7人，8人次，人数占总人数的33.33%。以人次计，则占总人次的36.36%。

齐鲁是儒学发生和发展的基地，是当时的文化重心地区。齐鲁人出任丞相者为多，说明儒学的政治影响力显著增强。这一文化现象，显然是和昭宣以来推崇儒学的努力分不开的。[②]

这种演变，体现出一种政治合理性。然而在每个王朝的开国初年，却不得不听由功臣参与甚至主持最高政治决策。

开国之主怎样收拾残局

正是因为刘邦具有较宽广的政治胸怀，运用较明智的政治

---

① 李蔡与公孙贺击匈奴有功封侯，田千秋为高寝郎，讼太子刘据冤见信用。
② 参见王子今《秦汉时期齐鲁文化的风格与儒学的西渐》，《齐鲁学刊》1998年第1期。

策略，在楚汉战争中，才能够以富足的关中作为稳固后方，使兵员和作战物资不断得到补充，虽百战百败，垓下一役，终于战胜项羽。

汉并天下后，刘邦从建立统一帝国的大局出发，接受曾被项羽讥讽为"衣绣夜行"的建议[①]，定都关中，实行促进楚文化、齐鲁文化和秦文化交汇融合的正确政策，建立起空前强大的中央集权的帝国。

刘邦时代确定的政治文化导向得到遵行，到汉武帝以后，具有最鲜明地方特点、表现出秦人传统风俗的，以屈肢葬为基本葬式的"秦式墓葬"在全国已经不复出现，使全国各地区居民融为一体的汉民族基本形成。秦始皇时代曾经热切企望的"周定四极""远迩同度"[②]的局面，这时才基本实现了。

刘邦平民出身，然而能够对战友和属下表现宽怀之心。《史记·高祖本纪》记载："高祖置酒雒阳南宫。高祖曰：'列侯诸将无敢隐朕，皆言其情。吾所以有天下者何？项氏之所以失天下者何？'"高起、王陵回答："陛下慢而侮人，项羽仁而爱人。然陛下使人攻城略地，所降下者因以予之，与天下同利也。项羽妒贤嫉能，有功者害之，贤者疑之，战胜而不予人功，得地而不予人利，此所以失天下也。"刘邦则指出，这种见解是"知其一，未知其二"。他说，"夫运筹策帷帐之中，决

---

① 《史记·项羽本纪》："项羽引兵西屠咸阳，杀秦降王子婴，烧秦宫室，火三月不灭；收其货宝妇女而东。人或说项王曰：'关中阻山河四塞，地肥饶，可都以霸。'项王见秦宫室皆以烧残破，又心怀思欲东归，曰：'富贵不归故乡，如衣绣夜行，谁知之者！'说者曰：'人言楚人沐猴而冠耳，果然。'项王闻之，烹说者。"第315页。
② 《史记·秦始皇本纪》，第249页，第250页。

胜于千里之外，吾不如子房。镇国家，抚百姓，给馈饷，不绝粮道，吾不如萧何。连百万之军，战必胜，攻必取，吾不如韩信。此三者，皆人杰也，吾能用之，此吾所以取天下也"。然而，"项羽有一范增而不能用，此其所以为我擒也"。[1]

刘邦善于团结部众，任用文化背景不同的有才之士的所谓"宽大""宽容"的政治性格，实际上表现出一种能够以较宽广的胸怀对待其他区域的文化传统的"宽仁"[2]的文化观。这种文化观所以优胜，是因为和体现文化融合趋势的历史进步方向是一致的。

天下大定之后，刘邦罢遣军中士卒，表示结束战争状态，恢复经济生产的决心。这一决定，也顺应了社会上下期盼安定和平的共同意愿。大批出身农人的兵士复员，使农耕经济复苏得到了最基本的保证。

刘邦宣布对于罢遣的军士给予政治地位和经济利益方面的优遇，即赐爵授田。并且明确宣称，所依据的原则，是按照战争中的功绩和劳绩分配土地宅屋。这一政策虽然文辞内容似乎与秦法相类同，但是在当时的时代背景下却表现出新的意义。对于所谓"从军归者"及"有功者""赐爵"及"先与田宅"，[3]安定了人心，使生机最为蓬勃的社会力量全身心归复到农业生产中。同时，也使一个包括中小地主和富裕自耕农的较富有实力的阶层，成为新兴的西汉王朝的坚实社会基础。

刘邦同时还宣布了两项重要的政策：

---

[1] 《史记》，第 381 页。
[2] 《史记·韩信卢绾列传》："遣（韩王）信书曰：'陛下宽仁，诸侯虽有畔亡，而复归，辄复故位号，不诛也。'"第 2635 页。
[3] 《汉书·高帝纪下》，第 54 页。

一、民前或相聚保山泽，不书名数，今天下已定，令各归其县，复故爵田宅，吏以文法教训辨告，勿笞辱。

二、民以饥饿自卖为人奴婢者，皆免为庶人。[①]

平民在战乱以前的身份地位以及私有财产的所有权，在回归故乡后，得到政府的全面承认。地方官不得歧视欺凌。战乱中被迫自卖为奴婢者，恢复平民的地位。这样，使战乱中大量流亡于山野大泽的民众重新回归到政府控制之下，成为编户齐民，又使一定数量的奴婢得到人身解放。

事实上，历代王朝谋求天下之治的成与败，在很大程度上取决于政府实际控制人口数量的比率。刘邦在汉初实行的有关政策，有利于当时社会经济的恢复以及王朝政权的巩固。

汉高帝十一年（前196），又宣布士卒当年跟随入蜀、汉、关中的，终身免除徭役。刘邦早期军事集团成员的特权，又得到进一步的确定。而这样的政策，使得社会人心基本安定，重新建立正常的经济生活秩序，得以顺利完成。

西汉末年，土地问题成为严重的社会问题。汉哀帝时，师丹辅政，曾经建议以限田、限奴婢的形式缓和社会矛盾。汉哀帝发布诏书说，诸侯王、列侯、公主，吏二千石及豪富民聚集奴婢、田宅，没有限制，与民争利，百姓往往失业，重困不足。他指示朝臣制定予以限制的条例。丞相孔光、大司空何武随即制定了限定的额度和限制的措施。然而这一设想遭到了当政的外戚、官僚的激烈反对，并没有能够真正实行。

---

① 《汉书·高帝纪下》，第54页。

王莽在他的时代即西汉晚期，也认识到土地问题和奴婢问题是多种社会问题的要害。

始建国元年（9）王莽下令，更名天下田为"王田"，奴婢为"私属"，都严禁买卖。又参照孟子曾经说到的"井田制"一夫一妇授田百亩的原则，凡男口不满八人而土地超过一井（九百亩）的，应当分余田予九族邻里乡党中无田和少田的人。没有田的民户，则按照一夫百亩的制度受田。王莽的这一措施，意图在于缓和土地兼并造成的矛盾，同时防止农民奴隶化。但是诏书颁布之后，分田授田的规定并不能够真正落实，仅仅只是冻结了土地和奴婢的买卖。地主、官僚和工商主当时违禁继续买卖土地和奴婢以致获罪的不可胜数，于是纷起反对。王莽无力坚持，只得在始建国四年（12）宣布买卖土地和奴婢不再治罪，承认了这项改革尝试的失败。地皇三年（22），王莽的新朝政权崩溃的前夕，不得不废除了关于"王田""私属"的法令。

王莽改制，期望以激烈的政策收拾西汉末代帝王留下的政治残局，然而不能够建立起合理有效的新的体制，反而使得原有的政治经济秩序又受到毁灭性的冲击。官爵制度的变革，致使大批官吏竞为奸利，广收贿赂以自给。货币制度的变革，又使农商失业，食货俱废。经济结构的混乱无序，也导致了整个社会面临更为严重的动荡。王莽重视全力扑灭刘氏宗室在各地发起的武装反抗。为了镇压这些反抗，他曾经以封侯等手段鼓励告密，吸引敌对势力中的不坚定分子叛归，民间于是流传"力战斗，不如巧为奏"的民谣。[1] 王莽这样的做法，表现出

---

① 《汉书·王莽传上》，第 4086 页。

专制政权统治者心理的阴暗，为后来历朝黑暗政治开了不好的先例。在各地爆发的民众起义，则迅速形成席卷全国的宏大力量，最终推翻了新朝政权的统治。王莽希望通过改革的方式调整阶级矛盾，解决社会问题，消除政治危难。但是他的改革措施大多因附会古法，反复无常而失败，王莽的新朝政权也短促而亡。

王莽虽然失败，但是他收拾前代残局的用心，有可能存在积极的动机。班固评价王莽时使用的"颠覆之势"一类语词[1]，自然充满了批判意味，然而王莽相关激烈行为的出发点，是要扭转汉末严重的社会危机。有学者分析说，王莽之所以后来在社会普遍的反对浪潮中灭亡，有多种原因。"如果天下不是他打下来，而是采取阴谋篡夺手段当上皇帝又没有能解决任何实际社会问题的话，那么，他就一定会成为社会各阶层的靶子和泄忿的对象。"[2]

收拾残局同时，篡代的开国君主往往还需要清洗自身的道德污点。有的学者称之为"处理禅代遗留问题"。例如，"魏晋嬗代路上，充满了血腥和恐怖"，司马氏的禅代，虽然号称"应天顺时""有大造于魏"，但这一连串的杀戮事件，却暴露出它的"逆取"性质，其严重后果是使司马氏皇权的合法性受到世人的质疑，同时也在统治集团内部造成了分裂和对抗。新朝开建，万象更始，晋武帝在登基之初，即把处理禅代遗留问题摆到头等重要的位置。他在禅让仪式后发布的诏书中明确宣

---

① 《汉书·王莽传下》，第 4194 页。
② 刘修明：《从崩溃到中兴——两汉的历史转折》，上海古籍出版社 1989 年 12 月版，第 170 页。

布"大赦天下"，具体内容为"除旧嫌，解禁锢，亡官失爵者悉复之"。这一政策系列中，还包括为篡代时被杀害的曹魏大臣恢复名誉，并妥善安置他们的子孙。[①]

开国之主怎样拨乱反正

秦王朝的政治特色以严酷苛暴最为鲜明。《史记·秦始皇本纪》所谓"不师文而决于武力"，"乐以刑杀为威"，"用法益刻深"，[②]都体现了这一特征。《汉书·食货志上》引董仲舒的话说，秦时民众承受的屯戍力役等负担，相当于古时的30倍，田租口赋等负担，相当于古时的20倍。[③]当时普通民众感受到极其沉重的压迫和剥削，社会经济生活的正常秩序也因此受到严重的破坏。

西汉王朝建立之初的政治基点，是对秦王朝暴政的否定。

汉世政治语汇中，常可看到"拨乱反正"的说法。《史记·高祖本纪》写道，刘邦去世，群臣赞美道：高祖出身低微，"拨乱世反之正，平定天下"，创立汉家帝业，功最高。于是上尊号为"高皇帝"。[④]《史记·三王世家》也说，"高皇帝拨乱世反诸正"，宣扬至德，平定海内。《史记·秦楚之际月表》中也有"拨乱诛暴，平定海内，卒践帝祚，成于汉家"的说

---

① 柳春新：《汉末晋初之际政治研究》，岳麓书社2006年6月版，第208页至第211页。

② 《史记》，第269页。

③ 《汉书》，第1137页。

④ 《史记》，第392页。

开国表演的节目单

197

法。^①《汉书·礼乐志》也写道："汉兴，拨乱反正，日不暇给。"唐代学者颜师古解释说：所谓拨乱反正，是说"拨去乱俗而还之于正道也"。^②

"拨乱反正"的说法，最早见于《公羊传·哀公十四年》所谓"拨乱世，反诸正"。^③原义是指治理混乱的政治局面，恢复合理的政治秩序。

西汉初期，最高统治集团确实在许多方面进行了"拨乱反正"的努力，取得了"拨乱反正"的成功。

萧何是主持汉初政治体制成立的有作为的政治活动家，他希望既定方针确定之后，应当"无令后世有以加也"^④。《史记·萧相国世家》说，汉兴，萧何利用民众对秦王朝残厉法制的不满，顺从民意，进行了政治改革，"因民之疾秦法，顺流与之更始"。^⑤顺应民心以否定秦法，成为汉初政治的标志之一。萧何之后，曹参继任为相，仍然坚持这一方针，据说行政诸事无所变更，依然遵行萧何时创置的制度，以为"治道贵清静而民自定"。他选择身边作为助手的主要干部，专门任用"木讷于文辞"的"重厚长者"，而部下有言辞激切，刻意追求个人

---

① 《史记》，第 2109 页，第 759 页。

② 《汉书》，第 1030 页。

③ 司马迁在《史记·太史公自序》中也写道："《春秋》以道义。拨乱世反之正，莫近于《春秋》。"第 3297 页。

④ 《史记·高祖本纪》："萧丞相营作未央宫，立东阙、北阙、前殿、武库、太仓。高祖还，见宫阙壮甚，怒，谓萧何曰：'天下匈匈苦战数岁，成败未可知，是何治宫室过度也？'萧何曰：'天下方未定，故可因遂就宫室。且夫天子以四海为家，非壮丽无以重威，且无令后世有以加也。'高祖乃说。"第 385 页至第 386 页。"无令后世有以加也"，不仅仅是指宫室规模，其实也可以理解为有指喻政治体制之权威的涵意。

⑤ 《史记》，第 2020 页。

声名的，均予以斥退。司马迁于是以肯定的态度说道：曹参为汉相国，政风"清静"，使百姓在秦代酷政之后"休息无为"，于是"天下俱称其美"。①

正是在这样的政治背景下，西汉统治阶层成就了世代称誉的"文景之治"。

"拨乱反正"，在汉代已经成为习用政治术语，有时也说"拨乱"。例如，史籍中可以看到：

《汉书·高帝纪下》：五月丙寅，葬长陵。已下，皇太子群臣皆反至太上皇庙。群臣曰："帝起细微，拨乱世反之正，平定天下，为汉太祖，功最高。"上尊号曰高皇帝。②

《汉书·武帝纪》：赞曰：汉承百王之弊，高祖拨乱反正，文景务在养民，至于稽古礼文之事，犹多阙焉。③

《汉书·外戚恩泽侯表》：高帝拨乱诛暴，庶事草创，日不暇给。④

《汉书·礼乐志》：世祖受命中兴，拨乱反正，改定京师于土中。即位三十年，四夷宾服，百姓家给，政教清明。⑤

《汉书·刑法志》：孔子曰："如有王者，必世而后仁；善人为国百年，可以胜残去杀矣。"言圣王承衰拨乱而起，

① 《史记》，第 2031 页。
② 《汉书》，第 80 页。
③ 《汉书》，第 212 页。
④ 《汉书》，第 677 页。
⑤ 《汉书》，第 1035 页。

被民以德教，变而化之，必世然后仁道成焉。①

《汉书·司马迁传》:《春秋》以道义。拨乱世反之正，莫近于《春秋》。②

《后汉书·明帝纪》：惟先帝受命中兴，拨乱反正，以宁天下。③

《后汉书·梁统传》：伏惟陛下包元履德，权时拨乱，功逾文武，德侔高皇。④

《后汉书·陈元传》：陛下拨乱反正，文武并用。⑤

《后汉书·荀悦传》：汉四百有六载，拨乱反正，统武兴文，永惟祖宗之洪业，思光启乎万嗣。⑥

《后汉书·李固传》：陛下拨乱龙飞，初登大位。⑦

《后汉书·祭祀志下》：明帝即位，以光武帝拨乱中兴，更为起庙，尊号曰世祖庙。⑧

《后汉书·祭祀志下》刘昭《注补》引蔡邕《表志》：光武皇帝受命中兴，拨乱反正，武畅方外，震服百蛮，戎狄奉贡，宇内治平。⑨

《三国志·魏书·明帝纪》：武皇帝拨乱反正，为魏太祖，乐用武始之舞。⑩

---

① 《汉书》，第 1108 页。
② 《汉书》，第 2717 页。
③ 《后汉书》，第 100 页。
④ 《后汉书》，第 1167 页。
⑤ 《后汉书》，第 1229 页。
⑥ 《后汉书》，第 2062 页。
⑦ 《后汉书》，第 2081 页。
⑧ 《后汉书》，第 3195 页。
⑨ 《后汉书》，第 3196 页。
⑩ 《三国志》，第 109 页。

《三国志·魏书·鲍勋传》裴松之注引《魏书》：夫略不世出，能总英雄以拨乱反正者，君也。[1]

《三国志·魏书·傅嘏传》：自建安以来，至于青龙，神武拨乱，肇基皇祚，扫除凶逆，艾夷遗寇，旌旗卷舒，日不暇给。[2]

《三国志·魏书·钟会传》：太祖武皇帝神武圣哲，拨乱反正，拯其将坠，造我区夏。[3]

又《盐铁论·诏圣》也写道：

高皇帝时，天下初定，发德音，行一切之令，权也，非拨乱反正之常也。其后，法稍犯，不正于理。故奸萌而甫刑作，王道衰而《诗》刺彰，诸侯暴而《春秋》讥。夫少目之网不可以得鱼，三章之法不可以为治。故令不得不加，法不得不多。唐、虞画衣冠非阿，汤、武刻肌肤非故，时世不同，轻重之务异也。[4]

御史大夫对刘邦"拨乱反正"有另外的理解。我们在这里不讨论《盐铁论》记录的政治争议，只是关注"拨乱反正"的说法在汉代社会政治生活中的普及。

后世政论以及社会评论和道德评论也习惯于使用"拨乱反

① 《三国志》，第 384 页。
② 《三国志》，第 623 页。
③ 《三国志》，第 788 页。
④ 王利器校注：《盐铁论校注》（定本），中华书局 1992 年 7 月版，第 594 页。

正"语。如朱熹曾经说:"原宪只是一个吃菜根底人,邦有道,出来也做一事不得;邦无道,也不能拨乱反正,夷清惠和,亦只做得一件事。""克己复礼,如拨乱反正;主敬行恕,如持盈守成。二者自有优劣。"[①]宋儒"汉之光武以英睿之姿,拨乱反正,不数年而天下定"[②]"拨乱反正,拯民涂炭"[③]等说法,也都反映了这样的情形。

"拨乱反正",已经成为一种政治范式,成为开国初期的一种政治常规。大略执政理念成熟,执政策略成功的开国帝王,都可以得到"拨乱反正"的赞誉。

分封: 权力的再分配

秦统一后,丞相王绾曾经主张实行分封制以维护帝国的安定。他认为,诸侯初破,燕国、齐国、楚国旧地距关中遥远,如果不分置诸侯王,则无法镇抚管理。他建议秦始皇分立诸子。秦始皇吩咐朝廷就此意见开展讨论,群臣大都表示赞同王绾此议。只有廷尉李斯提出了不同的政治见解。他说,周文王、周武王分封了许多同姓子弟为诸侯,但是后来这些诸侯国与周王朝的关系越来越疏远,又彼此如同仇敌一般互相攻击,连周天子也无力禁止。现在,赖有陛下之神灵,海内实现了一统,都成为直属朝廷的郡县,诸子和功臣可以用国家的赋税收

---

① 〔宋〕黎靖德编,王星贤点校:《朱子语类》,中华书局1986年3月版,第578页,第1073页。

② 〔元〕陆友仁:《研北杂志》卷上录宋绍兴中周紫芝语。

③ 〔宋〕谢采伯:《密斋笔记》卷一。

入给予丰厚的赏赐，这样便于控制天下，这是实现海内承平的"安宁之术"。而分置诸侯，是不宜施行的建议。

秦始皇采纳了李斯的意见，他说：天下苦于战争长久不息，就是因为侯王割据相互争夺的缘故。现在幸有祖先神灵护佑，使天下终于安定，如果重新分立诸侯国，就会再次埋下战争的隐患，要想谋求海内安定，岂不难哉！廷尉的主张是正确的。

秦始皇三十四年（前213），就是否推行郡县制，又曾经发生过又一次著名的御前辩论。秦始皇置酒咸阳宫，博士七十人在御前祝酒。仆射周青臣进颂说，以往秦国地方不过千里，赖陛下神灵明圣，平定海内，放逐蛮夷，日月所照，莫不宾服。以诸侯统治旧地设立郡县，于是人人自安乐，不再有战争之患，天下可以传之万世。自上古诸帝王，都不及陛下的威德。于是秦始皇大悦。随后博士齐人淳于越进言，反驳周青臣的说法。他说：殷周政权能维持千余岁，正是因为封子弟功臣，自为枝辅。今陛下有海内，却废除分封制而推行郡县制，"事不师古而能长久者，非所闻也"。秦始皇命令就此进行讨论。李斯又批驳了"师古"的主张，以为"五帝不相复，三代不相袭，各以治"，政制只能依时势而变化演进。明确了郡县制政治革新的意义。李斯又指出古来天下散乱，不能一统，以致出现"诸侯并作""诸侯并争"的严重危害。他坚持郡县制对于"创大业，建万世之功"有重要作用的主张。[1]李斯肯定郡县制的意见得到秦始皇的赞同，而对于与此不同的政见，随后又有以"焚书"为标志的严厉打击的措施。

---

[1]　参见《史记·秦始皇本纪》，第254页至第255页。

明代思想家李贽在《史纲评要》中曾经称李斯倡行郡县之议是"千古创论"，又就"置郡县"之举赞誉道："此等皆是应运豪杰、因时大臣。圣人复起，不能易也。"[①]说郡县制度的确立，是"应运""因时"的历史创举，即使古之圣人当世，也同样会采取这样的政治举措的。

秦王朝的统治者确定了"置郡县"的地方行政管理制度，确实是英明的政治决策。

项羽以反秦军事联盟最高首领的地位，又分封十八诸侯。这就是汉中王刘邦、雍王章邯、塞王司马欣、翟王董翳、西魏王魏豹、河南王申阳、韩王韩成、殷王司马卬、代王赵歇、常山王张耳、九江王黥布、衡山王吴芮、临江王共敖、辽东王韩广、燕王臧荼、胶东王田市、齐王田都、济北王田安。

称西楚霸王的项羽据有九郡之地，定都于彭城（今江苏徐州）。

项羽的分封，与统一帝国的君主分封诸侯不同。项羽是以松散的军事联盟首领的身份确定这一政治格局的。他的权威只是建立在军事霸权的背景之下，没有坚实的基础。他所分封的十八诸侯很快就不再服从这一权威。在诸侯各就国后，很快就发生了变故。刘邦在反对项羽的战争中最终取胜，建立了西汉王朝。

《后汉书·班彪传》李贤注引《太公六韬》曰："取天下如逐鹿，鹿得，天下共分其肉也。"[②]新的王朝建立，开国帝王理应与自己的战友分享胜利果实。而一些曾经与刘邦合力击败项

---

① 〔明〕李贽：《史纲评要》卷四《后秦纪》，第89页。
② 《后汉书》，第1324页。

204

羽的主要将领因为手握重兵、身兼殊勋，于是被封为诸侯王。韩信为楚王，都下邳（江苏邳州市南）。彭越为梁王，都定陶（今山东定陶）。韩王信为韩王，都阳翟（今河南禹州）。吴芮为长沙王，都临湘（今湖南长沙）。淮南王英布、燕王臧荼、赵王张耳等，也都大致保持原有的权位。

刘邦分封异姓功臣，是因为他们已经拥有军事实力和地方行政控制能力，对于这一既成事实不能不承认的缘故。当时的七个异姓诸侯王国，封域大致相当于汉疆域的一半。当时西汉中央政府直接管理的行政空间，仅仅只有二十四郡。也许又是历史的巧合。西汉帝国中央政府所直辖的地区与异姓诸侯王国辖地对国土的分割，除齐地诸郡直属中央外，其形势大致与刘邦、项羽以鸿沟一线分划天下时的情形极其相似。

刘邦待时机成熟，从高帝六年（前201）起，开始逐一削弱并清除、翦灭异姓诸侯的势力。刘邦在汉高帝十二年（前195）去世。在他临终前，主要的异姓诸侯王都被翦灭。真正的"汉并天下"，这时才得以实现。

刘邦认为秦王朝迅速灭亡的原因之一，是没有同姓王国屏卫中央政权。于是在削弱和去除异姓诸侯王势力的同时，大建同姓诸侯王国，以作为中央朝廷的藩护。在刘邦统治时期的最后阶段，刘邦子弟同姓为王者计有九国，即都于彭城（今江苏徐州）的楚王刘交，都于临淄（今山东淄博东）的齐王刘肥，都于邯郸（今河北邯郸）的赵王刘如意，都于晋阳（今山西太原西南）的代王刘恒，都于定陶（今山东定陶）的梁王刘恢，都于陈（今河南淮阳）的淮阳王刘友，都于寿春（今安徽寿县）的淮南王刘长，都于广陵（今江苏扬州）的吴王刘濞，都于蓟（今北京）的燕王刘建。刘邦末年，诸侯王中，只有长沙王吴芮异姓。

九个同姓诸侯王国与异姓的长沙国地域连通，总封域仍然占全汉疆域的一半以上。

不过，这些诸侯王国虽然有相对独立的地位，但是原则上仍然受中央政府节制，其封域仍然是西汉帝国的一部分。

在汉高帝刘邦的时代，另外还有周边地区的三个政权，其领地在汉疆域之外。他们只是向西汉中央政府纳贡称臣，却并不受西汉王朝的控制。这样的异姓诸侯，又被称作"外诸侯"。

刘邦曾经封外诸侯三人，即封故越王无诸为闽越王，都闽中地；封秦南海尉赵佗为南越王，统领南海、桂林、象郡地区；封南武侯织为南海王。南海王的属地，大致在闽越国、南越国和淮南国三国之间。

刘邦订立非同姓不王，非功不侯的誓约，确定了最高权力集团组成的原则。这一原则后来成为历代专制主义王朝共同遵守的定制。

后世多数的王朝建国者依然继承了分封亲族和功臣的做法，但是已经注意不再给予他们地方行政权和户口控制权。这种分封，就权力分割而言，已经与汉武帝之前大不相同了。

秦甲士示意图。该甲士身披的皮甲胄为秦始皇陵
兵马俑石甲胄坑出土的石制甲胄款式，配长青
铜剑。

对于秦并天下不久就短促而亡的历史教训，史论与政论多有分析总结。贾谊《过秦论》是较早进行这一历史主题思考的论著。贾谊的见解，提供了非常重要的历史启示。他指出，立国成功之后应当及时调整政策。

贾谊："攻守之势异也"

贾谊是西汉文帝时的政论家、思想家。他的政治思想在当时和后世都有重要的影响，因而学界又有"政治家"的称誉。[1] 我们总结贾谊的政治思想，不能忽视其中具有战略意义的内容。

公元前 201 年，贾谊生于洛阳。十八岁时，就以熟读诗书，善属文章闻名。后来被河南守吴公召致门下。汉文帝即位后，听说吴公曾师事秦时名相李斯，又号称治政为天下第一，于是征以为廷尉，主持天下司法。因吴公的推荐，贾谊得任为博士。吴公以"治政"闻名，贾谊因吴公举荐，可知贾谊得以入朝，大约主要不是因其文采，而是因其政识。贾谊当时不过二十余岁，是朝中最年轻的博士。"每诏令议下，诸老先生不能言，贾生尽为之对，人人各如其意所欲出。诸生于是乃以为能，不及也。"[2] 于是他被破格提拔为太中大夫。

汉文帝十分赏识贾谊的识见，曾经准备任贾谊为公卿，但由于周勃、灌婴等老臣的反对，未能实现。后来任贾谊为长沙

---

[1] 叶盛玉:《天才政论家：贾谊》，《新国风》3 卷 4 期（1947 年 2 月）；高凯军:《西汉杰出的政治家——贾谊》，《大庆师专学报》1983 年第 2 期。
[2] 《史记·屈原贾生列传》，第 2492 页。

王太傅。贾谊在长沙著《鹏鸟赋》，抒发内心的怨郁哀伤。后来汉文帝思念贾谊，又曾特地召见，问鬼神之事于宣室殿，君臣畅谈至夜半。后人因此有"不问苍生问鬼神"的诗句[①]，感叹其政略思想受到漠视。贾谊又被任命为梁怀王太傅。汉文帝十一年（前169），梁怀王坠马而死，贾谊自伤失职，不久也悲郁去世，年仅33岁。

贾谊的政论著作，据《汉书·艺文志》著录，有《贾谊》58篇，赋7篇。[②]今本《新书》是后人纂辑的贾谊著作汇编。

贾谊政治思想的特点之一，是眼界的阔大，如后人评论所谓"宏识巨议"[③]，所谓"其才雄，其志达"[④]，所谓"卓卓乎其奇伟，悠悠乎其深长"[⑤]，即重视对执政者提出决定全局的策略。刘向赞扬说："其论甚美，通达国体，虽古之伊、管，未能远过也。"[⑥]所谓"通达国体"，是对贾谊战略思想相当高的评价。有学者曾经指出："西汉承暴秦之余习，公卿多刀笔吏，皆以簿书钱谷为事，而不知大体。"这里所说的"不知大体"，也有缺乏战略意识的涵义。而贾谊则被看作"上足以匡君，下足以救世"的"一代之大儒"。[⑦]即使批评贾谊的人，说"贾生志大而量小"，也承认其"志大"，承认他"超然而有远举之志"。[⑧]

---

① 〔唐〕李商隐《贾生》诗："宣室求贤访逐臣，贾生才调更无伦。可怜夜半虚前席，不问苍生问鬼神。"《李义山诗集》卷中。
② 参见《汉书》，第1726页，第1747页。
③ 贾谊：《新书校注》，第519页。
④ 〔明〕周廷用：《刻贾太傅〈新书〉叙》。
⑤ 贾谊：《新书校注》，第520页。
⑥ 《汉书·贾谊传》，第2265页。
⑦ 贾谊：《新书校注》，第590页。
⑧ 贾谊：《新书校注》，第562页。

而"其志"之"远""大",正在于"为天下筹长治久安之策"①,即多表现为战略决策方面的谋划。

贾谊的政治建议有些当时就直接体现出战略指导意义,有些则在后来的历史过程中发生了战略性的影响。即所谓"后皆遵之有效,一一如谊所言"。②

秦实现统一,完成了中国古代历史进程中的重大转变。《史记》使用"秦并天下"之说,见于《史记·封禅书》《史记·卫康叔世家》《史记·刺客列传》。新成立的秦帝国立即推行了一系列重要政策。《史记·秦始皇本纪》有这样的记载:"分天下以为三十六郡,郡置守、尉、监。更名民曰'黔首'。大酺。收天下兵,聚之咸阳,销以为钟镰,金人十二,重各千石,置廷宫中。一法度衡石丈尺。车同轨。书同文字。地东至海暨朝鲜,西至临洮、羌中,南至北向户,北据河为塞,并阴山至辽东。徙天下豪富于咸阳十二万户。"③秦执政集团努力维护统一,推行强力的行政措施。然而仅仅12年后,反秦武装暴动发生。赵高杀秦二世,秦被迫取消帝号。反秦武装在多个战场与秦军激战。刘邦军首先入关中,秦王子婴投降,秦王朝覆亡。秦短促而亡的原因,历来成为政论和史论的争议焦点。

贾谊的《过秦论》,最早以战略眼光较系统地总结了秦王朝兴亡的历史,是较全面分析秦政之功过得失的著名政论。司马迁在《史记·秦始皇本纪》中,已经大段引录了贾谊《过秦

---

① 〔清〕方宗诚:《贾生论》,《柏堂集》前编。
② 贾谊:《新书校注》,第516页。
③ 《史记》,第239页。

论》的内容，并且真诚地感叹道："善哉乎贾生推言之也！"①

《过秦论》说秦以弱胜强，终于实现统一，"鞭笞天下，威振四海"，然而迅速败亡，是有历史原因的："秦以区区之地，致万乘之势，序八州而朝同列，百有余年矣。然后以六合为家，殽函为宫，一夫作难而七庙隳，身死人手，为天下笑者，何也？仁义不施，而攻守之势异也。"

这里所说的"仁义不施"，是指责秦王朝的统治者以暴虐之心与暴虐之术治国，终于导致了不可挽救的政治危局。贾谊还批评说："秦王怀贪鄙之心，行自奋之志，不信功臣，不亲士民，废王道而立私爱，焚文书而酷刑法，先诈力而后仁义，以暴虐为天下始。"而秦二世又"重以无道"，更变本加厉地推行暴政，"坏宗庙与民，更始作阿房之宫，繁刑严诛，吏治深刻，赏罚不当，赋敛无度"，以致"天下多事，吏不能纪，百姓困穷，而主不收恤"。最终"奸伪并起"，"天下苦之"，"自群卿以下至于众庶，人怀自危之心，亲处穷苦之实，咸不安其位，故易动也"。②从高官贵族到平民百姓，人人自危，因此形成了一旦发生变乱，就迅速土崩瓦解的政治局面。

贾谊的这种从政治战略角度发表的批评，与"诏令议下"时为之对答，"人人各如其意所欲出"同样，也得到许多人的赞同。《史记·淮南衡山列传》引伍被语所谓"绝圣人之道，杀术士，燔《诗》《书》，弃礼义，尚诈力，任刑罚"③，《汉书·吾丘寿王传》引吾丘寿王语所谓"废王道，立私议，灭《诗》

---

① 《史记》，第276页。
② 贾谊：《新书校注》，第2页至第3页，第14页至第15页。
③ 《史记》，第3086页。

政策调整：取与守不同术

《书》而首法令，去仁恩而任刑戮"①，《盐铁论·褒贤》所谓"弃仁义而尚刑罚，以为今时不师于文而决于武"②，《汉书·刑法志》所谓"毁先王之法，灭礼谊之官，专任刑罚"③等。实际上都可以看作贾谊上述政治见解的复述。

秦政之失，在于"吏治深刻"与"赋敛无度"，是人们大都注意到的。贾谊特别指出秦始皇"行自奋之志，不信功臣，不亲士民，废王道而立私爱"的事实，实际上涉及秦王朝专制政体方面的根本弊病。

贾谊说："秦王足己而不问，遂过而不变。二世受之，因而不改，暴虐以重祸。"这样的政权，"亡不亦宜乎？"以为极端专制的秦王朝迅速灭亡，是历史的必然。贾谊还具体描述了秦政的这一特色："秦俗多忌讳之禁也，忠言未卒于口，而身糜没矣。故使天下之士倾耳而听，重足而立，阖口而不言。"言论的严格禁锢，是专制制度的突出特征。不过，这种禁锢并不能平息民众的怨愤，反而会激起更强烈的反抗。正如《过秦论》所指出的："秦之盛也，繁法严刑而天下震；及其衰也，百姓怨而海内叛矣。"④

贾谊《过秦论》总结秦亡的原因时，指出："仁义不施，攻守之势异也。"⑤所谓"攻守之势"有"异"，即建立政权和巩固政权的政策方针应当有所不同的观点，体现出贾谊清醒的政治识见和高远的战略思想。

---

① 《汉书》，第 2796 页。
② 王利器校注：《盐铁论校注》（定本），第 242 页。
③ 《汉书》，第 1096 页。
④ 贾谊：《新书校注》，第 16 页。
⑤ 贾谊：《新书校注》，第 3 页。

贾谊指出:"夫并兼者高诈力,安定者贵顺权,此言取与守不同术也。秦离战国而王天下,其道不易,其政不改,是其所以取之守之者无异也。"① 也就是说,"攻"与"守","兼并"与"安定","取"天下与"守"天下,夺取政权与巩固政权,战争时期谋求兼并与和平时期谋求安定,政治方针、策略与风格,也就是贾谊所谓"术""道""政"等,应当是有所不同的。

然而秦实现统一之后,却仍然未能改变战时的政治形式,"取之"的政策与"守之"的政策竟然没有区别。秦王朝最高统治者不仅仍然以取天下之道规划守天下之政。又"践华为城,因河为池","循津关,据险塞,修甲兵而守之","自以为关中之固,金城千里,子孙帝王万世之业也",② 仍然保持战国以来以关中为根据地而与关东相对抗的战略态势。关于秦始皇陵兵马俑坑的主题尚有争论,但秦始皇时代所经营的这一规模宏大的军阵模型是以东方武装集团作为假设敌的事实是毋庸置疑的。这也说明秦始皇的统治思想尚未完成应有的时代性转变,以这种思想为基础制订的关东政策自然表现为恐怖的虐杀和苛重的赋役。

结果正如贾谊《过秦论》所说,陈胜振臂一呼,"天下云合响应,赢粮而景从,山东豪俊遂并起而亡秦族矣"。③

贾谊所谓"攻守之势异也",所谓"取与守不同术也",从战略高度提出了治国思想的一个重要原理。贾谊的这一认

---

① 《史记·秦始皇本纪》,第283页。
② 贾谊:《新书校注》,第2页,第15页。
③ 贾谊:《新书校注》,第3页。

识，是《过秦论》的思想精髓。我们回顾政治思想史时可以看到，贾谊这一思想的提出，是前无古人的。

秦王朝关东政策的失败与秦的覆亡

在贾谊所处的时代，执政集团确实比较注意总结和吸取秦王朝政治失败的教训，为调整当时的政策服务。以贾谊为代表的一代善于历史思考的政治评论家和政治活动家以其思想和实践，使西汉王朝政治战略的方向得到比较合理的调整。

古代王朝的开国史，提供了诸多经验教训。其中非常重要的一点，是在政策调整方面，应当注意行政管理对象的变化。

秦王朝短促而亡的原因之一是，在统一之后没有及时将新占领区的政策与秦本土的政策统一起来。对关东地区"仁义不施"这种区域政策的失败，是导致新政权覆亡的重要原因。

公元前 221 年，秦灭六国，建成了第一个大一统的专制主义王朝。

秦王朝建立之初，据说一时"普天之下，抟心揖志"[①]，"天下之士，斐然向风"，"元元之民""莫不虚心而仰上"。[②] 但是仅仅过了十二年，公元前 209 年七月，陈胜倡义，"斩木为兵，揭竿为旗，天下云集响应"。公元前 207 年八月，赵高杀秦二世，以为子婴"以空名为帝，不可，宜为王如故"，[③] 取消帝号，秦政权的统治被迫恢复到战国时代的状况。四十六天之后，刘

---

① 《史记·秦始皇本纪》，第 245 页。
② 贾谊:《新书校注》，第 13 页至第 14 页。
③ 《史记·秦始皇本纪》，第 275 页。

邦军入咸阳，秦亡。

秦代，作为建立了第一个统一中央集权的帝国，在政治和经济制度等方面对中国历史造成深刻影响的朝代，为什么如此短暂？

秦短祚的原因，自汉代以来一直成为史家重要论题之一，经二千余年始终纷争不绝。以历史唯物主义为指导的马克思主义史学家们依据对阶级关系变化和社会经济状况的分析，对秦亡的历史做出了总结。范文澜曾经指出："秦始皇过度使用民力，虽然很多措施有利于统一，但人民也确实疲惫不堪了。秦二世昏暴无比，征发到闾左，农民被迫大起义，迅速地推倒了秦朝的统治。"[1] 林剑鸣也认为："统一后的秦王朝，之所以在很短的时间内就灭亡，最根本的原因就在于地主阶级的压榨使社会经济濒于崩溃，生产力遭到严重破坏。"[2] 这些结论，应当说都是正确的。然而，我们如果对秦代社会状况做进一步具体的分析，又不难发现，秦王朝对关中秦国本土和关东六国故地实行着不同的政策，秦王朝关东地区统治政策的失败，也是秦短促而亡的重要原因之一。

人们一般总是强调秦王朝曾经成就了许多有利于统一的伟大事业，如定疆域、书同文、车同轨、行同伦等等[3]，而往往忽视事情的另一方面，即秦王朝的行政制度总的来说是以秦人对关东地区的征服、压迫和奴役为前提的。可以说新帝国最初的基土中，就已经生发出不利于统一的裂痕。

---

① 范文澜：《中国通史》第 2 册，人民出版社 1978 年 6 月版，第 35 页。
② 林剑鸣：《秦史稿》，上海人民出版社 1981 年 2 月版，第 444 页。
③ 这些政策施行的具体情形和真正意义还可以继续讨论。

政策调整：取与守不同术

秦实现统一后，采取一系列措施以防范关东地区的反抗力量。隳毁城郭，拆除堡垒，"收天下兵，聚之咸阳"，加以销毁，秦始皇四次出巡山东，封禅泰山，求鼎泗水，刻石纪功，宣扬皇帝的权威。其出巡目的，如秦二世所谓"巡行郡县，以示强，威服海内"，"臣畜天下"。途中使刑徒三千人"皆伐湘山树，赭其山"，又入海射大鲛鱼，特意在六国中较强的楚、齐故地显示武力。因出行事，动辄令天下"大索"，使恐怖统治进一步升级。①《盐铁论·散不足》说到出巡时百姓的困扰与震恐："数幸之郡县，富人以资佐，贫者筑道旁，其后小者亡逃，大者藏匿，吏捕索掣顿，不以道理。"②这是汉代的情形，秦时当更甚于此。

秦始皇"徙天下豪富于咸阳十二万户"，以削弱关东地区的经济力量，又"徙黔首三万户琅邪台下"，经营"新秦中"，"徙谪实之"，还曾"徙三万家丽邑，五万家云阳"，"徙北河榆中三万家"。③史载"迁不轨之民于南阳"④，"徙天下不轨之徒于南阳"，据《汉书·地理志下》，徙处南阳的移民，不得不改事"商贾渔猎"，⑤可见这种大规模的强制性的移民必然使关东地区原有的农业、手工业经济遭受破坏。迁徙者往往只能得到"复不事"即免除一定时间劳役的有限代价，经过对土地和其他不动产掠夺式的再分配过程，关东豪富的经济实力大受削弱。他们经济上受到政府的盘剥和控制，政治上的反秦立场自然日益坚定。

---

① 《史记·秦始皇本纪》，第 239 页，第 267 页，第 248 页。
② 王利器校注：《盐铁论校注》（定本），第 355 页至第 356 页。
③ 《史记·秦始皇本纪》，第 259 页。
④ 《史记·货殖列传》，第 3269 页。
⑤ 《汉书》，第 1654 页。

冯去疾、李斯、冯劫曾经进谏秦二世说："盗多，皆以戍漕转作事苦，赋税大也。"他们已经认识到引起人民起义的直接原因是滥发徭役、横征赋税。秦始皇穿凿骊山，经数十年，造阿房宫，又北筑长城，南戍五岭，秦二世"复作阿房宫"，"用法益刻深"。[①]当时"丁男被甲，丁女转输"[②]，"戍者死于边，输者偾于道"[③]。据估计，秦时可统计的人口大约有二千万，而每年征发徭役超过三百万人，以一家五口计，所余从事正常生产的丁壮已极其有限。《汉书·食货志上》说，秦时"力役三十倍于古"。[④]徭役无疑成为当时人民感受到的最沉重的压迫。从服役人运输粮饷地区的分布来看，当时承受繁重徭役负担的主要是关东人：

> 天下蜚刍挽粟，起于黄、腄、琅邪负海之郡，转输北河。(《史记·平津侯主义列传》)[⑤]
>
> 转负海之粟致之西河。(《史记·淮南衡山列传》)[⑥]
>
> 输将起海上而来。(《新书·属远》)。[⑦]
>
> 发卒五十万，使蒙公、杨翁子将，筑修城，西属流沙，北击辽水，东结朝鲜，中国内挽车而饷之。(《淮南子·人间》)[⑧]

---

① 《史记·秦始皇本纪》，第 269 页。
② 《汉书·严安传》，第 2812 页。
③ 《汉书·晁错传》，第 2284 页。
④ 《汉书》，第 1137 页。
⑤ 《史记》，第 2954 页。
⑥ 《史记》，第 3086 页。
⑦ 贾谊：《新书校注》，第 116 页。
⑧ 何宁撰：《淮南子集释》，中华书局 1998 年 10 月版，第 1289 页。

刘邦入关后，召诸县父老豪杰约法三章时说："父老苦秦苛法久矣……凡吾所以来，为父老除害"。[①] 被项羽整编的章邯军降卒也恐惧"秦必尽诛吾父母妻子"。[②] 可见关中人主要畏惧秦法之严苛，并不将赋役的征发看作为最沉重的负担。《史记·秦始皇本纪》记载："始皇初即位，穿治骊山，及并天下，天下徒送诣七十余万人。"很显然，此处"天下"，应当是指关东地区。[③] 沛人刘邦"以亭长为县送徒骊山"[④]，六人黥布"论输丽山"[⑤]。都是关东人服事沉重徭役的例证。秦始皇"乐以刑杀为威"，秦二世则"用法益刻深"，于是"赭衣半道"。[⑥]"赭衣塞路，囹圄成市"[⑦]。当时，刑徒成为最大量的、无代价的甚至实际上往往可能是无期限的劳作者。陕西临潼秦始皇陵西侧赵背户村发掘的秦劳役人员墓地中发现19人的瓦文墓志，其中计有标志死者生前户籍所在地的地名14个，分别属于原三晋、齐、鲁和楚国故地。进行勘查、清理的考古工作者指出："瓦文与记载相互参证，说明修建始皇陵的大批刑徒，都从原山东六国诏调而来。"[⑧]

---

① 《史记·高祖本纪》，第 362 页。

② 《史记·项羽本纪》，第 310 页。

③ 《史记》，第 265 页。"徙天下豪富于咸阳""徙天下不轨之徒于南阳"也是如此。

④ 《史记·高祖本纪》，第 347 页。

⑤ 《史记·黥布列传》，第 2597 页。

⑥ 《汉书·贾山传》，第 2327 页。

⑦ 《汉书·刑法志》，第 1096 页。

⑧ 始皇陵秦俑坑考古发掘队：《秦始皇陵西侧赵背户村秦刑徒墓》，《文物》1982 年第 3 期。瓦文所载 19 名死者中，有 10 人系服"居赀"劳役者，有的学者因此以为不应称其为"刑徒"。孙英民：《〈秦始皇陵西侧赵背户村刑徒墓〉质疑》，《文物》1982 年第 10 期。有的学者则指出，这些"居赀"服役者"同样被输往骊山筑陵，除了在是否带刑具等待（转下页注）

屯大泽乡谪戍渔阳九百人之中，阳城人陈胜、阳夏人吴广等可知明确出身地域者，也均为关东人。秦二世复作阿房宫，"尽征其材士五万人为屯卫咸阳……下调郡县转输菽粟刍藁，皆令自赍粮食，咸阳三百里内不得食其谷"。[①] 所谓咸阳三百里外，当然主要指关东地区。公元前 207 年十一月，发生了项羽在新安坑杀秦章邯军降卒二十万人的著名事件，事件起由在于项羽率领的关东诸侯联军对秦人的怀疑和歧视，而最初则又与"诸侯吏卒异时故徭使屯戍过秦中，秦中吏卒遇之多无状"有关。[②] 秦人由于不负担繁重徭役与关东人鲜明对比所产生的显著的地方优越感和特权观念，进一步激发了关东人的复仇心理。

关东人对秦人怀有深刻的仇恨心理，甚至到楚汉战争时在同一作战部队中也难免表现出深重的隔阂。刘邦欲拜军中故秦骑士重泉人李必、骆甲为骑将，"必、甲曰：'臣故秦民，恐军不信臣，臣愿得大王左右善骑者傅之。'"[③]

秦王朝在思想文化方面实行专制统治，对关东地区文化实行更强硬的政策。所谓焚书坑儒，"史官非秦记皆烧之，非博士官所职，天下敢有藏《诗》、《书》、百家语者，悉诣守、尉杂烧之"，禁私学而"以吏为师"，[④] 企图从根本上摈斥东方文化，以秦文化为主体实行强制性的文化统一，甚至以肉体消灭方式

（接上页注⑧）遇上存在某些差别外，实际上与刑徒命运是没有什么不同的。所以，笼统地称之为刑徒，并无不可"。高炜：《秦始皇陵的勘察与发掘》，《新中国的考古发现和研究》，文物出版社 1984 年 5 月版，第 386 页至第 388 页。
① 《史记·秦始皇本纪》，第 269 页。
② 《史记·项羽本纪》，第 310 页。
③ 《史记·樊郦滕灌列传》，第 2668 页。
④ 《史记·秦始皇本纪》，第 255 页。

打击关东知识分子。《汉书·地理志下》说："凡民函五常之性，而其刚柔缓急，音声不同，系水土之风气，故谓之风；好恶取舍，动静亡常，随君上之情欲，故谓之俗。孔子曰：'移风易俗，莫善于乐。'言圣王在上，统理人伦，必移其本，而易其末，此混同天下一之乎中和，然后王教成也。"[1] 统一国家的建设，必然促成文化的融合与统一，然而问题在于实现这一过程的手段和方式。战国时代，各地居民因长期分裂的政治形势造成的不同的心理状态是很明显的，秦人风俗与东方各国更有较大差异。秦统一后，秦王朝企图以强制手段将秦地风俗推行全国，以"匡饬异俗"，实现所谓"大治濯俗"，"黔首改化，远迩同度"。[2] 云梦睡虎地秦墓竹简《语书》称：

> 圣王作为法度，以矫端民心，去其邪避（僻），除其恶俗。[3]

说明秦政府在实现统一的过程中，在战争警报尚未解除之际，就将这种"移风易俗"的事业作为主要行政任务之一，并以法律为强制手段，以军事管制的形式强力推行这一政策。

古代风俗中至今能够留下最明显遗迹的莫过于葬俗。秦始皇陵西侧赵背户村秦劳役人员墓葬的葬式大多与秦人墓葬东西方向的传统相一致，出土骨架100具，仅有4具为仰身直肢葬，

---

① 《汉书》，第 1640 页。
② 《史记·秦始皇本纪》，第 262 页，第 250 页。
③ 睡虎地秦墓竹简整理小组：《睡虎地秦墓竹简》，文物出版社 1990 年 9 月版，释文注释第 13 页。

绝大多数为蜷曲特甚的屈肢葬，与关中地区春秋战国时期秦国屈肢葬的蜷曲情况相同。这种现象，应该理解为关东役人在专制制度下生前备极劳苦，死后仍被迫以秦人风俗就葬。

从历史文献的记载看，秦始皇时代秦帝国的反抗力量主要活动于关东地区。公元前218年，秦始皇东巡途中，曾经发生张良策划的以铁椎击车的博浪沙事件。公元前211年，有人书刻东郡陨石："始皇帝死而地分"。同年，华阴平舒道有人拦截使者，称："今年祖龙死"。[1]反秦武装集团的活动见于史籍的，则有彭越"常渔钜野泽中，为群盗"[2]以及黥布"亡之江中为群盗"[3]等等。秦末大起义中十数家反秦武装力量也均崛起于关东地区，如贾谊《过秦论》所说，陈胜振臂一呼，"天下云合响应，赢粮而景从，山东豪俊遂并起而亡秦族矣"。[4]从另一方面看，自陈胜起事到子婴"系颈以组，白马素车，奉天子玺符，降轵道旁"，反秦起义军始终被称为"关东盗"，[5]关中地区未曾燃起一星反抗的火花。[6]

楚汉战争时，"萧何转漕关中，给食不乏"。[7]汉并天下，娄敬劝刘邦建都关中，刘邦"疑之"。而张良以关中"沃野千里""天府之国""诸侯有变，顺流而下，足以委输"的有利条

---

① 《史记·秦始皇本纪》，第259页。
② 《史记·魏豹彭越列传》，第2591页。
③ 《史记·黥布列传》，第2597页。
④ 贾谊：《新书校注》，第2页至第3页。
⑤ 《史记·秦始皇本纪》，第275页，第273页。
⑥ 秦始皇三十一年（前216），曾"夜出逢盗兰池，见窘"。时"始皇为微行于咸阳"（《史记·秦始皇本纪》，第251页），并不暴露皇帝身份，此事件体现地方治安状况，未可解释为政治事件。
⑦ 《史记·萧相国世家》，第2016页。

件，力促刘邦做出定都长安的正确决策。^①当时有"秦富十倍天下"^②的说法。据云梦睡虎地秦简《仓律》，各地仓储均"万石一积"，唯"栎阳二万石一积，咸阳十万石一积"。^③刘邦军至霸上时，亦说："仓粟多，不欲费民"。^④关中经济之丰饶富足与关东经济之凋敝残破形成鲜明的对比，固然有秦人多年奖励耕战政策成功的因素，但是秦王朝关中与关东所实行的政策有明显的区别，也是重要的原因之一。

与此相关，关中居民也显然没有关东人那样激烈的反秦意识，因而贾谊、司马迁可以这样说："藉使子婴有庸主之材，仅得中佐，山东虽乱，秦之地可全而有，宗庙之祀未当绝也。"^⑤

我们注意到秦王朝关东地区统治政策的特点，就不难通过这些现象得出结论：所谓"天下苦秦久矣"这一反秦战争中最富于号召力量的口号^⑥，其意义是有地域性局限的，它集中表现出关东地区社会各阶层对秦王朝统治的共同的怨愤。秦王朝关东政策的失败确实是秦覆亡的主要原因之一。

讨论秦王朝的关东政策及其失败的原因，有必要进行历史的比较。

历史上秦国在扩张领土过程中所施行对新区的统治，有成功的，有失败的。

秦穆公"益国十二，开地千里，遂霸西戎"^⑦，然而史籍记

① 《史记·留侯世家》，第 2044 页。
② 《史记·高祖本纪》，第 364 页。
③ 睡虎地秦墓竹简整理小组：《睡虎地秦墓竹简》，释文注释第 25 页。
④ 《汉书·高帝纪上》，第 23 页。
⑤ 《史记·秦始皇本纪》，第 276 页。
⑥ 《史记·高祖本纪》，第 350 页。
⑦ 《史记·秦本纪》，第 194 页。

载秦与义渠的战争仍然持续多年。公元前444年，"秦伐义渠，虏其王"。公元前430年，"义渠侵秦至渭阴"。公元前335年，"义渠败秦师于洛"。[①]公元前331年，"义渠内乱，庶长操将兵定之"。[②]公元前327年，"县义渠，义渠君为臣"。[③]公元前320年，"秦伐义渠，取郁郅"。公元前318年，"义渠败秦师于李伯"。公元前315年，"秦伐义渠，取徒泾二十五城"。[④]公元前310年，秦"伐义渠"。[⑤]公元前280年，"宣太后诱杀义渠王于甘泉宫，因起兵灭之，始置陇西、北地、上郡焉"[⑥]，终于平定西北，西戎之地成为秦对东方作战的巩固后方。

秦惠文王时据有巴蜀，秦昭王与巴人"乃刻石盟要"，约定："复夷人顷田不租，十妻不算。伤人者论，杀人者得以倓钱赎死。盟曰：秦犯夷，输黄龙一双；夷犯秦，输清酒一钟。夷人安之。"[⑦]对原有经济形式、风俗习惯没有以强势力量干涉和变革，因此对巴人的政策获得最大的成功。秦曾三次封蜀侯，又三次因其反叛发兵"诛之"。此后，秦不再封蜀侯，"但置蜀守"，蜀地逐渐安定。[⑧]据《史记·秦本纪》和《华阳国志·蜀志》记载，巴人蜀人后来都参加了秦平楚地的战役，并承担了

① 《后汉书·西羌传》，第2874页。
② 《史记·六国年表》，第728页。
③ 《史记·秦本纪》，第206页。
④ 《后汉书·西羌传》，第2874页。
⑤ 《史记·秦本纪》，第209页。
⑥ 《后汉书·西羌传》，第2874页。参见王子今《秦史的宣太后时代》，《光明日报》2016年1月20日14版；《宣太后的历史表演与秦统一进程》，《秦汉研究》第11辑，陕西人民出版社2017年9月版，第1页至第11页。
⑦ 《后汉书·南蛮传》，第2842页。
⑧ 〔晋〕常璩撰，刘琳校注：《华阳国志校注》，巴蜀书社1984年7月版，第200页。

政策调整：取与守不同术

主要的军需供应。①

总的看来，秦国新占领区政策的制订与实行过程中曾经历过诸多波折和反复，然而总体上可以说是成功的，大致在秦昭王时代已制订出一套成熟的政策和法令。这种成功，也是秦能够实现统一的因素之一。

在战国兼并时期，著名的乐毅破齐的战争具有应当引起史学家重视的特点。

公元前 284 年，乐毅率燕军攻齐，"修整燕军，禁止侵掠，求齐之逸民，显而礼之，宽其赋敛，除其暴令，修其旧政"，于是"其民喜悦"，破临淄后，"祀桓公、管仲于郊，表贤者之闾，封王蠋之墓"，特别注意积极笼络齐国上层分子，"齐人食邑于燕者二十余君，有爵位于蓟者百有余人"。由于乐毅以正确的占领区政策与强大的军事进攻相配合，"六月之间，下齐七十余城，皆为郡县"，②"燕既尽降齐城，唯独莒、即墨不下"。而继任者骑劫失败的原因之一，就在于"燕军尽掘垄墓，烧死人"，伤害了齐人的宗族感情，致使其"俱欲出战，怒自十倍"。③如果乐毅在齐国确实实行过这种政策，应当说表现出了相当高明的策略眼光。这种历史记录，或许只是某种政治理想的体现。杨宽《战国史》初版印行于 1955 年。20 世纪 70 年代以来考古工作获得丰收，新资料层出不穷。经过重大补充、修订和改写的《战国史》第 2 版 1980 年面世。20 世纪 90 年代末

---

① 参见《史记·秦本纪》，第 213 页；常璩撰《华阳国志校注》，第 200 页。
② 《资治通鉴》卷四"周赧王三十一年"，第 130 页。
③ 《史记·田单列传》，第 2453 页至 2454 页。

又印行过增订本。列入"中国断代史系列"的2003年新版《战国史》又有新的学术面貌。关于乐毅破齐故事的记述，也有重大改动。原版写道："乐毅为了拉拢齐国地主阶级，在齐国封了二十多个拥有燕国封邑的封君，还把一百多个燕国爵位赏赐给齐人。"作者注明"根据《资治通鉴》周赧王三十一年"。新版则不再保留这段文字，又特别在"绪论"中"战国史料的整理和考订"题下专门讨论了"《资治通鉴》所载乐毅破齐经过的虚假"这一问题。作者论证《通鉴》所称"齐人食邑于燕者二十余君，有爵位于蓟者百有余人"事不可能发生，又指出，"所有这些，都是后人夸饰乐毅为'王者之师'而虚构的"。"所有这些伪托的乐毅政绩，符合于《通鉴》作者的所谓'治道'，因而被采纳了"。这样的分析，澄清了战国史的重要史实，对于史学史研究，也具有值得重视的意义。[①]

据《战国策·齐策四》记载，秦人早此数十年亦曾采取类似"表贤者之闾，封王蠋之墓"的政策："昔者秦攻齐，令曰：'有敢去柳下季垄五十步而樵采者，死不赦。'"[②]在秦国发展与扩张的漫长历史中，多见相似的例子。睡虎地秦墓竹简中《法律答问》规定："真臣邦君公有罪，致耐罪以上，令赎。"[③]说明秦国政府对少数民族的首领实行"赂之以抚其志"[④]的怀柔政策，并在法律中规定了他们的特权。直到秦王政九年（前238）嫪毐作乱时，胁从者有"戎翟君公"，可见他们仍活跃于政治

① 王子今：《战国史研究的扛鼎之作——简评新版杨宽著〈战国史〉》，《光明日报》2003年9月2日。
② 何建章：《战国策注释》，中华书局1990年版，第396页。
③ 睡虎地秦墓竹简整理小组：《睡虎地秦墓竹简》，释文注释第135页。
④ 《史记·张仪列传》，第2303页。

舞台并拥有一定的实力。

从以上事实分析，统一后的秦王朝的当政者有本国和他国丰富的历史经验足以借鉴，由于关东地区统治政策失败促成的王朝倾覆显然不能简单地以"新兴地主阶级"缺乏政治经验做出解释，而应通过对包括经济、文化等各种条件的全面分析来作出进一步的说明。

首先，秦国历来与东方各国保持着风俗、制度等方面的不同特点。孝公以前，"秦僻在雍州，不与中国诸侯之会盟，夷翟遇之"，秦人以为"诸侯卑秦，丑莫大焉"。[1] 司马迁也说："秦杂戎翟之俗"，"秦之德义不如鲁卫之暴戾"。[2] 鸿沟之深，是不可能在短期内特别是通过强制手段克服的。秦人虽曾通过引用关东知识分子作为"客卿"，客观上接受东方文化的渗入，但首要前提是这些人必须为个人功名富贵完全抛弃本国利益。甚至连秦王以为"得见此人，与之游，死不恨"的韩非，也因为提出攻赵存韩的意见，终于以"终为韩，不为秦"的谗言而遭到杀害。[3] 特别是"既并天下，则以客为无用，于是任法而不任人"[4]，来自东方的士人的地位更发生了变化。睡虎地秦墓竹简《法律答问》中写道：

> "邦客与主人斗，以兵刃、投（殳）梃、拳指伤人，赀以布。"可（何）谓"赀"？赀布入公，如赀布，入赀钱如律。

---

① 《史记·秦本纪》，第 202 页。

② 《史记·六国年表》，第 685 页。

③ 《史记·老子韩非列传》，第 2155 页。

④ 〔宋〕苏轼：《东坡志林》卷五《论古·游士失职之祸》。

睡虎地秦墓竹简整理小组注释："邦客，指秦国以外的人。主人，指秦国人。"整理小组译文："'邦客和秦人相斗，邦客用兵刃、棍棒、拳头伤了人，应揞以布。'什么叫'揞'？将作为抚慰的布缴官，也就是和罚布一样，依法缴钱。"① 我们看到，当时秦国社会有"邦客"和"主人"的专用语以区分身份等级，法律规定关东人与秦人争斗使秦人致伤时要依法论处，然而对于秦人致伤关东"邦客"，则看不到相对应的条文。这或许可以说明关东人即使投靠秦国，在法律上也不被承认有与秦人平等的地位。

　　秦统一以后，这种长期对立造成的敌对情绪仍有表现，但是作为统一帝国主宰的秦王朝最高统治者并不注意消弭这种情绪，而且本身也受到这种狭隘观念的严重局限。严安曾批评秦"循其故俗"②，贾谊在《过秦论》中也进行了这样的分析："夫并兼者高诈力，安定者贵顺权，此言取与守不同术也。"③ 他说，秦结束了战国时代，建立了统一的新的"王天下"的政治格局，然而却并未及时改变兼并时期的政治军事方针，没有摆脱激烈争战阶段形成的历史惯性，"其道不易，其政不改"。由于没有认识到"取"天下和"守"天下的策略应当有所不同，仍然继续"秦地半天下"④ 时代以关中为根据地对峙关东的战略思想。由于秦始皇和他的主要助手的执政理念没有完成应有的历史转变，当时秦王朝的关东政策，以严酷的高压为基调，以致关东"父老苦秦苛法久矣"。⑤ "秦苛政""秦苛法""酷刑法"

---

① 睡虎地秦墓竹简整理小组：《睡虎地秦墓竹简》，释文注释第114页。
② 《史记·平津侯主父列传》，第2958页。
③ 《史记·秦始皇本纪》，第283页。
④ 《史记·张仪列传》，第2289页。
⑤ 《史记·高祖本纪》，第362页。

成为东方人深刻的"暴秦"记忆。[①]秦吏"亟疾苛察"的行政风格，也是关东人所感觉的秦政"暴戾"的表现。[②]

其次，秦王朝关东政策制定的基点，在于对关东地区经济和文化的发展水平缺乏充分的估计。秦孝公时，承认"诸侯卑秦，丑莫大焉"。[③]秦惠文王时代的《诅楚文》，也并不自诩经济文化的先进，但是秦始皇在各地刻石，却已经敢于在包括"义""理"等各方面指斥六国君王，俨然以先进经济和优秀文化的传布者自居。这种意识，显然来源于统一战争中"譬若驰韩卢而逐蹇兔"的军事优势和因关东地区战时"天下之府库不盈，困仓空虚"[④]的片断历史现象引起的错觉。于是，秦政权将以往对经济、文化比较落后的戎狄居地和巴蜀地区的一些政策，直接移用于关东地区，例如颁布强制移易风俗的法令等等，甚至于实行"殖民"政策。商鞅曾将所谓"乱化之民"，"尽迁之于边城"。[⑤]《华阳国志·蜀志》说：秦惠王置巴郡，"移秦民万家实之"。[⑥]《史记·项羽本纪》："巴蜀道险，秦之迁人尽居蜀。"[⑦]《汉书·萧何列传》也说："秦之迁民皆居蜀。"[⑧]秦在统一战争中，曾经对关东地区实行"殖民"：

---

① 《史记·孝文本纪》，第414页；《史记·淮阴侯列传》，第2612页；《史记·秦始皇本纪》，第283页，《史记·高祖本纪》，第394页；《史记·陈涉世家》，第1952页。

② 《史记·张释之冯唐列传》，第2752页；《史记·六国年表》，第685页。

③ 《史记·秦本纪》，第202页。

④ 何建章：《战国策注释》，第171页，第88页。

⑤ 《史记·商君列传》，第2231页。

⑥ 常璩：《华阳国志校注》，第194页。

⑦ 《史记》，第316页。

⑧ 《汉书》，第2006页。

（惠文王八年）伐曲沃，尽出其人，取其城，地入秦。[1]

（十三年）使张仪伐取陕，出其人与魏。[2]

（魏哀王）五年，秦拔我曲沃，归其人。[3]

（昭襄王）二十一年，（司马）错攻魏河内，魏献安邑。秦出其人，募徙河东赐爵，赦罪人迁之。

（昭襄王）二十六年，赦罪人迁之穰。

（昭襄王）二十七年，（司马）错攻楚，赦罪人迁之南阳。

（昭襄王）二十八年，大良造白起攻楚，取鄢、邓，赦罪人迁之。[4]

秦统一后，仍实行"徙谪实之初县"的政策。仅据已发表的考古材料，在这一时期前后，含有秦文化因素的墓葬发现于河南陕县后川、三门峡市区、郑州岗社、泌阳官庄，山西侯马乔村、榆次猫儿岭，内蒙古准格尔旗勿尔图沟，湖北云梦睡虎地、大坟头、江陵凤凰山、宜昌前坪、宜城楚皇城，四川成都羊子山、洪家包、天回镇、涪陵小田溪，广东广州淘金坑、华侨新村，广西灌阳、兴安、平乐等地。[5]应当指出，这一部分"迁人"的待遇和作用显然与被迫迁徙的关东居民不同，他们或免除徒刑，或赐以爵位，是被作为秦王朝在全国统治的支

---

① 《史记·樗里子列传》，第2307页。
② 《史记·秦本纪》，第206页。
③ 《史记·六国年表》，第733页。
④ 《史记·秦本纪》，第212页，第213页。
⑤ 叶小燕：《秦墓初探》，《考古》1982年第1期。

柱而加以利用的。秦汉文献中所谓"闾左",很可能就包括这些人,他们虽立身民间,但作为秦最基层政权的"左助"(佐助),在征发赋役时也最受优待。[①]

这些在落后地区可能比较成功的政策,在人口众多、地域广阔,特别是经济并不落后,文化尤其先进的关东地区,则只能激起敌对势力的反抗。

《荀子·议兵》说:"兼并易能也,唯坚凝之难焉。"是说以军事力量占领新的领土容易,而维持巩固的统治,长期实现安定则难。"韩之上地,方数百里,完全富足而趋赵,赵不能凝也,故秦夺之。"荀况主要根据关东地区兼并的形势而提出的政策应该说是正确的,即"凝士以礼,凝民以政;礼修而士服,政平而民安;士服民安,夫是之谓大凝。以守则固,以征则强,令行禁止,王者之事毕矣"。[②]战国时代的政治家为统一前景所提出实现"大凝"的主张,堪称远见卓识。如果说由于战争形势进展异常迅速使得秦在关东地区新领土的具体政策来不及得到时间检验就必须推广施行,那么,秦统一后始终未能将这些政策的合理性调整到能够使关东人接受的程度,就不能不认为是秦王朝最高统治者政治上的严重失误了。

张荫麟说:"始皇能焚去一切《诗》《书》和历史的记录,却不能焚去记忆中的六国亡国史;他能缴去六国遗民的兵器,却不能缴去六国遗民(特别是一班遗老遗少)的亡国恨;他能

---

① 参见王子今《"闾左"为"里佐"说》,《西北大学学报》(哲学社会科学版)1985年第1期;《里耶秦简与"闾左"为"里佐"说》,《湖南大学学报》(社会科学版)2014年第4期。
② 〔清〕王先谦撰,沈啸寰、王星贤点校:《荀子集解》,第290页。

把一部分六国的贵族迁到辇毂之下加以严密的监视，却不能把全部的六国遗民同样处置。在旧楚国境内就流行着'楚虽三户，亡秦必楚'的谚语。当他二十九年东巡行到旧韩境的博浪沙（在今河南阳武县东南）[①]中时，就有人拿着大铁椎向他狙击，中了副车，只差一点儿没把他击死。他大索凶手，竟不能得。"[②]

战国时代已形成的趋于统一的历史潮流，促成了秦王朝的建立。然而秦末起义中却有关东政治活动家以复国旗帜为号召。

陈胜起事初，曾经诈称公子扶苏，"从民欲也"，不久则继而以"伐无道，诛暴秦，复立楚国之社稷"为宗旨，号为"张楚"[③]，反映出陈胜等人已敏锐觉察到"民欲"的变化。公元前207年八月，子婴放弃帝号，称秦王，而关东诸侯军仍不以实现复国、秦帝国崩溃为满足，可见秦王朝的关东政策积怨之深。

不过，我们也不应当以绝对化的非历史主义的眼光看待秦王朝失败的关东政策。秦王朝行郡县制，在这一制度上全国各地持平如一，这显然与周人克殷后以殷人为种族奴隶不同。关中民众同样"苦秦苛法久矣"，说明至少在一部分法令面前，各地是平等的，正如李斯所谓"天下已定，法令出一"。[④]况且，具体地说，当时有些政策从长远的观点看并不应过多地受到责难。例如，徙天下豪富十二万户于咸阳；孔氏梁人，以铁冶为业，迁之于南阳；"用铁冶富"的赵人卓氏被迁至蜀地，"独夫

---

① 今按：据谭其骧主编《中国历史地图集》第2册，博浪沙在今河南中牟西。地图出版社1982年10月版，第7页至第8页。
② 张荫麟：《中国史纲》，第152页。
③ 《史记·陈涉世家》，第1952页。
④ 《史记·秦始皇本纪》，第255页。

政策调整：取与守不同术

妻推辇，行诣迁处"等。^①这种移民，从客观上说，有益于先进生产技术的传播和文化的交流。另一方面，如贾谊所谓"坏宗庙与民"^②，即对关东地区顽固的旧宗法制的破坏，也无疑具有一定的积极意义。

刘邦以其政治远见，注意克服狭隘的地方主义观念，与反秦联合力量中的六国复国努力划清界限，致力于建立统一的新帝国。在进军关中途中，他就采取了"约降，封其守，因使止守，引其甲卒与之西"的方针，于是"通行无所累"，"无不下者"。入关中后，又约法三章，甚至"使人与秦吏行县乡邑，告谕之"，对秦国本土政治经济现状没有根本性触动。^③同项王与诸侯屠烧咸阳而去截然不同，萧何于是"先入收秦丞相御史律令图书臧之……汉王所以具知天下阸塞，户口多少，强弱之处，民所疾苦者"。^④楚汉战争中，刘邦据有富足的关中作为稳固后方，使兵员和作战物资不断得到补充，垓下一役，终于战胜项羽。汉并天下之后，刘邦从建立统一帝国的大局出发，接受曾被项羽贬斥为"衣绣夜行"的建议，定都关中，实行促进楚文化、齐鲁文化和秦文化交汇融合的正确政策，建立起空前强大的中央集权的帝国。经数十年的文化过渡，到汉武帝以后，使全国各地区居民融为一体的汉民族基本形成，具有共同风格的汉文化也得到初步发育的条件。秦始皇所企望的"周定四极""远迩同度"^⑤的局面，这时才基本实现了。

---

① 《史记·货殖列传》，第 3277 页。

② 《史记·秦始皇本纪》，第 284 页。

③ 《史记·高祖本纪》，第 360 页，第 362 页。

④ 《史记·萧相国世家》，第 2014 页。

⑤ 《史记·秦始皇本纪》，第 249 页，第 250 页。

狩猎、纺织、车骑画像石（东汉）。山东滕州龙阳店出土。
首层狩猎图，二层纺织图，三层车骑出行图。现藏国家博
物馆。

一个新建立的王朝，比较注意面对社会、面对民众时的形象。执政合法性是否能够得到承认，执政能力是否能够得到证实，取决于最初的行政表现。开国君主在执政之初大多都重视谦虚谨慎、戒骄戒躁，比较清醒地处理文政和武事。相反，最初就不能冷静地执政，往往导致后来的偏失。

"约法三章"

刘邦入关，约法三章，"杀人者死，伤人及盗抵罪。余悉除去秦法"。迅速取得了关中民众的支持和拥戴。"秦人大喜，争持牛羊酒食献飨军士。""唯恐沛公不为秦王。"[1]刘邦在关中争取民心取得成功，也是后来终于战胜强敌项羽集团的重要因素。

为什么对于"法"的调整和更动会赢得民众拥护呢？

这是因为"秦法"之严酷曾经显著摧残民生，激起民怨，成为社会危机的主要动因。这就是《史记·高祖本纪》记载刘邦所谓"父老苦秦苛法久矣，诽谤者族，偶语者弃市"。[2]《易·豫》说："圣人以顺动，则刑罚清而民服。"[3]这里所说的"刑罚清"，应当包括司法平和与司法公正。刘邦约法三章故事，正是"刑罚清而民服"的史证。

"刑罚清"，长期被看作王道德治的标志。人们对新王朝的期望，首先也包括社会法制管理的"清"。《左传·庄公十年》

---

① 《史记·高祖本纪》，第 362 页。

② 《史记·高祖本纪》，第 362 页。

③ 〔清〕阮元校刻:《十三经注疏》，第 31 页。

有著名的"曹刿论战"故事："春，齐师伐我。公将战。曹刿请见。其乡人曰：'肉食者谋之，又何间焉？'刿曰：'肉食者鄙，未能远谋。'乃入见，问何以战。公曰：'衣食所安，弗敢专也，必以分人。'对曰：'小惠未遍，民弗从也。'公曰：'牺牲玉帛，弗敢加也，必以信。'对曰：'小信未孚，神弗福也。'公曰：'小大之狱，虽不能察，必以情。'对曰：'忠之属也，可以一战。战，则请从。'公与之乘。战于长勺。"[①]鲁军一鼓作气，取得了战役的胜利。所谓"衣食所安，弗敢专也，必以分人"，所谓"牺牲玉帛，弗敢加也，必以信"，所谓"小大之狱，虽不能察，必以情"，都是高标范的合理行政的体现。而最后一条涉及司法制度，曹刿"忠之属也，可以一战"的话，其实透露了多数民众对于"刑罚清"的渴望。

循吏、良吏，是最高统治集团奖掖表彰的模范官吏，其主要特征是忠于职守，行政有效，而能够公正执法，也是政治成功的必要条件。《史记·太史公自序》关于"循吏"写道："奉法循理之吏，不伐功矜能，百姓无称，亦无过行。""太史公曰：法令所以导民也，刑罚所以禁奸也。文武不备，良民惧然身修者，官未曾乱也。奉职循理，亦可以为治，何必威严哉？"[②]司马迁认为，只要"奉法循理"，"奉职循理"，就可以"为治"，是不必要专用政治高压的。在司马迁笔下，孙叔敖为楚相，"施教导民，上下和合，世俗盛美，政缓禁止，吏无奸邪，盗贼不起"。子产为郑相，"为相一年，竖子不戏狎，斑白不提挈，僮子不犁畔。二年，市不豫贾。三年，门不夜关，道不拾遗。四

---

① 〔清〕阮元校刻：《十三经注疏》，第 1767 页。
② 《史记·太史公自序》，第 3317 页；《史记·循吏列传》，第 3099 页。

年，田器不归。五年，士无尺籍，丧期不令而治。治郑二十六年而死，丁壮号哭，老人儿啼，曰：'子产去我死乎！民将安归？'"公仪休为鲁相，"奉法循理，无所变更，百官自正。使食禄者不得与下民争利，受大者不得取小"。司马迁还写道："李离者，晋文公之理也。过听杀人，自拘当死。文公曰：'官有贵贱，罚有轻重。下吏有过，非子之罪也。'李离曰：'臣居官为长，不与吏让位；受禄为多，不与下分利。今过听杀人，傅其罪下吏，非所闻也。'辞不受令。文公曰：'子则自以为有罪，寡人亦有罪邪？'李离曰：'理有法，失刑则刑，失死则死。公以臣能听微决疑，故使为理。今过听杀人，罪当死。'遂不受令，伏剑而死。"司马迁赞扬道："李离过杀而伏剑，晋文以正国法。"①

《史记·张释之冯唐列传》记述，汉文帝出行，途经中渭桥，有行人冲犯车马。汉文帝怒，要求严厉惩处，张释之则主张按照刑法治罪，判处罚金。汉文帝大怒，以为惩罚过轻。张释之则说："法者，天子所与天下公共也，今法如此而更重之，是法不信于民也。"事后，汉文帝承认张释之的处理意见是正确的。② 这一故事，说明当时一些重要的执法官员能够以公正为原则，而汉文帝以天下之尊，在盛怒之下也能够虚心纳谏。所谓"法者，天子所与天下公共也"的观念，是一种相当开明的法律思想，其内质，体现了司法公正的社会要求。甚至皇帝

---

① 《史记·循吏列传》，第3101页，第3102页至第3103页。参见王子今《汉代"得民和"政治理念的思想史分析》，《人文杂志》2007年第5期；《召公故事与汉代政治理念之"得民和"追求》，《秦汉研究》第2辑，三秦出版社2007年11月版，第43页至第50页。
② 《史记》，第2754页至第2755页。

本人也无法抗拒这一要求。

《史记·孝文本纪》这样赞美文景之治的成就:"汉兴,至孝文四十有余载,德至盛也。"①汉文帝时代"德治"的成功,有"刑罚清"等因素的作用。②

"名田"制度,"王田"制度

财富平均,是中国传统社会理想的基本原则。在以农耕为经济主体的社会,财富平均的要求,主要集中于田土的平均。千百年来,中国民众最强烈的要求,是对土地的要求;最迫切的期望,是对土地的期望。他们的"德治"理想,往往归结于对以平均为基点的相对合理的土地制度的向往。

对于"井田制"的认识,可以作为例证。"井田制",是中国古代的一种土地制度。对于"井田"的具体形制,历来有许多不同的解释。一般认为,"井田制"大致可分为 8 家为井而有公田以及 9 家为井而无公田两种。20 世纪 20 年代,胡适曾经著文《井田辨》,提出"井田"的均产制只是战国时代的乌托邦,战国以前,从来没有人提及古代的"井田"之制。对这一说法,学界多以为疑古太过。实际上,"井田"的文字遗存虽然年代较晚,但是从许多现象分析,中国古代很可能确实曾经存在过这样的田制。"井田制"由原始氏族公社土地公有制发展

---

① 《史记》,第 437 页。

② 汉文帝时代曾经进行重大的司法改革。秦法规定,对罪人行施黥、劓、刖、宫四种肉刑。汉文帝诏令废除黥、劓、刖三种肉刑,改以笞刑代替。当时,许多官员能够执法宽厚,断狱从轻,于是狱事相对比较清明,刑罚相对比较合理。

而来，既体现出新生的私有制因素，也保留着较多的公有制成分。其基本特点是，实际耕作者对于土地只有使用权，没有所有权。土地在一定范围内实行定期平均分配。因为学界对夏、商、周三代的社会性质存在不同的认识，所以对"井田制"性质的认识也有分歧。但有一点各家的认识是大致相同的，这就是都承认"井田"所联系的社会组织的内部，表现出由公有向私有过渡的特征；都承认"井田"的存在，是以土地一定程度上的公有为前提的。

随着土地私有制的出现和普及，"井田制"开始在新田制的冲击下动摇。春秋时期，晋国"作爰田"，鲁国"初税亩"，都是在事实上承认土地私有制普遍存在的基点上实现的土地制度改革。战国时期，商鞅在秦国推行变法，实行"为田，开阡陌"的制度[①]，已经以法令形式全面否定了原有的土地所有关系。大约在这一时期，"井田制"终于彻底瓦解。四川青川郝家坪战国墓出土秦国木牍书写有《为田律》，具体反映了当时新田制的内容，可以看作"井田制"确实已经被破坏的文物证明。

汉并天下，刘邦推行新的"名田"制度，确定以军功爵级等条件分配土地。这虽然不是绝对的平均，但是在当时有一定的合理性，也自然会得到战后多数人的拥护，而复员军人因此可以激起生产的积极性。

王莽推行的"王田"制度，有意遏制豪强地主的土地兼并。这一制度虽然失败，设计与推行者追求土地平均的意图，还是应当肯定的。

---

① 《史记·秦本纪》，第 203 页。

238

舆论的利用和舆论的控制

开国，作为重大政治变动，有舆论的准备作为条件。成功的操作者也重视舆论的控制。就以篡夺实现开国的历史范例，有人曾经指出："盖自古奸臣欲窃国柄者，必塞言路，而后可便其所为。"史例是著名的指鹿为马故事："赵高欲为乱，恐群臣不听，乃先设验。持鹿献于二世，曰：'马也。'二世笑曰：'丞相误耶？谓鹿为马。'问左右，左右或默，或言马以阿顺赵高。或言鹿者，高因阴中诸言鹿者以法。后群臣皆畏高。"[①]论者于是总结了这样的历史经验："人君若能知开言路之利于国，知塞言路之利于奸，则自无难于听言矣。"[②]

在秦始皇三十四年（前213）关于郡县制的御前辩论中，丞相李斯批判了儒者遵行古制，实行分封的主张。他说，先古五帝三代制度不相承袭，各因时势之变异用不同的方式治理天下。当今陛下创大业，建万世之功，其意义，当然是狭隘浅薄的儒生所不可能理解的。儒者所说三代分封之事，当代不可以遵法。李斯又说，古者天下散乱，不能统一，诸侯并争，厚招游学，形成了"道古以害今，饰虚言以乱实"的风气，现在天下已经平定，法令出于皇帝，而私学却公然非毁法教，诸生不师今而学古，批判当世之政，惑乱民众之心，政令一旦颁下，都各自站在其学派的立场上妄加批评否定，以超越主上、标新立异来抬高自己的名位，甚至公然诽谤朝政。如此不加制止，上则损

---

① 《史记·秦始皇本纪》，第273页。
② 〔明〕高拱：《本语》卷六。

害皇帝的威望，下则扩大私党的影响，因此应当严厉禁绝。

李斯又建议，除秦官定史书《秦记》以外，其他历史记载都予以烧毁。除了博士官所掌管的以外，天下有私人收藏《诗》、《书》、百家语者，都必须交地方官员烧毁。有敢私下讨论《诗》《书》的，处以弃市之刑，以古非今的，诛灭其家族。官员知情而不举报者与其同罪。焚书令颁下三十天仍然拒不遵行的，罚做筑守边城的劳役。而医药卜筮种树之书，不在禁烧之列。[①]

李斯的建议得到秦始皇的批准。

秦始皇焚书，是对先秦思想文化成就的冷酷否定和粗暴摧残，是中国文化史上一次严重的浩劫。

张荫麟《中国史纲》中是这样评论这一历史事件的："武力的统治不够，还要加上文化的统治；物质的缴械不够，还要加上思想的缴械。始皇三十四年（始皇即帝位后不改元，其纪年通即王位以来计），韩非的愚民政策终于实现。先是始皇的朝廷里，养了七十多个儒生和学者，叫做博士。有一次某博士奉承了始皇一篇颂赞的大文章，始皇读了甚为高兴，另一位博士却上书责备作者的阿谀，并且是古非今地对于郡县制度有所批评。"秦始皇征问李斯的意见，李斯覆奏建议"禁私学非法教人"，强令烧书。"始皇轻轻地在奏牍上批了一个'可'字，便造成了千古叹恨的文化浩劫。"这是秦始皇"内防反侧的办法"。[②]

焚书之后不久，又发生了坑儒事件。

秦始皇晚年，独断专行，又迷信方术，欲求长生。曾经

---

① 参见《史记·秦始皇本纪》，第 254 页至第 255 页。

② 张荫麟:《中国史纲》，第 147 页至第 148 页。

受到他信用的侯生和卢生不满秦始皇贪于权势，专好以刑杀强化自己的威权，于是相约逃亡。秦始皇大怒，以侯生和卢生的"诽谤"之罪，疑心诸生在咸阳者多以妖言扰乱民心，于是使御史严厉拘审，将所谓诸生"犯禁者"四百六十余人坑杀于咸阳，以警告天下有不同政见的文化人。

秦始皇长子扶苏劝谏道，天下初定，远方人心尚未安宁，诸生不过诵法孔子之学，现在以严酷之法处置，担心天下将会发生动荡。秦始皇大怒，斥令扶苏离开咸阳，到北方边疆蒙恬的部队中担任监军的职务。①

秦始皇焚书坑儒等极端的措施造成了思想文化的凋零，同时也激起了知识界对秦政普遍的抵触和反抗。

对于焚书坑儒，历来有种种的否定与抨击，但是历史条件和文化背景的复杂是不可以简单论定的。明代思想家李贽在《史纲评要》中曾经这样评论李斯关于焚书的上书："大是英雄之言，然下手太毒矣。当战国横议之后，势必至此。自是儒生千古一劫，埋怨不得李丞相、秦始皇也。"②

秦王朝对思想文化的严酷的控制，反映了秦王朝当政集团比较急进的行政作风，同时又表现出长期战争之后行政军事化的历史惯性。

秦王朝文化政策的一个重要特征，是强调所谓"以吏为师"，也就是由官吏承担思想文化方面的领导，代替了先前私学繁盛时代的"师"。

李斯在建议焚书时，曾经说道，异时诸侯并争，因而游学

---

① 参见《史记·秦始皇本纪》，第 258 页。
② 〔明〕李贽：《史纲评要》卷四《后秦纪》，第 90 页。

大盛。而今天下已定，法令出一，百姓应当努力投身生产，文人应当学习法令制度。并且对于所谓"私学"批评干扰"法教"的情形提出严厉的指责，以为如此将致使专制权力在思想文化领域的动摇。在李斯等人的眼里，"私学"和"法教"，形成了尖锐的文化对立。推行焚书令之后，他又提议用行政力量指导文化行为，明确要求："若欲有学法令，以吏为师。"[①]

以所谓"若欲有学法令，以吏为师"，取代了原先相当活跃的"私学"，表现出秦政权重"法"而轻"学"的文化价值取向。后来汉代人评价秦政时，对此多有严厉的批判[②]，指出了秦王朝这一文化政策的反文化实质。

其实，所谓"以吏为师"，或许也可以理解为并不以简单的"学法令"为限。这一指令所针对的"学"的意义，实际上涵盖了极宽泛的文化范畴[③]，于是形成了秦政关于文化统制的一个基本原则。

云梦睡虎地秦简所见南郡守腾颁发给本郡各县、道的公告《语书》中，就写道：圣王制定法律，用以端正百姓的意识，改造邪庚的性情，清除恶劣的习俗。由于法律不尽完备，百姓

---

① 《史记·秦始皇本纪》，第255页。

② 如贾谊《贾子新书·过秦中》所谓"废王道而立私爱，禁文书而酷刑法，先诈力而后仁义"，《新书校注》，第14页；《史记·淮南衡山列传》引伍被语所谓"绝圣人之道，杀术士，燔《诗》《书》，弃礼义，尚诈力，任刑罚"，第3086页；《汉书·吾丘寿王传》引吾丘寿王语所谓"废王道，立私议，灭《诗》《书》而首法令，去仁恩而任刑戮"，第2796页；《盐铁论·褒贤》所谓"弃仁义而尚刑罚，以为今时不师于文而决于武"，王利器校注：《盐铁论校注》（定本），第242页；《汉书·刑法志》所谓"毁先王之法，灭礼谊之官，专任刑罚"等，第1096页。

③ 《史记·秦始皇本纪》裴骃《集解》引述徐广的说法："一无'法令'二字。"也就是说，当作："若欲有学，以吏为师。"第256页。

中多有伪诈奸巧，以致干扰法令实施的。所有的律令，都是要教导百姓改造邪戾的性情，清除恶劣的习俗，使他们能够成为良善之民。[1]

《语书》又责备道：现在法律已经齐备，但是仍然有一些官吏民众不予遵守，习俗淫佚放荡的人未能收敛，这将导致主上的大法不能实行，邪恶的风气得以助长。如此，则严重危害国家，也不利于百姓。[2]可见，"民心""乡俗"等文化形态，是"法度"所"矫端"的对象，而"吏"的作用，确实也是相当突出的。按照《语书》中的说法，即："凡良吏明法律令，事无不能殹（也）。"[3]以为良吏如果明习了法律令，则可以应对任何复杂的行政难题。在秦王朝的价值评定体系中，"法律令"被抬高到万能的地位，"良吏"也被抬高到万能的地位。

"以吏为师"，宣告了春秋战国时代发生于民间，曾经向历史提供过伟大文化贡献的"私学"终于被取缔。于是，政治领导文化，政治规范文化，政治统制文化，政治奴役文化的历史定式开始形成。这一定式对于后来中国文化演进的历程发生的影响，是十分显著的。

王莽是十分重视利用舆论形式来为"开国"的合理性作宣

---

① 原文为："圣王作为法度，以矫端民心，去其邪避（辟），除其恶俗。法律未足，民多诈巧，故后有间令下者。凡法令者，以教道（导）民，去其淫避（辟），除其恶俗，而使之于为善殹（也）。"睡虎地秦墓竹简整理小组：《睡虎地秦墓竹简》，释文注释第13页。

② 原文为："今法律令已具矣，而吏民莫用，乡俗淫失（泆）之民不止，是即法（废）主之明殹（也），而长邪避（辟）淫失（泆）之民，甚害于邦，不便于民。"睡虎地秦墓竹简整理小组：《睡虎地秦墓竹简》，释文注释第13页。

③ 睡虎地秦墓竹简整理小组：《睡虎地秦墓竹简》，释文注释第15页。

传的。即所谓"附会古事，假借符命，以为革命张本"[①]。班固说，秦始皇焚书是为了控制舆论，王莽以儒学为标榜，也是利用舆论："昔秦燔《诗》《书》以立私议，莽诵《六艺》以文奸言，同归殊涂，俱用灭亡。"[②]也同样归于灭亡。

有学者指出："愚按：谶纬之说，秦以前未之闻也。始皇时，方士卢生入海还，奏录图书曰：'亡秦者胡也。'此其图谶之所始乎？其后，王莽以金匮符命而篡汉，遣五威将帅，颁符命四十二篇于天下。光武之即位也，以《赤伏符》之言曰：'刘秀发兵捕不道，四夷云集龙斗野，四七之际火为主。'由是信用图谶。终汉之世，儒者鲜不传习，至引之以释经。"[③]《后汉书·光武帝纪上》记载："行至鄗，光武先在长安时同舍生强华自关中奉《赤伏符》，曰'刘秀发兵捕不道，四夷云集龙斗野，四七之际火为主'。群臣因复奏曰：'受命之符，人应为大，万里合信，不议同情，周之白鱼，曷足比焉？今上无天子，海内淆乱，符瑞之应，昭然著闻，宜答天神，以塞群望。'光武于是命有司设坛场于鄗南千秋亭五成陌。"[④]对于曾经和刘秀一同在长安读书的"光武先在长安时同舍生强华"的这番作为，李贽批评说："千古怪事，都自儒生做出。"[⑤]

刘秀利用谶纬之说做政治宣传，以此赢得民心，平定天下，是重视舆论支持的典型例证。谶纬，是西汉成哀年间开始

---

① 瞿兑之：《秦汉史纂》，第 223 页。
② 《汉书·王莽传下》，第 4194 页。
③ 〔明〕张九韶：《理学类编》卷八《异端》。
④ 《后汉书》，第 21 页至第 22 页。
⑤ 〔明〕李贽：《史纲评要》卷一〇《东汉纪》，第 248 页。

流行，到东汉时大兴的一种文化现象。[①] 谶，是以诡语托为天命的预言，有时又附有图，所以又称图谶。纬，是与经相对而得名的，是托名孔子以诡语解经的书。东汉初年，谶纬之书主要有八十一篇。当时的儒生为了迎合上意，追求利禄，大都兼习谶纬。谶纬之学对于儒学的神学装饰，使得其中的人文精神和实践精神都遭到败坏。有人认为，谶纬是在西汉晚期社会矛盾空前尖锐的背景下发生的，是一种潜隐状态的社会抗议运动的曲折表现。可是，从中国古代思想史的总体考察，应当充分认识这种文化现象的消极作用。

谶纬的内容，有的解经，有的述史，有的论说天文、历数、地理等，更多的则侧重于宣扬神灵怪异，阴阳五行思想混杂于其中。这些内容，除保存了一部分思想史资料，透露了一部分自然科学进步的轨迹，记录了一部分古史传说而外，绝大部分均荒诞不经。严格说来，其本质是缺乏文化价值的。

谶纬文意的隐晦含混，又极便于有政治企图的人穿凿附会，进行随意的解释。王莽、刘秀称帝，都曾经先后利用了谶纬中被理解为政治预言的若干内容。[②]

---

① 谶，是假托神灵的预言；纬，是对"经"而言的，纬书的实质，是神学迷信、阴阳五行说和经义的结合。顾颉刚在《谶纬的造作》中指出："谶是预言，纬是对经而立的"，"这两种在名称上好像不同，其实内容上并没有什么大分别。实在说来，不过谶是先起之名，纬是后起的罢了。"《秦汉的方士与儒生》，上海古籍出版社1978年2月版，第127页。
② 王莽时，曾征通"天文、图谶、钟律、月令、兵法"等"天下异能之士，至者前后千数"（《汉书·王莽传上》，第4069页）。其中许多是方术之士，大量制作图谶，使零星的谶语，汇成篇籍。东汉光武帝刘秀就是应图谶而兴起的。《河图赤伏符》说："刘秀发兵捕不道，四夷云集龙斗野，四七之际火为主。"（《后汉书·光武帝纪上》，第21页）据《汉书·楚元王传》，刘歆于汉哀帝建平元年（前6年）改名秀，（转下页注）

汉光武帝刘秀利用图谶兴起，统一天下之后，格外崇信谶纬，在处理政务遇到纷争，犹疑不定时，常常注重借谶纬来帮助决策。在建武中元元年（56），又曾经正式"宣布图谶于天下"①，进一步确定了图谶作为法定经典的地位。谶纬神学的尊严得到了政治权力的维护。谶纬，也成为皇权自我维护其尊严的宣传形式。于是，一时"儒者争学图纬，兼复附以妖言"②。

刘秀取得天下之后，依然将谶纬作为政治统治的重要工具。他发布诏书，颁行政令，任免官员，往往都要引用谶纬。谶纬的地位，在某种意义上甚至超过了经书。汉章帝时，召群儒集会白虎观，讨论经义，由班固撰成《白虎通德论》③一书，这部书将阴阳五行和谶纬之学的系统内容与今文经学融为一体，成为董仲舒以来儒学神秘主义哲学的总结。

鲁迅曾经指出，"清的康熙"以来的"文化统制"，是"真尽了很大的努力的"。例如"文字狱"的对于舆论控制的作用

（接上页注②）应劭注即引此谶为说，而刘秀正生于这一年，可见这一谶文在此前早已流传。所谓"四七之际火为主"，四七为二十八。刘秀于王莽地皇三年（22年）起兵，刘邦于公元前206年灭秦称汉王，由高帝灭秦到光武起兵正好228年，合于四七之数。《河图赤伏符》之谶可能出于汉成帝末年，成哀之际，流传已广，所以才有刘歆改名应谶的事。光武帝取名秀是否也有应谶之意或属偶合，现在已经难以确考。刘秀帝业的成就，曾经借助了谶纬的宣传。王莽时，卜者王况为李焉作谶，有"荆楚当行，李氏为辅"的话（《汉书·王莽传下》，第4168页）。刘秀的同乡有一位名叫李守的，据说"好星历谶记"，王莽时任宗卿师，他也曾经造"汉当复兴，李氏为辅"的谶语（袁宏《后汉纪》卷一，第2页）。李守的儿子李通就利用这条谶语鼓动刘秀起兵。后来刘秀又应《河图赤伏符》之谶即皇帝位。

① 《后汉书·光武帝纪下》，第84页。
② 《后汉书·张衡传》，第1911页。
③ 又称《白虎通义》《白虎通》。

是不可以忽视的。这些帝王，"他们是深通汉文的异族的君主，以胜者的看法，来批评被征服的汉族的文化和人情，也鄙夷，但也恐惧，有苛论，但也有确评，文字狱只是由此而来的辣手的一种，那成果，由满洲这方面言，是的确不能说它没有效的"。从有的文化现象看来，"被愚弄了的性灵，又终于并不清醒过来"。鲁迅建议就此进行专门的研究，"倘有有心人加以收集，一一钩稽，将其中的关于驾御汉人，批评文化，利用文艺之处，分别排比，辑成一书，我想，我们不但可以看见那策略的博大和恶辣，并且还能够明白我们怎样受异族主子的驯扰，以及遗留至今的奴性的由来的罢"。[1]

"兵者，毒天下者也"

王莽的新朝建立之后，一时志欲方盛，"以为四夷不足吞灭"，于是又以强制性的行政方式确定了所谓"天下""四表"。《汉书·王莽传中》记载，其东出，至玄菟（郡治在今辽宁新宾西）、乐浪（郡治在今朝鲜平壤南）、高句骊（在今辽宁东部）、夫余（在今吉林中部）；南出则逾徼外，历益州；西出则至西域；北出者，至匈奴庭。

西方和南方，为了追求"九族和睦"的虚名，"尽改其王为侯"，将边地少数部族领袖由"王"贬称为"侯"。又授匈奴单于印，变易文字，不再称"玺"而改称"章"。匈奴单于

---

① 鲁迅：《且介亭杂文·买〈小学大全〉记》，《鲁迅全集》，第6卷第57页至第58页。

开国之初的文政与武事

称谓，也被改为"降奴服于"。① 王莽轻视边地少数部族的做法
导致了边境的动乱，一时匈奴单于大怒，东北与西南夷发生变
乱，西域地区也随即因此叛离。王莽对匈奴等北方草原民族继
续推行极其强硬的政策。据《汉书·匈奴传下》："单于历告左
右部都尉、诸边王，入塞寇盗，大辈万余，中辈数千，少者数
百，杀雁门、朔方太守、都尉，略吏民畜产不可胜数，缘边虚
耗。莽新即位，怙府库之富欲立威，乃拜十二部将率，发郡国
勇士，武库精兵，各有所屯守，转委输于边。议满三十万众，
赍三百日粮，同时十道并出，穷追匈奴。"② 一个新政权建立之
初，到处树敌，四面出击，是不理智的决策。王夫之《读通鉴
论》就此有这样的评说："兵者，毒天下者也，圣王所不忍用
也。自非鳞介爪牙与我殊类，而干我藩垣，绝我人极，不容已
于用也，则天下可以无兵。故莽之聚兵转饷以困匈奴，为久远
计者，未尝非策。"不过，"莽非其人，莽之世非其时，故用莽
之术而召天下之乱"。③

汉光武帝刘秀建国之后，决心以宽仁方针治国。对于匈
奴等外族威胁，取忍让的态度。《后汉书·南匈奴列传》记载：
"王莽陵篡，扰动戎夷，续以更始之乱，方夏幅裂。自是匈奴
得志，狼心复生，乘间侵佚，害流傍境。及中兴之初，更通
旧好，报命连属，金币载道，而单于骄踞益横，内暴滋深。世
祖以用事诸华，未遑沙塞之外，忍愧思难，徒报谢而已。因徙
幽、并之民，增边屯之卒。及关东稍定，陇、蜀已清，其猛夫

---

① 《汉书·王莽传中》，第 4115 页。
② 《汉书》，第 3824 页。
③ 〔清〕王夫之：《读通鉴论》卷五《王莽》，第 121 页。

悍将，莫不顿足攘手，争言卫、霍之事。帝方厌兵，间修文政，未之许也。"对于军事将领的好战之心，刘秀以清醒的态度予以遏制。按照李贤的解释："帝厌其用兵，欲修文政，未许猛夫悍将之事。"[1]

据《后汉书·西域传》，西北边境以致西域地区的形势，因此出现了变化："（建武）二十一年冬，车师前王、鄯善、焉耆等十八国俱遣子入侍，献其珍宝。及得见，皆流涕稽首，愿得都护。天子以中国初定，北边未服，皆还其侍子，厚赏赐之。是时（莎车王）贤自负兵强，欲并兼西域，攻击益甚。诸国闻都护不出，而侍子皆还，大忧恐，乃与敦煌太守檄，愿留侍子以示莎车，言侍子见留，都护寻出，冀且息其兵。裴遵以状闻，天子许之。二十二年，贤知都护不至，遂遗鄯善王安书，令绝通汉道。安不纳而杀其使。贤大怒，发兵攻鄯善。安迎战，兵败，亡入山中。贤杀略千余人而去。其冬，贤复攻杀龟兹王，遂兼其国。鄯善、焉耆诸国侍子久留敦煌，愁思，皆亡归。鄯善王上书，愿复遣子入侍，更请都护。都护不出，诚迫于匈奴。天子报曰：'今使者大兵未能得出，如诸国力不从心，东西南北自在也。'于是鄯善、车师复附匈奴，而贤益横。"[2]

《后汉书·南匈奴列传》说，"及关东稍定，陇、蜀已清，其猛夫悍将，莫不顿足攘手，争言卫、霍之事。帝方厌兵，间修文政，未之许也。"[3]此后，建武二十七年（51），北匈奴大疫，又遭遇旱蝗之灾，又有大臣提议乘此时机命将临塞，策

---

① 《后汉书》，第 2966 页，第 2969 页。
② 《后汉书》，第 2924 页。
③ 《后汉书》，第 2966 页。

开国君王的成功

划出击，以为如此则"北虏之灭，不过数年"。而刘秀的答复强调"柔能制刚，弱能制强"，以所谓"务广地者荒，务广德者强"拒绝了这一建议。[1] 这种片面讲究"柔"，向往以"文政""广德"的思想所主导的消极政策，对于历史的走向确实产生了影响。唐代诗人元稹《代曲江老人百韵》诗有"拨乱干戈后，经文礼乐辰"，"光武休言战，唐尧念睦姻"句，[2] 是以肯定的语调评价刘秀的西部战略的。然而，事实上中国西部民族关系的总体形势，却在这一讲究"经文礼乐"的时期，发生了显著的变化。于是，与儒学"经文礼乐"精神大不相合的以民族纷争为主题的历史文化，由西部影响到东部，自东汉之后在中国持续了数百年之久。而以关中地方为代表的西部具有优秀历史传统的区域文化的复兴，延迟至隋唐时代方得以实现。对于东晋十六国时期到隋统一以前这段历史的总体评价，可以有不同的意见，但是连续的战乱对于经济进步的阻断，对于文化传统的摧残，却是有目共睹的。

另一方面，刘秀的西部方略，看来有心对秦皇汉武以来过度使用民力，连年开边扩张的做法有所纠正，也可以看作对王莽处理西北民族问题的错误政策的"拨乱"。同时，刘秀有关思路的形成，也是以天下初安、国力贫弱的实际情形为背景的。也可以说，刘秀的决策，在某种意义上也是一种无奈的选择。

事实上，汉高祖刘邦也曾经有平城之围受制于匈奴的屈辱。

不过，我们应当看到，刘邦和刘秀政治思想的基点是有明

---

① 《后汉书·臧宫传》，第696页。

② 〔唐〕元稹：《元氏长庆集》卷一〇。

显差异的。前者更多地倾向于进取，后者更多地倾向于保守。正如李贽所说："光武与高祖不同。高祖阳明，光武阴柔。"[①]

宋代学者叶适曾经讨论北魏政治，就孝文帝政策有所分析："孝文都洛最无谓。周公虽有四方朝贡道里均之说，然成周固未尝受迁邑之利，五帝三代何尝有都洛之文？况王政废兴，岂在都邑？乃汉以后经生相承，夸大其辞耳。孝文自合更与其国开百余年深厚之业，岂谓一迁洛而本根浮动，坟庙宗族，皆已弃绝，边徼镇戎，单寒无依？向非孝文，便当身见祸乱；然亦竟十余年而国为墟矣。盖好名慕古而不实见国家大计，其害至此。后之学者，又将誉之不已，是以亡为存，以败为成，乌在其言王道也！"[②]对史家颇多肯定的北魏孝文帝迁都洛阳的意义提出疑议。论者又指出与"迁洛"有关的"南伐"一事的战略错误：

> 孝文迁洛，不止慕古人居中土，盖欲身在近地，经营江左耳，其与卢昶语可见。（"卿使至彼，勿存彼我，密迩江扬，不早当晚会是朕物。"）草创之初，便事南伐，所图不就，躁扰变乱，竟死道途，本希成康，反类昭穆，是德与力两失之也！且晋武、隋文未尝亲戎，驱使将相而南北自一统；孝文、苻坚皆欲以马上取之，卒不遂。孝文之仅存者，幸耳。盖后世与古人不同，所以兼并真自有算，非浪战所能也。[③]

---

① 〔明〕李贽：《史纲评要》卷一〇《东汉纪》，第254页。
② 〔宋〕叶适著，沈文倬等校点：《习学记言序目》卷三四《魏书》，第501页。
③ 〔宋〕叶适著，沈文倬等校点：《习学记言序目》卷三四《魏书》，第496页。

对于"草创之初，便事南伐"这种"浪战"，提出了批评。

李贽《史纲评要》有这样的内容："自黄巢以来，天下血战数十年，然后诸国各有分土。及唐主即位，江淮比年丰稔，兵食有余。群臣争言北方多难，宜出兵回复旧疆。唐主曰：'吾少年军旅，见兵之为民害深矣，不忍复言，使彼民安。则吾民亦安矣，又何求焉！'"李贽就此有四个字的评论："帝王之言。"[1]李贽以为建国之初"厌兵"，"不忍复言""军旅"的做法，是真"帝王"负责任的态度。其"见兵之为民害深矣，不忍复言，使彼民安"的思考，是取"民本"的立场，确实值得肯定。

军人在开国史中的作用

中国古代战乱频繁，许多政治行为往往通过军事手段和战争形式发生作用。例如中国历史上从来没有受到否定的"大一统"政治主张，通常都是借助武力得以实现的。

"大一统"理想的提出，是以华夏文明的突出进步和我们民族文化共同体的初步形成作为历史基础的。儒学学者最早提出了"大一统"的政治主张。其他不同学派的学者，也分别就"大一统"有论说发表。对于"大一统"实现的方式，孟子提出的主张与其他政论家明显不同。《孟子·梁惠王上》：

> 孟子见梁襄王，出，语人曰："望之不似人君，就之而不见所畏焉。卒然问曰：'天下恶乎定？'

---

[1] 〔明〕李贽：《史纲评要》卷二六《后晋纪》，第717页。

吾对曰:'定于一。'

'孰能一之?'

对曰:'不嗜杀人者能一之。'

'孰能与之?'

对曰:'天下莫不与也。王知夫苗乎?七八月之间旱,
则苗槁矣。天油然作云,沛然下雨,则苗浡然兴之矣。其
如是,孰能御之?今夫天下之人牧,未有不嗜杀人者也。
如有不嗜杀人者,则天下之民皆引领而望之矣。诚如是
也,民归之,由水之就下,沛然谁能御之?'"[①]

另外,孟子还强调说:"夫国君好仁,天下无敌。"[②]"仁人无敌
于天下。"[③]王道的核心,就是以"德"统一天下。[④]

反战,是儒学思想的基本原则之一。孟子的王道主义以
"不嗜杀人"作为理想政治的标志,其实是相当低的要求。但
是,在特定的历史时代,这样的要求也不能实现。虽然孟子提
出了反对"以力服人"[⑤],而应当推行"王道",实施"仁政"才
可能实现"大一统"的主张;但是,当时的政治现实是,各个

---

① 〔清〕焦循撰,沈文倬点校:《孟子正义》,第71页至第73页。

② 《孟子·离娄上》,〔清〕焦循撰,沈文倬点校:《孟子正义》,第
497页。

③ 《孟子·尽心下》,〔清〕焦循撰,沈文倬点校:《孟子正义》,第
959页。

④ 对于治国方式,孟子也提出了以"德"为本的一系列主张。参见贺
荣一《孟子之王道主义》,北京大学出版社1993年7月版,第175页至
第200页。

⑤ 《孟子·公孙丑上》,〔清〕焦循撰,沈文倬点校:《孟子正义》,第
221页。

大国都积极强兵备战，连年兼并不休，企图通过武力使"大一统"的理想成为现实。

《吕氏春秋》称以实现"大一统"为目的的战争形式为"义兵"。"古圣王有义兵而无有偃兵"，"古之贤王有义兵而无有偃兵"，"义兵之为天下良药也亦大矣"。[①] 我们甚至还在长沙马王堆汉墓帛书中，看到成书于战国晚期体现道家"自然""无为"中心政治思想的《十六经》，也明确肯定了在"今天下大争"的形势下，应当坚持"为义"的"兵道"，"伐乱禁暴"，取得成功。[②] 秦国就是以强大军事力量为基础，通过战争形式，一一翦灭六国，建立了第一个高度集权专制主义帝国，实现了"大一统"政治局面的。按照《史记·秦始皇本纪》中李斯等人赞美秦始皇的说法，即："今陛下兴义兵，诛残贼，平定天下，海内为郡县，法令由一统，自上古以来未尝有，五帝所不及。"[③] 所谓"海内为郡县，法令由一统"的"大一统"局面，是通过"兴义兵"的战争过程实现的。[④]

---

① 许维遹撰，梁运华整理：《吕氏春秋集释》，中华书局 2009 年 9 月版，第 157 页，第 159 页，第 160 页。

② 马王堆汉墓帛书整理小组编：《马王堆汉墓帛书·经法》，《十六经·本伐》，文物出版社 1976 年 5 月版，第 78 页。

③ 《史记》，第 236 页。

④ 中国历史上发动统一战争的政治集团，有时甚至以为并不需要进行战争动因的说明。隋文帝在渡江战役前说："我为民父母，岂可限一衣带水不拯之乎？"（《南史·陈本纪下》，第 307 页）又如北宋统一故事："王师围金陵，李后主遣徐铉入朝，对于便殿，恳述江南事大之礼甚恭，徒以被病未任朝谒，非敢拒诏。太祖曰：'不须多言，江南有何罪？但天下一家，卧榻之侧，岂可许他人鼾睡？'"（〔宋〕杨亿：《杨文公谈苑》卷一）追求"大一统"的战争，是不需要标榜任何其他名义的，是不需要说明任何其他理由的。前后两例，前者说是要拯民于水火，后者说是要维护天下至尊的权力地位。应当说，后者较坦白地表明了战争（转下页注）

在古代王朝以战争方式实现开国的历程中，军人曾经发挥重要的作用。

讨论秦王朝关东政策的成败，应当注意到当时关东地区地方官吏的行政职能。《汉书·刑法志》说，秦始皇兼并六国，"灭礼谊之官，专任刑罚"[1]，可见秦统一后，关东地区行政人员的成分发生了变化。当时关东地区相当一部分地方官可能出身军人。

据考证，秦南郡守腾与伐韩"尽内其地"的内史腾应为一人。云梦睡虎地 11 号秦墓墓主喜作为文吏，也曾经长期从军。秦始皇东游海上，"行礼祠名山大川及八神"，八神中天、地之次即为兵神，"三曰兵，主祠蚩尤"[2]，由此似亦可窥见军人在关东行政中的作用。《琅邪刻石》称："东抚东土，以省卒士"[3]，说明秦始皇东巡的目的之一是省视慰问留驻关东的部队，以及因军功就任地方官吏的"卒士"。《韩非子·定法》曾经对秦国"斩一首者爵一级，欲为官者为五十石之官；斩二首者爵二级，欲为官者为百石之官"的商君之法提出批评：

> 今有法曰："斩首者令为医、匠。"则屋不成而病不已。夫匠者，手巧也；而医者，齐药也。而以斩首之功为

（接上页注④）发动者的心迹，也透露了历代以"大一统"为口号的战争的真正动机和真正实质。中国历史上许许多多的战争都是从实现"大一统"出发而发动的。隋灭陈的战争，宋灭南唐的战争，都是后来不久就实现了安定的成功战争。但是，还有许多这样的战争并没有实现预想结果，白白造成了社会动荡和经济文化的严重破坏。

① 《汉书》，第 1096 页。
② 《史记·封禅书》，第 1367 页。断句从马非百。《秦集史》，中华书局 1982 年 8 月版，下册第 703 页。
③ 《史记·秦始皇本纪》，第 245 页。

之，则不当其能。今治官者，智能也；今斩首者，勇力之所加也。以勇力所加而治智能之官，是以斩首之功为医、匠也。①

秦王朝以军人为吏，必然使各级行政机构都容易形成极权专制的特点，使统一后不久即应结束的军事管制阶段在实际上无限延长，终于酿成暴政。

我们对秦整个官僚机构的特点进行分析（这一特点的形成有历史传统的因素），就不难觉察到，以往探究秦虐政的根源往往归于秦始皇、秦二世个人的看法未免失之于片面。秦末起义时，"山东郡县少年苦秦吏，皆杀其守、尉、令、丞以反，以应陈涉"②，甚至秦王朝的地方官如沛令、会稽守通等表示愿意发兵响应，亦为起义民众所不容。蒯通说范阳令："足下为范阳令十年矣，杀人之父，孤人之子，断人之足，黥人之首，不可胜数"武臣这样分析当时的形势："家自为怒，人自为斗，各报其怨而攻其仇，县杀其令丞，郡杀其守尉。"③汉代人谷永回顾这一段历史时也指出："秦居平土，一夫大呼而海内崩析者，刑罚深酷，吏行残贼也。"④所谓关东民众"苦秦吏"，所谓"吏行残贼"者，都说明秦军吏在关东地区推行苛政的作用是不容忽视的。⑤

例如刘邦创建的西汉王朝，开国功臣有论功、争功的情

---

① 〔清〕王先谦撰，钟哲点校：《韩非子集解》，第399页至第400页。
② 《史记·秦始皇本纪》，第269页。
③ 《史记·张耳陈余列传》，第2573页。
④ 《汉书·谷永传》，第3449页。
⑤ 参见王子今《秦王朝关东政策的失败与秦的覆亡》，《史林》1986年第2期。

形。《史记·萧相国世家》记载："汉五年，既杀项羽，定天下，论功行封。群臣争功，岁余功不决。高祖以萧何功最盛，封为酂侯，所食邑多。"刘邦这样的处理方式，引起了军人们的不同意见。"功臣皆曰：'臣等身被坚执锐，多者百余战，少者数十合，攻城略地，大小各有差。今萧何未尝有汗马之劳，徒持文墨议论，不战，顾反居臣等上，何也？'"刘邦的回答是有说服力的。司马迁记述，"高帝曰：'诸君知猎乎？'曰：'知之。''知猎狗乎？'曰：'知之。'高帝曰：'夫猎，追杀兽兔者狗也，而发踪指示兽处者人也。今诸君徒能得走兽耳，功狗也。至如萧何，发踪指示，功人也。且诸君独以身随我，多者两三人。今萧何举宗数十人皆随我，功不可忘也。'"于是，"身被坚执锐，多者百余战，少者数十合，攻城略地，大小各有差"的军人们不再争辩，"群臣皆莫敢言"。①

在讨论功臣的位次时，又发生了争议。"列侯毕已受封，及奏位次，皆曰：'平阳侯曹参身被七十创，攻城略地，功最多，宜第一。'"刘邦在"功狗""功人"的讨论中已经使功臣们的情绪受挫，在论位次时没有再次压抑功臣们，而内心却主张萧何第一。"关内侯鄂君进曰：群臣议皆误。夫曹参虽有野战略地之功，此特一时之事。夫上与楚相距五岁，常失军亡众，逃身遁者数矣。然萧何常从关中遣军补其处，非上所诏令召，而数万众会上之乏绝者数矣。夫汉与楚相守荥阳数年，军无见粮，萧何转漕关中，给食不乏。陛下虽数亡山东，萧何常全关中以待陛下，此万世之功也。今虽亡曹参等百数，何缺于

——————————
① 《史记》，第 2015 页至第 2016 页。

汉？汉得之不必待以全。奈何欲以一旦之功而加万世之功哉！萧何第一，曹参次之。"这一意见自然得到刘邦的赞同。"高祖曰：'善。'于是乃令萧何第一，赐带剑履上殿，入朝不趋。"[①]

萧何没有直接的战功，"未尝有汗马之劳，徒持文墨议论，不战"，然而却功列第一。萧何之封，体现出开国帝王刘邦清醒的政治识见。

和萧何一同最先受封的，还有张良。《史记·留侯世家》记录相关史实，也说到军人争功的情形："汉六年正月，封功臣。良未尝有战斗功，高帝曰：'运筹策帷帐中，决胜千里外，子房功也。自择齐三万户。'良曰：'始臣起下邳，与上会留，此天以臣授陛下。陛下用臣计，幸而时中，臣愿封留足矣，不敢当三万户。'乃封张良为留侯，与萧何等俱封。"在张良事迹中，还有一个与封功臣有关的故事："上已封大功臣二十余人，其余日夜争功不决，未得行封。上在雒阳南宫，从复道望见诸将往往相与坐沙中语。上曰：'此何语？'留侯曰：'陛下不知乎？此谋反耳。'"刘邦说，天下已经安定，又为什么要造反呢？张良回答："陛下起布衣，以此属取天下，今陛下为天子，而所封皆萧、曹故人所亲爱，而所诛者皆生平所仇怨。今军吏计功，以天下不足遍封，此属畏陛下不能尽封，恐又见疑平生过失及诛，故即相聚谋反耳。"刘邦询问对策，张良建议先封"上平生所憎，群臣所共知"者，于是"急先封雍齿以示群臣"，使群臣之心得以安定。[②]

萧何"不战"，张良"未尝有战斗功"，却封功在先，位

---

① 《史记》，第 2016 页。

② 《史记》，第 2042 页至第 2043 页。

次居高，正因为反常，导致了诸多功臣的反对。

军人们的战功，所谓"身被坚执锐，多者百余战，少者数十合，攻城略地，大小各有差"，而所谓"军吏计功"，是有更具体的内容的。《史记·货殖列传》写道："富者，人之情性，所不学而俱欲者也。故壮士在军，攻城先登，陷阵却敌，斩将搴旗，前蒙矢石，不避汤火之难者，为重赏使也。"[1]这里说到的"攻城先登，陷阵却敌"，正是军功名目。

据司马迁记录的汉初功臣的军功，常见的有："力战""陷阵""却敌""先登"，以及"攻城先登"等。又有"所将卒当驰道为多"[2]，应当是在交通要道执行阻击敌军的任务。

像西汉王朝开国之初这样的封功臣时"日夜争功不决"的情形，历朝应当都是彼此类同的。

前引耶律楚材诗说到元王朝开国时的人才基础："勇将谋臣满玉京，吾侪袖手待升平"，"白面书生酬夙志，黑头边帅领新权。"[3]所谓"勇将"，所谓"黑头边帅"，是开国君主"马上"得天下的最主要的依靠力量。

开国之初，朝堂上的贵族官僚多以军人出身的功臣为主。

于是形成新王朝主要干部的构成以"武臣"为主，以"武臣"为重，以"武臣"为贵的局面。所谓"高官皆武臣"[4]，所谓"彩章耀朝日，牙爪雄武臣"[5]，所谓"汉道初全盛，朝廷足

① 《史记》，第3271页。
② 《史记·绛侯周勃世家》，第2069页。
③ 〔元〕耶律楚材：《和宋子玉韵》，《戊子钱非熊仍以吕望磻溪图为赠》，《湛然居士文集》卷四。
④ 〔唐〕杜甫：《送陵州路使君之任》，《杜诗详注》卷一二。
⑤ 〔唐〕储光羲：《猛虎词》，《河岳英灵集》卷中。

开国之初的文政与武事

武臣"①，都说到这一情形。

一般天下初定，新王朝均及时进行军队将士的大规模复员，以减轻社会负担，调动民间恢复经济生产的活力。《史记·高祖本纪》记载，垓下大胜后，"诸侯及将相相与共请尊汉王为皇帝"。"汉王三让，不得已，曰：'诸君必以为便，便国家'"，于是"乃即皇帝位汜水之阳"。"天下大定。高祖都雒阳，诸侯皆臣属"，随即就有"兵皆罢归家"事。②《汉书·高帝纪下》记载：

> 帝乃西都洛阳。夏五月，兵皆罢归家。诏曰："诸侯子在关中者，复之十二岁，其归者半之。民前或相聚保山泽，不书名数，今天下已定，令各归其县，复故爵田宅，吏以文法教训辨告，勿笞辱。民以饥饿自卖为人奴婢者，皆免为庶人。军吏卒会赦，其亡罪而亡爵及不满大夫者，皆赐爵为大夫。故大夫以上赐爵各一级，其七大夫以上，皆令食邑，非七大夫以下，皆复其身及户，勿事。"又曰："七大夫、公乘以上，皆高爵也。诸侯子及从军归者，甚多高爵，吾数诏吏先与田宅，及所当求于吏者，亟与。爵或人君，上所尊礼，久立吏前，曾不为决，甚亡谓也。异日秦民爵公大夫以上，令丞与亢礼。今吾于爵非轻也，吏独安取此！且法以有功劳行田宅，今小吏未尝从军者多满，而有功者顾不得，背公立私，守尉长吏教训甚不善。其令诸吏善遇高爵，称吾意。且廉问，有不如吾诏者，以

_____

① 〔唐〕东方虬：《王昭君三首》其一，《乐府诗集》卷二九。
② 《史记》，第378页，第381页。

重论之。"①

宣布复员军人应当享受一定的优厚待遇。

在中国古代诗史中，我们知道有一首作者佚名的《题关右寺壁》诗。其中写道："欲挂衣冠神武门，先寻水竹渭南村。却将旧斩楼兰剑，买得黄牛教子孙。"苏东坡说："余旧见此诗于关右壁上，爱之，不知何人作也。"②宋人黄彻写道："世传一武人诗也。不唯勇退雅志为可喜，而易道家所忌之业以示子孙，尤可喜也。"③

对于宋太祖"朕欲使武臣尽令读书，知为治之道"的指令，李贽评价道："武臣读书，定强似秀才读书。"④吕蒙的故事，或许可以作为相关例证。

吕蒙是三国时期孙吴的主要将领，名列"孙吴四将"⑤之一。他以谋袭关羽，夺取荆州的成功，使魏蜀吴政治版图显著改变，为孙吴的国家安全奠定了重要的基础。关羽败死之后，刘备集团一蹶不振，正如明代学者胡应麟所说："余读陈寿书，至关忠义之走麦城，未尝不掩卷三叹也。盖汉事至斯，遂无复可为者矣。"⑥吕蒙因此封侯，又得"赐钱一亿，黄金五百斤"。⑦后人评价吕蒙，认为他是"出贫贱而勋伐甚高"的杰出人物典

① 《汉书》，第54页至第55页。
② 〔宋〕黄彻：《䂬溪诗话》卷八。
③ 《竹庄诗话》卷一七。
④ 〔明〕李贽：《史纲评要》卷二七《宋纪》，第734页。
⑤ 即周瑜、鲁肃、吕蒙、陆逊。
⑥ 〔明〕胡应麟：《关忠义》，《少室山房集》卷九六。
⑦ 《三国志·吴书·吕蒙传》，第1279页。

型。[1] 杜甫有《公安县怀古》诗："野旷吕蒙营，江深刘备城。寒天催日短，风浪与云平。洒落君臣契，飞腾战伐名。维舟倚前浦，长啸一含情。"[2] 明代诗人高启也有咏叹吕蒙事迹的诗句："何处吹愁角一声，大江东岸吕蒙营。天随流水茫茫去，月共长庚耿耿明。敌意有图秋暂息，客魂无定夜还惊。欲陪醽酒楼船座，借问风潮早晚平。"[3]

可见吕蒙的政治军事实践，形成了相当深刻的历史印迹。

《三国志·吴书·吕蒙传》裴松之注引《江表传》中有一段很有意思的文字，讲述了这位名将重视读书的故事：

《江表传》写道：初，权谓蒙及蒋钦曰："卿今并当涂掌事，宜学问以自开益。"蒙曰："在军中常苦多务，恐不容复读书。"权曰："孤岂欲卿治经为博士邪？但当令涉猎见往事耳。卿言多务孰若孤，孤少时历《诗》《书》《礼记》《左传》《国语》，惟不读《易》。至统事以来，省三史、诸家兵书，自以为大有所益。如卿二人，意性朗悟，学必得之，宁当不为乎？宜急读《孙子》、《六韬》、《左传》、《国语》及三史。孔子言'终日不食，终夜不寝以思，无益，不如学也'。光武当兵马之务，手不释卷。孟德亦自谓老而好学。卿何独不自勉勖邪？"蒙始就学，笃志不倦，其所览见，旧儒不胜。后鲁肃上代周瑜，过蒙言议，常欲受屈。肃拊蒙背曰："吾谓大弟但有武略耳，至

---

① 《新唐书·魏元忠传》，第 4340 页。
② 〔唐〕杜甫：《杜工部诗》卷一三。
③ 〔明〕高启：《寄余左司》，《大全集》卷一四。

于今者，学识英博，非复吴下阿蒙。"蒙曰："士别三日，
即更刮目相待。大兄今论，何一称襄侯乎。兄今代公瑾，
既难为继，且与关羽为邻。斯人长而好学，读《左传》略
皆上口，梗亮有雄气，然性颇自负，好陵人。今与为对，
当有单复以乡待之。"密为肃陈三策，肃敬受之，秘而不
宣。权常叹曰："人长而进益，如吕蒙、蒋钦，盖不可及
也。富贵荣显，更能折节好学，耽悦书传，轻财尚义，所
行可迹，并作国士，不亦休乎！"①

这段文字的大意是说，孙权有一次与吕蒙和蒋钦谈话，劝勉道：
"你们现今负有重要职责，应当重视学习以增益才干。"吕蒙回
答："做军中统帅，事务繁忙，恐怕没有时间来读书了。"孙权
说："我难道是要你们专门研究经书做博士吗？只是希望你们有
所涉猎熟悉历史经验而已。你说你的事务繁忙，难道能超过我
吗？我小的时候学了《诗经》《尚书》《礼记》《左传》《国语》，
只是没有读《周易》。担任最高统帅以来，又读了'三史'和
诸家兵书，自以为收获非常大。像你们两位，资性聪明，如果
重视学习，必定大有所获，为什么不这样做呢？应当先读《孙
子》、《六韬》、《左传》、《国语》及'三史'。孔子说：'日夜苦
思，废寝忘食，也未必有什么益处，不如读书学习。'汉光武
帝刘秀在战争年代依然手不释卷。曹操也说自己老而好学。你
们为什么不自己发愤努力呢？"吕蒙于是开始刻苦学习，所获
心得，甚至超过了就学多年的一般读书人。后来鲁肃取代周瑜

---

① 《三国志》，第1274页至第1275页。

开国之初的文政与武事

263

主持军政，在和吕蒙讨论军务时，吕蒙的见解往往高明深刻。鲁肃亲切地对吕蒙说：我原以为你只是有领军作战的经验而已，没想到今天竟然学识英博，不再是过去的吴下阿蒙了。吕蒙答道：士别三日，就应当刮目相待。他又建议鲁肃认真对付关羽，说到关羽"长而好学，读《左传》略皆上口，梗亮有雄气"，只是性格自负，不尊重他人。吕蒙又为鲁肃提了三条重要建议，鲁肃诚恳地接受，秘而不宣示于他人。后来孙权曾经感叹道："人成年之后又立志于学，有所收益，像吕蒙、蒋钦这样的，实在是令人敬佩。已经富贵荣显，仍然能够虚心好学，热心读书，以至于道德事业都各有成就。他们受到国家的礼遇和重用，不是理所当然的吗！"《广博物志》卷二九引《拾遗记》写道："吕蒙读书，开西馆以延杰髦，共相挖扬，识见日进。桥名西馆，至今存焉。"[①]说吕蒙读书，还曾邀请当时名士一起讨论，因此大有进步。民间流传这段佳话，甚至用吕蒙读书讨论的地点"西馆"作为桥名，以为长久的纪念。

孙权以自己研习"三史"，大有所益的经验，在建议吕蒙读书时，所列应当"急读"也就是应当首先尽早阅读的书目中，也包括"三史"。这里所说的"三史"，就是司马迁撰著的《史记》、班固撰著的《汉书》和东汉王朝的官修史书《东观汉记》。孙权建议吕蒙"急读"的《左传》和《国语》，是记述春秋时期历史的古代文献。

吕蒙因为"笃志不倦"，至于"学识英博"，其中自然有研读史书的收获。他对关羽的评价，注意到对方"好学"又略

---

① 〔明〕董斯张：《广博物志》卷二九。

通《左传》，有一定的历史见识，也体现出他对读史的特殊重视。后来一代名将关羽终于在与吕蒙的对抗中败北，演出了"走麦城"这样的人生事业的悲剧。吕蒙的功业，达到其军事生涯辉煌的顶点。《三国志》的作者陈寿对吕蒙曾经发表这样的赞许之辞："吕蒙勇而有谋断，识军计，谲郝普，禽关羽，最其妙者。初虽轻果妄杀，终于克己，有国士之量，岂徒武将而已乎！"[①]说能够击败关羽，是吕蒙军事指挥最为精妙的战例。他所以"有谋断，识军计"，又"有国士之量"，并非一般的"武将"。这种文化资质的形成，应当与读书而"笃志不倦"的努力有关。其中读史的收益，也是显而易见的。

毛泽东曾经引用吕蒙的故事鼓励干部读书。1958年，毛泽东视察安徽，张治中、罗瑞卿同行。毛泽东在火车上读《三国志·吴书·吕蒙传》，对于裴松之注引《江表传》说到军人出身的吕蒙刻苦学习，成为文武全才的事迹很感兴趣。视察途中毛泽东在闲谈中说："吕蒙是行伍出身，没有文化，很感不便。后来孙权劝他读书，他接受了劝告，勤学苦读，以后当了东吴的统帅。现在我们的高级军官中，百分之八、九十都是行伍出身，参加革命后才学文化的，他们不可不读《三国志》的《吕蒙传》。"[②]

在古代王朝开国阶段，军人出身的功臣多有重要的表现。王夫之注意到汉光武帝时代军功贵族的文化素养："任为将帅而明于治道者，古今鲜矣，而光武独多得之。来歙刺伤，口占

---

① 《三国志·吴书·吕蒙传》，第1281页。
② 余湛邦：《张治中将军随同毛主席巡视大江南北的日子》，《团结报》1983年12月17日。

遗表，不及军事，而亟荐段襄，曰：'理国以得贤为本。'此岂武臣之所极哉？歆也，祭遵也，寇恂也，吴汉也，皆出可为能吏、入可为大臣者也。然而光武终不任将帅以宰辅，诸将亦各安于鞅鞈而不欲与于鼎铉。呜呼！意深远矣。故三代以下，君臣交尽其美，唯东汉为盛焉。"①军人具有较好的文化素质，于大的政治方向有清醒的认识。而刘秀不以军人为宰辅，诸将也各安心本职不存野心，于是形成了"三代以下，君臣交尽其美，唯东汉为盛焉"的局面。

---

① 〔清〕王夫之：《读通鉴论》卷六《光武》，第145页至第146页。

舞乐宴享画像石（东汉）。河南南阳出土。现藏河南南阳汉画像馆。

"让步政策"的历史解说以及相关的逻辑论证和史论批评，曾经是古史研究中涉及王朝更替的历史变化时重要的争论焦点。"让步政策"的说法，是为了解释新王朝建设的初年社会经济水准往往得以上升这一现象发生的历史原因。

"让步政策"说

"让步政策"说的提出，其实是为了对农民起义和农民战争推动历史前进的理论提供阐释。毛泽东说：

> 地主阶级对于农民的残酷的经济剥削和政治压迫。迫使农民多次地举行起义，以反抗地主阶级的统治。从秦朝的陈胜、吴广、项羽、刘邦起，中经汉朝的新市、平林、赤眉、铜马和黄巾。隋朝的李密、窦建德，唐朝的王仙芝、黄巢，宋朝的宋江、方腊，元朝的朱元璋，明朝的李自成，直至清朝的太平天国，总计大小数百次的起义，都是农民的反抗运动，都是农民的革命战争。

> 中国历史上的农民起义和农民战争的规模之大，是世界历史上所仅见的。在中国封建社会里，只有这种农民的阶级斗争、农民的起义和农民的战争，才是历史发展的真正动力。因为每一次较大的农民起义和农民战争的结果，都打击了当时的封建统治，因而也就多少推动了社会生产力的发展。

> 只是由于当时还没有新的生产力和新的生产关系，没有新的阶级力量，没有先进的政党，因而这种农民起义

和农民战争得不到如同现在所有的无产阶级和共产党的正确领导，这样，就使当时的农民革命总是陷于失败，总是在革命中和革命后被地主和贵族利用了去，当作他们改朝换代的工具。

这样，就在每一次大规模的农民革命斗争停息以后，虽然社会多少有些进步，但是封建的经济关系和封建的政治制度，基本上依然继续下来。①

怎样理解"只有这种农民的阶级斗争、农民的起义和农民的战争，才是历史发展的真正动力"呢？"农民的阶级斗争、农民的起义和农民的战争"究竟怎样"推动了社会生产力的发展"呢？

为了进行更具体的历史说明，有的学者提出了"让步政策"的理论。

所谓"让步政策"的推行，被认为是古代王朝开国初期显著的历史现象。有的学者认为，农民战争之后建立的新王朝，吸取了前代王朝覆灭的教训，不得不对农民实行"让步"，轻徭薄赋的政策，对于社会生产力的恢复和发展有积极作用，从而推动了社会的前进。对于史学界的这一认识，有的学者是这样总结的：20世纪50年代，"曾经流行过这样一种观点，即认为：在每一次大暴动之后，新的统治者为了恢复封建秩序，必须对农民作某种程度的让步，或多或少减轻对农民的剥削和压迫，从而使封建社会生产力得以继续发展。也就是说，农民战争的作用就是迫使统治者作出让步；或者说，农民战争的作用

_____

① 《中国革命和中国共产党》，《毛泽东选集》第 2 卷，人民出版社 1991 年 6 月版，第 625 页。

理论探索：「让步政策」还是「反攻倒算」

唯有通过统治阶级让步体现出来。"①

"只有反攻倒算":"让步政策论"批判

对于这样的论点,有学者提出了批评。《光明日报》1965
年9月22日的《史学》专刊第315期发表了青年历史学家孙
达人的文章《应该怎样估价"让步政策"》。文中强调:"伟大
的农民战争冲破了封建罗网,根本改变了地主和农民的关系,
才使农民获得了自由。相反,在农民战争失败之后,新建政权
的'让步政策'实质上恰恰就是剥夺农民夺得的这种自由,重
新束缚农民。"作者认为,农民战争的历史作用表现在推翻和
改造了封建王朝,削弱了封建的生产关系,没有什么根据说农
民战争的历史作用非要透过"让步政策"不可。②在有的学术
史总结中,是这样评述这种观点的:"到了六十年代,对这种传
统看法,提出了异议。有的同志认为在农民战争之后,新的统
治者不可能执行让步政策,只会施行反攻倒算,农民战争的作
用不是通过新的统治者的让步政策体现出来,而是用革命暴力
打击和消弱封建地主阶级中最反动最腐朽的势力,局部地调整
了封建生产关系而直接体现出来。人们将前一种看法称为'让
步政策论',将后一种看法称为'反攻倒算论'。"③

学界对于"让步政策"的批判,曾经使用十分激烈的言

---

① 谢天佑、简修炜:《中国农民战争简史》,上海人民出版社1981年9
月版,前言第5页。
② 孙达人:《应该怎样估价"让步政策"》,《光明日报》1965年9月22日。
③ 谢天佑、简修炜:《中国农民战争简史》,前言第5页至第6页。

辞。例如，有的著名历史学家主编的史学专著中这样写道："'是英雄创造历史，还是奴隶们创造历史？'这是历史学领域里长期以来争论不休的又一个重要问题。资产阶级的历史学家公开宣称'英雄造时势'。在他们的许多历史书刊中，充满了'帝王将相中心论'的唯心史观。他们通过所炮制的'让步政策论'，歪曲农民战争的历史作用，宣扬封建统治阶级的'仁政'推动历史发展，美化剥削阶级，鼓吹阶级调和，在史学界造成了极其恶劣的影响。"[①]

对"让步政策"批判的主要目标，曾经是翦伯赞教授。田余庆曾经回顾过学术史上的这一特殊环节："伯赞先生在历史理论方面的探索，引起了史学界的反响，出现了热烈的讨论。这本来是自然的事。对于学术问题，只有通过自由讨论，才能求得统一的认识。但是，在历史主义问题的讨论过程中，无端出现了批判所谓'让步政策'论的问题，硬说伯赞先生是宣扬让步政策论的罪魁祸首。伯赞先生被置于不容分辩的地位，学术讨论变成了一场灾难性的批判斗争。"田余庆指出："硬说伯赞先生宣扬让步政策，并给他扣上反马克思主义、修正主义等罪名，这纯粹是莫须有。因为第一，让步政策的有无，是个可以讨论的学术问题；第二，这本来是为了探索农民战争的历史作用而提出来的一种浅薄见解，动机和效果都沾不上修正主义的边；第三，让步政策一词是陈伯达在延安时提出而为进步史学家所引用的，当时陈伯达还被尊为理论权威，具有假像，……；第四，伯赞先生只是在建国初期一篇文章中偶尔提及这个词，没有专门

---

① 郭沫若主编:《中国史稿》第 1 册，人民出版社 1976 年 7 月版，前言第 4 页。

论证过，而在《初步意见》中只是为了批评把让步政策当公式乱套才再次使用这个词。伯赞先生反对把让步政策当公式使用的观点，当年参加编写《中国史纲要》的人都多次听他讲过。伯赞先生同让步政策这种说法的关系，就只有这一点点，说他'鼓吹'让步政策，是不符合事实的。本来，所谓让步政策问题，在理论上并没有什么深刻的内涵，批判此论也讲不出多少道理，硬给伯赞先生栽上宣扬让步政策的罪名，然后又推衍成反马克思主义，实际上是对伯赞先生抵制极左思潮而作出的惩罚。伯赞先生竟以反马克思主义之词获谴，含恨以死，这实在是太不幸了。"①

　　正如有的学者所总结的，改革开放后，对所谓"让步政策"和"反攻倒算""这两论又开展了异常活跃的讨论"。"除了有的同志仍然坚持'让步政策论'或'反攻倒算论'外，还出现了各种新提法：有的同志主张'让步政策'与'反攻倒算'兼而有之；有的同志从另一个角度对'让步政策论'提出了异议，认为统治阶级可以自动地调节生产关系，无需施加什么压力；有的同志主张生产斗争是历史发展的直接动力；有的同志则对农民战争是否是封建社会发展的真正动力从根本上提出了质疑。"研究者认为，应当从两个方面说明农民战争的作用："一是革命暴力打击封建统治，局部地改变了阶级关系状况的直接作用；二是农民起义对新的封建王朝所执行的政策起的间接影响作用。前者是对客观的社会状况的改变；后者是如何反映改变了的客观，改变了的客观现实一定要对封建政策的制定起限制作用。在地主阶级占统治地位的条件下……农民起义

---

① 田余庆:《历史主义无罪——为纪念翦伯赞教授而作》,《翦伯赞纪念文集》,人民教育出版社 1998 年 3 月版,第 81 页至第 82 页。

的作用不可能不通过新的封建王朝政策反映出来。新的封建统治者对改变了的现实采取比较实际的态度，制定有利于社会经济发展的政策，就起进步作用。是否有利于社会经济发展的政策一定是让步政策呢？值得商讨。我们认为剥削阶级政策有没有一定的进步性主要不是看是否减轻了剥削，而主要是看剥削方式是否发生有利社会经济发展的变化。"[①] 有的学者则不赞同"局限于封建统治阶级的政策，在封建统治人物的好坏上做文章"。论者认为，"当然，封建人物的好坏和他们的政策是需要研究的，但不能仅仅以此说明农民战争的原因和结果，而且对封建人物和政策的研究也必须以封建社会关系变化和推移的规律为基础。"[②]

争论的焦点：是否"让步"及"让步"的意义

事实上，争论的主要焦点之一，还在于"政策"的层面，在于新王朝的执政者是否制定和推行了"让步政策"。

"让步"的说法，其实古已有之。大致在元明时代，文献已经多见。

元代文学家张养浩诗作《田居自和十首》之七写道："风虎云龙百战功，只堪供笑绿蓑翁。但能目识一丁字[③]，尽胜身弯两石弓。常爱德容行让步，每怜平叔坐谈空。漫郎非好居

---

① 谢天佑、简修炜：《中国农民战争简史》，第 6 页至第 7 页。
② 田昌五：《中国古代农民革命史》第一册，上海人民出版社 1979 年 6 月版，第 306 页至第 307 页。
③ 今按：《旧唐书·张弘靖传》："谓军士曰：'今天下无事，汝辈挽得两石力弓，不如识一丁字。'"第 3611 页。《新唐书·张弘靖传》："尝曰：'天下无事，而辈挽两石弓，不如识一丁字。'"第 4448 页。

田里，只为人稀易长雄。"①所谓"让步"与"德容"的关系，为诗人重视。元人王旭《困骥赋》："是宜紫燕让步，骅骝避名。"②其中"让步"一语的意义已经与现今十分接近。

明人程敏政《题吴世良逊斋卷》诗写道："终身让步不枉百，一忿忘亲真大惑。眼中能逊属伊谁，万古让王称至德。"③所谓"让步"，是"逊"德的表现。"让王"，则是"至德"了。④

王世贞品评人物，有"补州学诸生，始折节为礼，让步趋循循矣"这样的话⑤，罗洪先《答陈两湖》："虽辞甚丰厚，然

---

① 〔元〕张养浩《归田类稿》卷二〇。今按：《汉书·鲍宣传》："丞相孔光四时行园陵，官属以令行驰道中，（鲍）宣出逢之，使吏钩止丞相掾史，没入其车马，摧辱宰相。事下御史中丞侍御史至司隶官，欲捕从事，闭门不肯内。宣坐距闭使者，亡人臣礼，大不敬，不道，下廷尉狱。博士弟子济南王咸举幡太学下，曰：'欲救鲍司隶者会此下。'诸生会者千余人。朝日，遮丞相孔光自言，丞相车不得行，又守阙上书。上遂抵宣罪减死一等，髡钳。宣既被刑，乃徙之上党，以为其地宜田牧，又少豪俊，易长雄，遂家于长子。"
② 〔元〕王旭：《兰轩集》卷一。
③ 〔明〕程敏政：《篁墩集》卷八七。
④ 《庄子·让王》："尧以天下让许由，许由不受。又让于子州支父，子州支父曰：'以我为天子，犹之可也。虽然，我适有幽忧之病，方且治之，未暇治天下也。'夫天下至重也，而不以害其生，又况他物乎！唯无以天下为者，可以托天下也。舜让天下于子州支伯，子州支伯曰：'予适有幽忧之病，方且治之，未暇治天下也。'故天下大器也，而不以易生。此有道者之所以异乎俗者也。舜以天下让善卷，善卷曰：'余立于宇宙之中，冬日衣皮毛，夏日衣葛絺。春耕种，形足以劳动；秋收敛，身足以休食。日出而作，日入而息，逍遥于天地之间，而心意自得。吾何以天下为哉！悲夫，子之不知余也。'遂不受。于是去而入深山，莫知其处。舜以天下让其友石户之农。石户之农曰：'卷卷乎后之为人，葆力之士也。'以舜之德为未至也。于是夫负妻戴，携子以入于海，终身不反也。"刘文典说，"碧虚子《南华真经章句音义》本'让'作'禅'。"《庄子补正》，云南人民出版社1980年12月版，第868页。
⑤ 〔明〕王世贞：《骠骑将军中军都督府金事镇守浙直地方总兵官玉江杨公及配吕淑人合葬墓志铭》，《弇州四部稿》续稿卷九五。

意之所起，皆出入变化，不甚拘常而就卑。故其辞皆能究其意之所极而后止，不徒为应酬而已。惜其颇费探索，非尽胸臆流出。视荆川不免让步，然断断必传无疑也。"[1] 也说明"让步"的说法当时已经为人们习用。[2]

"让步"和德政的关系，是我们应当注意的。

如果检索所有的中国古代政治文献，"德"字的使用频率一定是领先的。在人们公认以政治史为主体内容的正史"二十五史"中，"德"字的出现竟然高达 32453 次（"前四史"包括注文）。显然，"德"是中国传统社会政治体系的主构架。而"以德治国"，也是千百年来历代执政者奉如圭臬的政治原则。

《论语·为政》记录了孔子这样一段言论："为政以德，譬如北辰，居其所而众星共之。"[3] 说以"德"的原则为政，就会如同北极星一样，自在其所，而群星都拱卫于四周。子产作为成就卓著的执政者，也曾经发表"为政必以德"的主张。[4] 可见，在相当久远的年代，"为政以德"的思想，不仅已经形成政治理论，而且已经影响政治实践。北魏时期一位"以文武才策，当军国之任"，史称"纬世之器"的官员邢峦在奏言中有"昔者明王之以德治天下"的说法，[5] 更明确地强调了"为政以

① 〔清〕黄宗羲辑:《明文海》卷一五四。
② 《汉语大词典》"让步"词条引书证迟至梁启超《中日交涉汇评》、毛泽东《关于重庆谈判》、刘绍棠《渔火》，似有不妥。汉语大词典出版社 1993 年 3 月版，第 11 卷第 472 页。
③ 程树德撰，程俊英、蒋见元点校:《论语集释》，第 61 页。
④ 《史记·郑世家》，第 1774 页。
⑤ 《魏书·邢峦传》，中华书局 1974 年 6 月版，第 1462 页，第 1438 页。

德"，其"政"在于治国、治天下的主张。

《左传·僖公二十四年》有"大上以德抚民"的说法[1]，强调最高境界的政治成功，是依靠"德"的宣传和实践，来实现民众的顺从和社会的安定的。孟子强调"以德服人"。[2]庄子强调"以德为本"。[3]《管子·兵法》说"通德者王"。[4]《荀子·议兵》说"以德兼人者王"。[5]虽然诸子百家政治立场不同，文化倾向各异，但是对于"以德治国"的原则，看来多是赞同的。汉初有的政论家还指出，"有德"和"无德"，可以导致政治的成与败并分别至于极端："有德则易以王，无德则易以亡。"[6]

"德"，长期被看作管理国家、统治天下的基本原则和主要法宝。唐初名臣魏徵曾经指出："德"对于治国来说，是政治"根本"，是政治"泉源"。[7]这种见解，在中国古代执政阶层中，是得到广泛认同的。"以德治国"，可以说是中国传统政治文化的基本特色之一。

回顾历史，应当说，所谓"德政"与暴政相比，确实可以给予民众以较宽松的生存空间，给予社会以较有利的发展条件。历史上多次形成的被标榜为治世之典范的所谓"盛世"，常常是执行"以德治国"或者接近"以德治国"的原则而得以

---

① 〔清〕阮元校刻：《十三经注疏》，第 1817 页。

② 《孟子·公孙丑上》，〔清〕焦循撰，沈文倬点校：《孟子正义》，第 221 页。

③ 《庄子·天下》，郭庆藩辑，王孝鱼整理：《庄子集释》，第 1066 页。

④ 黎翔凤撰，梁运华整理：《管子校注》，中华书局 2004 年 6 月版，第 316 页。

⑤ 〔清〕王先谦撰，沈啸寰、王星贤点校：《荀子集解》，第 290 页。

⑥ 《史记·刘敬叔孙通列传》，第 2716 页。

⑦ 参见《旧唐书·魏徵传》，第 2551 页。

实现的。《史记·孝文本纪》中这样赞美文景之治的成就:"汉兴,至孝文四十有余载,德至盛也。"①《新唐书·太宗纪》中如此颂扬贞观之治的成功:"自古功德兼隆,自汉以来未之有也。"②都发现和总结了"以德治国"的历史经验。

　　然而考察中国历史文化,往往应当穿破表面透视其真质。分析涉及政治文化的现象更是如此。正如鲁迅所说,历史上"人的言行",在明处和暗处,"常常显得两样",古来帝王们以"德"为标榜的种种政治宣传,其实是"黑暗的装饰","是人肉酱缸上的金盖,是鬼脸上的雪花膏"。③回顾中国政治史,也可以看到明暗两样的"以德治国"。

　　西汉末年,社会危机严重。外戚王莽在复杂的贵族宗派斗争中,运用矫情伪饰的手段取得高位,后来成为新朝的皇帝。王莽在68年的生涯中,进行了非同寻常的政治表演。他的人生轨迹,表面看来,是始终遵循"德"的原则的。《汉书·王莽传》正文中所见"德"字多至93例。所见"威德日盛","功德烂然","圣德纯茂","至德要道,通于神明"等等夸诩与阿谄之辞,充斥其中。④尽管他的言行时时处处以"德"为标榜,对照当时的黑暗政治,却可以透见这种宣传的虚伪与无聊。直到民众起义的烈火燃烧到宫中,王莽仍然模仿孔子故事,宣称:"天生德于予,汉兵其如予何!"⑤对于这种借用"德"以自欺

---

① 《史记》,第437页。
② 《新唐书》,第48页。
③ 鲁迅:《夜颂》,《准风月谈》,《鲁迅全集》第5卷,第193页至第194页。
④ 《汉书》,第4090页,第4069页,第4070页,第4074页。
⑤ 《汉书·王莽传下》,第4190页。

欺人的伎俩，后世的历史评论家曾经轻蔑地斥之为："笑话！"①

无论是对"德"的虚伪标榜还是认真追求②，王朝初期执政者在政策制定和执行时的"让步"，是可能的。

新的解说："桃花源"故事

有的学者又从新的角度开辟了历史认识的新思路。新的研究路径，涉及人与自然环境的关系问题。论者指出："秦汉隋唐的历次农民战争之所以能够发生较大的作用，主要原因不仅仅在于削弱了地主阶级及其统治力量，而在于它使广大农民得以摆脱皇朝的束缚，去开发出一个又一个新经济区，从而为创造辉煌的中华文明奠定了更广阔的基地。"还应当注意到，"秦汉、唐宋又恰值气候中时段周期内的温暖期。至于后期的农民战争显然已经失去了这种发挥作用的客观环境和条件"。明代以后，"农民战争尽管仍然可能多少起到一点暂时缓解矛盾的作用，促进若干小山区的开发，但除了东北地区之外，已经不再可能出现过去那样开发出具有影响一个时代的新经济区了"。③论者提出了极有

---

① 〔明〕李贽：《史纲评要》卷九《汉纪》，第233页。

② 参见王子今《"德治"的历史回顾》，《博览群书》2001年第11期；《中国古代"德治"思想的宣传与实践》，《中共中央党校学报》2002年第1期；《"德色"的望诊》，《光明日报》2002年1月8日；《楚简〈诗论〉中的"德"音》，《中国艺术报》2002年3月15日；《"秦德"考鉴》，《秦文化论丛》第9辑，西北大学出版社2002年7月版；《论历史上的"德治"与"刑治"》，《光明日报》2003年8月26日。

③ 最后一句话，论者的意思大约是"已经不再可能开发出如过去那样具有影响一个时代的作用的新经济区了"或者"已经不再可能出现过去那样影响一个时代的新经济区了"。

价值的意见："对农民起义也要作历史分析，不可一概而论。"[①]

也就是说，在农民暴动造成的社会动荡之后建立的新王朝，开国者的政策制定有复杂的条件和背景，对其历史作用也应当作具体的历史分析，"不可一概而论"。

也许"桃花源"模式所表现的社会形态，可以说明这种"若干小山区的开发"。

陶渊明《桃花源记并诗》记述了一个与世隔绝的特殊社区"桃花源"的故事。武陵渔人意外迷途，进入一个形式特别的农耕社会：

> ……复行数十步，豁然开朗。土地平旷，屋舍俨然，有良田、美池、桑竹之属。阡陌交通，鸡犬相闻。其中往来种作，男女衣着，悉如外人；黄发垂髫，并怡然自乐。见渔人，乃大惊；问所从来，具答之。便要还家，为设酒杀鸡作食。村中闻有此人，咸来问讯。自云先世避秦时乱，率妻子邑人，来此绝境，不复出焉，遂与外人间隔。问今是何世，乃不知有汉，无论魏晋。此人一一为具言所闻，皆叹惋。[②]

其中"自云先世避秦时乱，率妻子邑人，来此绝境，不复出焉"一句，特别值得注意。所谓"避秦时乱"，可以理解为避秦末战乱，也可以理解为避秦时暴政。其附诗有"嬴氏乱天

---

① 孙达人：《中国农民变迁论——试探我国历史发展周期》，中央编译出版社1996年1月版，第110页。
② 〔晋〕陶渊明著，逯钦立校注：《陶渊明集》，中华书局1979年5月版，第165页至第166页。

纪，贤者避其世"句，也强调了这一主题。

"桃花源"社会的设计，其实暗合于《老子》书中提出的小国寡民社会模式。《老子》第八十章写道：

> 小国寡民。使有什伯之器而不用；使民重死而不远徙。虽有舟舆，无所乘之，虽有甲兵，无所陈之。使民复结绳而用之。甘其食，美其服，安其居，乐其俗。邻国相望，鸡犬之声相闻，民至老死，不相往来。①

其中"虽有甲兵，无所陈之"，颇值得深思。

"桃花源"作为理想村社形式，其真正面世之前，其实史籍中已经可以看到有关社会现实的记载。如《三国志·魏书·田畴传》：

> （田畴）入徐无山中，营深险平敞地而居，躬耕以养父母。百姓归之，数年间至五千余家。畴谓其父老曰："诸君不以畴不肖，远来相就。众成都邑，而莫相统一，恐非久安之道，愿推择其贤长者以为之主。"皆曰："善。"同佥推畴。畴曰："今来在此，非苟安而已，将图大事，复怨雪耻。窃恐未得其志，而轻薄之徒自相侵侮，偷快一时，无深计远虑。畴有愚计，愿与诸君共施之，可乎？"皆曰："可。"畴乃为约束相杀伤、犯盗、诤讼之法，法重者至死，其次抵罪，二十余条。又制为婚姻嫁

---

① 〔魏〕王弼注，楼宇烈校释：《老子道德经注校释》，中华书局2008年12月版，第190页。

娶之礼，兴举学校讲授之业，班行其众，众皆便之，至道不拾遗。①

田畴的经营，使得社会局部得以安定。而田畴的行政方式："为约束相杀伤、犯盗、诤讼之法，法重者至死，其次抵罪，二十余条。又制为婚姻嫁娶之礼，兴举学校讲授之业，班行其众，众皆便之，至道不拾遗。"是典型的温和型政治。

《三国志·魏书·张鲁传》记载：

（张）鲁遂据汉中，以鬼道教民，自号"师君"。其来学道者，初皆名"鬼卒"。受本道已信，号"祭酒"。各领部众，多者为治头大祭酒。皆教以诚信不欺诈，有病自首其过，大都与黄巾相似。诸祭酒皆作义舍，如今之亭传。又置义米肉，县于义舍，行路者量腹取足；若过多，鬼道辄病之。犯法者，三原，然后乃行刑。不置长吏，皆以祭酒为治，民夷便乐之。雄据巴、汉垂三十年。

裴松之注引《典略》也写道："后角被诛，修亦亡。及鲁在汉中，因其民信行修业，遂增饰之。教使作义舍，以米肉置其中以止行人；又教使自隐，有小过者，当治道百步，则罪除；又依月令，春夏禁杀；又禁酒。流移寄在其地者，不敢不奉。"②张鲁的政权，似乎有政教合一的性质。其行政形式，有温和的特色。

① 《三国志》，第341页。
② 《三国志》，第263页，第264页。

理论探索："让步政策"还是"反攻倒算"

毛泽东曾经对张鲁政权的形式予以特殊的关注。[①] 历史上
作为社会最广大群体农民的政治诉求，常常是以特殊形式提出
和发表的。农民的"德治"期望，从"桃花源"梦想中可以得
到反映。政治史遗存中所见因躲避战乱而形成的田畴政权、张
鲁政权的有关信息，也体现了农民对于政治温和的愿望。我们
从这一视角来回顾和总结中国农民史和农民战争史，或许会有
新的发现。

许多事实表明，一个新王朝的建立，首先面对的是社会
对于安定的期求、发展的期求、温饱的期求。通过开国史的考
察可以得知，为了迎合这种社会共同心理，也为了自身的生
存，"轻徭薄赋"是几乎所有新王朝共同的政策。这种政策，如
果称之为"让步政策"，其实也不是不可以的。所谓"反攻倒
算"，大概体现了所谓"败则盗贼，成则帝王"的"帝王"对
"盗贼"的政策。对于主要社会群体和社会生产的承担者而言，
还是"轻徭薄赋"。正如毛泽东所说："历史上每当出现一个新
的王朝，因为人民艰苦，没有东西可拿，就采取'轻徭薄赋'
的政策。'轻徭薄赋'的政策对地主阶级最有利。"[②] 应当看到，
"'轻徭薄赋'的政策"对劳动阶级也是"有利"的。对于社会
经济的恢复和发展，总体来说当然亦"有利"。

事实上，对于"让步政策论"和"反攻倒算论"的争执，我
们比较关注的是开国之初的创业帝王们是怎样择定基本政策的。

---

① 参见王子今《毛泽东与中国史学》，第 249 页至第 254 页。
② 毛泽东同陈伯达、胡绳、田家英、艾思奇、关锋谈话记录，1965 年
12 月 21 日。

狩猎画像石（北周）。陕西西安未央区大明宫乡
炕底寨村安伽墓出土。现藏陕西省考古研究院。

　　新王朝的建立，奠基者总是期望这一政权能够千秋万代，坚如磐石。正如秦始皇所设想的："朕为始皇帝。后世以计数，二世三世至于万世，传之无穷。"[1]然而，开国帝王往往经历了艰险的战事和权争，心力劳瘁，他们不能不忧虑统治能否长久，正如许倬云在总结历史上管理经验时，在"朝代的兴亡——调节功能的分析"题下就"领袖的因素"进行分析时所指出的，"成功的获取，它的系统是十分稳定的，但立刻会随着时空改变；皇帝的年岁每多一岁，不稳定程度就要增加一成"[2]，自然很快就要面临权力交接问题。

开国君主年寿与执政时间

　　据方诗铭《中国历史纪年表》[3]，中国古代若干重要王朝的开国君主，在建国后执政的时间都并不太长：

开国帝王	建国后执政年	开国帝王	建国后执政年
秦始皇	12	陈武帝陈霸先	3
汉高祖刘邦	12	隋文帝杨坚	24
王莽	15	唐高祖李渊	9
汉光武帝刘秀	33	后梁太祖朱温	5
魏文帝曹丕	7	后唐庄宗李存勖	3
蜀昭烈帝刘备	2	后晋高祖石敬瑭	7

---

① 《史记·秦始皇本纪》，第 236 页。
② 许倬云：《从历史看管理》，第 135 页。
③ 方诗铭：《中国历史纪年表》，上海辞书出版社 1980 年 5 月版。

开国帝王	建国后执政年	开国帝王	建国后执政年
吴大帝孙权	31	后汉高祖刘知远	1
晋武帝司马炎	26	后周太祖郭威	3
东晋元帝司马睿	6	北宋太祖赵匡胤	16
宋武帝刘裕	2	元世祖忽必烈	16
齐高帝萧道成	3	明太祖朱元璋	31
梁武帝萧衍	48	清世祖爱新觉罗福临（顺治帝）	18

其中有些年份数据并不十分准确。如汉高祖刘邦在位 12 年，自公元前 206 年封汉王始，而击败项羽称帝在公元前 202 年。元世祖忽必烈的在位时间则自至元十六年（1279）起。

按照上表显示，梁武帝萧衍在位时间最长（48 年），其次为汉光武帝刘秀（33 年）[①]。而一半以上的帝王在位时间不超过 12 年。有将近一半的帝王在位时间不足 10 年。24 个开国帝王中，平均在位时间只有 13.875 年。在位 16 年（含 16 年）以下的帝王占总数的 75%。

显然，选定继承人，培养继承人，为继承人准备行政基础，确定政策方针，是开国皇帝应当考虑的非常重要的政治问题。

----

① 刘秀公元 25 年称帝，灭公孙述已在建武十二年（36）。也就是说，统一天下之后，刘秀在位 22 年。

第一代和第二代：开国君主执政权力的交接

秦二世而亡

回顾历史，我们看到有两个短促的王朝表现出某种政治共性，这就是秦王朝和隋王朝。这两个王朝都经历战争结束了长期分裂割据的局面，实现了统一。然而都很快归于覆亡。秦王朝和隋王朝都在第二代帝王执政时覆灭，权力交接方面出现的严重问题，应当是重要原因之一。

作为统一帝国，秦王朝和隋王朝都是二世而亡。而汉王朝、唐王朝、明王朝等，也都在第二代权力接递时发生过血腥的宫廷争斗，有时爆发政变，甚至导致战争，同样值得注意。专制政体在这样的关键时刻出现政治危机，可能是必然的。后世史家讨论秦与隋的政治教训，往往关注第一代帝王死后最高权力交接形式的合法性和合理性问题。于是对于扶苏的缅怀，成为千古话题。其实，面对既成的政局，分析政策的正与误，或许更有意义。

秦二世的故事，或许可以作为我们在这里讨论这一主题时比较合适的一个案例。有人甚至认为，秦王朝的覆亡，问题完全出在继承帝位的秦二世身上。李贽就曾经感叹道："祖龙千古英雄，挣得一个天下，又以扶苏为子，子婴为孙……卒为胡亥、赵高二竖子所败。惜哉！"[1]

唐人刘沧面对渭水平原上的古陵霜草，曾经心生感慨，作《咸阳怀古》诗："经过此地无穷事，一望凄然感废兴。渭水故

---

① 〔明〕李贽：《史纲评要》卷四《后秦纪》，第 99 页。

都秦二世，咸原秋草汉诸陵。天空绝塞闻边雁，叶尽孤村见夜灯。风景苍苍多少恨，寒山半出白云层。"[1]苍天远雁，荒陵秋草，一望凄然，诗人所感叹的，首先是秦二世故事。宋代诗人王十朋《二世》诗也感叹二世亡秦故事："始皇一怒逐扶苏，天欲亡秦果在胡。翻被四方黔首笑，不分鹿马是谁愚。"[2]

权力的继承，首先有一个"合法性"的问题。如许倬云所说，"爸爸是好爸爸，儿子是好儿子。实际上，好爸爸不一定有好儿子，更不一定有好孙子。因此这种权力的转移只是一个号称的合法性，皇位本身成为合法性的代表。任何人站在皇位的后面，任何人站在龙袍的旁边，他可以做代理，皇权转移变得合法化和制度化，常常是非常不稳定的。"他写道："我们拿第一个皇朝秦朝来看，就是因为秦始皇大儿子和二儿子之间的问题，结果大儿子被赵高矫诏赐死，皇位旁边的代理人赵高篡夺了皇位。"[3]

秦始皇生前没有明确继任者。公子扶苏被派到北边监军，未能参与朝政决策并经历中央行政实践的磨炼。而秦始皇对接班人选定态度不明朗，使得身后政局的不稳定因素更为显著。

公元前 210 年，秦始皇东巡途中于沙丘病逝，跟随出行的少子胡亥与李斯、赵高合谋，伪造遗诏，逼死公子扶苏，取得帝位。沙丘政变之后，二十一岁的秦二世信用赵高，排斥异己，繁刑严诛，赋敛无度，于是政治危机日益严重。正如有的

---

① 〔明〕曹学佺编：《石仓历代诗选》卷九二。
② 〔宋〕王十朋：《梅溪前集》卷一〇《咏史诗》。
③ 许倬云：《从历史看管理》，第 138 页。今按：胡亥不是秦始皇的"二儿子"。说秦王朝开国者的权力继承问题"就是因为秦始皇大儿子和二儿子之间的问题"，似是疏误。

第一代和第二代：开国君主执政权力的交接

学者所指出的，"胡亥即二世皇帝位时，才二十一岁；他别的都远逊始皇，只有在残暴上是'跨灶'的。赵高以拥戴的首功最受宠信；他处处要营私，只有在残暴上是胡亥的真正助手。在始皇时代本已思乱的人民，此时便开始摩拳擦掌了"①。

在民众暴动的强大压力下，惶悸不安的秦二世在泾渭之交的望夷宫斋祀。赵高指使其女婿咸阳令阎乐率兵逼宫，秦二世被迫自杀。唐人胡曾《咸阳》诗于是写道："一朝阎乐统群凶，二世朝廷扫地空。"②赵高随即宣布秦放弃帝号，实现大一统政制的秦王朝因秦二世之死实际上已经覆亡。秦始皇初建皇帝制度时"二世三世至于万世，传之无穷"的梦想完全破灭。一年之后，刘邦入关，秦政权也不复存在。

有人否定秦亡主要由于秦二世的责任。明代学者张燧讨论秦始皇继承人的问题，以为"立扶苏无救于亡秦"。他说："或谓始皇既没，高、斯之乱不作，得扶苏而君之，犹可以济。不知中原赤子，父子祖孙就嬴氏锋刃者，几二百年，即有圣子圣孙，嘘呵保护，无及也。"③李贽虽然感叹秦皇事业"卒为胡亥、赵高二竖子所败"，然而同时也指出，"然祖龙种毒，久暂必发，天道好还，至此，不得不论因果矣"④。以为秦始皇已经埋下了必然败亡的种子。其实，是不是秦二世即位，还是很重要的。如果真的"有圣子圣孙，嘘呵保护"，也许秦王朝的覆灭不会这样迅速。

---

① 张荫麟：《中国史纲》，第 155 页。
② 〔唐〕胡曾：《咏史诗》卷下。
③ 〔明〕张燧：《千百年眼》，河北人民出版社 1987 年 8 月版，第 60 页。
④ 〔明〕李贽：《史纲评要》卷四《后秦纪》，第 99 页。

唐人鲍溶《倚瑟行》诗有"泉宫一闭秦国丧"句[1]，认为秦始皇去世，秦的国运也一同葬入骊山地宫之中，秦帝国实际已经灭亡。这种认识可能暗含对秦二世权位合法性有所否定的倾向，但是就历史真实而言，其实并不十分准确。秦二世因政变而暴起，又因政变而暴亡，统治虽然短暂，然而在位三年，也曾经有勤政的表演。他遵循秦始皇远巡的辙迹东行郡县，傍渤海至于辽东，傍黄海、东海至于会稽，行程相当辽远。以现今公路营运线路里程计，考虑经行不同路线的因素，总行程在8800公里以上，甚至超过10080公里。其出巡春季启程，四月还至咸阳，虽具体行期尚难以确知，但即使按照保守估算，以历时百日计，平均日行里程也至少达到近90公里，甚至超过100公里。这在当时的交通条件下，作为帝王乘舆，无疑已经创造了连续高速行驶的历史记录。而出行者"不远千里之外，犯霜露，冒尘垢，百舍重趼，不敢休息"[2]，"晨夜冒犯霜露"[3]的辛劳可以想见。秦二世东巡的动机，有自以为年少即位不久，百姓不能集附，又仰慕秦始皇巡行郡县而威服海内之事迹等因素。[4]秦二世元年四月，他出巡结束，回到咸阳，七月就爆发了陈胜起义。不久，秦王朝的统治就迅速走向崩溃。可以说，秦二世"巡行郡县，以示强，威服海内"的政治目的并没

---

① 《乐府诗集》卷九五。
② 〔汉〕刘向编著，石光瑛校释，陈新整理：《新序校释》卷五《杂事》，中华书局2001年1月版，第765页。
③ 〔汉〕刘珍等撰，吴树平校注：《东观汉记校注》卷一四《鲍永传》，中华书局2008年11月版，第567页。
④ 参见王子今《秦二世元年东巡史事考略》，《秦文化论丛》第3辑，西北大学出版社1994年12月版。

有实现，沿途山海之神"皆礼祠之"①的虔敬也没有得到预想的回报。

关于秦二世的政策是否对于秦的灭亡发生主要作用，有不同的意见。一种观点认为，秦亡的主要责任应当由秦始皇承担。例如《汉书·谷永传》所谓"秦所以二世十六年而亡者，养生泰奢，奉终泰厚也"②，《三国志·魏书·杨阜传》所谓"秦始皇作阿房而殃及其子，天下叛之，二世而灭"③，都将主要罪责归于秦始皇。而所谓"二世不恤天下，万民有怨畔之心"，于是"陈胜起，天下畔，赵高作乱，秦遂以亡"，以及所谓"至于二世，暴虐愈甚，终用急亡"④，所谓"二世发闾左而海内崩离"⑤等，则以为秦二世也负有历史责任。白居易诗"秦皇肆暴虐，二世遭乱离"⑥，也具有代表性。实际上据司马迁在《史记·秦始皇本纪》中的记载，尽管秦二世即位不过一年，大泽乡起义即爆发，然而他"复作阿房宫"，"用法益刻深"等行为，确实使社会矛盾更为尖锐。也有人认为秦二世时代发生的政治变故，是由于赵高等人利用了他的昏庸。指鹿为马的故事广为传诵，就是以这样的认识为基点的。宋代政论多见这种意见，如"秦二世制于赵高"⑦，"盗满山东而（赵）高、（李）斯弄权，二世不知也"⑧，"秦二世以赵高为腹心，刘（邦）、项（羽）横

---

① 《史记·封禅书》，第 1370 页。
② 《汉书》，第 3459 页。
③ 《三国志》，第 707 页。
④ 《汉书·五行志中之下》，第 1430 页。
⑤ 《旧唐书·食货志上》，第 2085 页。
⑥ 〔唐〕白居易：《答四皓庙》，《白氏长庆集》卷二。
⑦ 《宋史·唐坰传》，第 10552 页。
⑧ 《宋史·杨大全传》，第 12158 页。

行而不得闻"① 等。这些议论，自有当时特殊的政治背景。

全面认识秦末历史，应当承认秦始皇和秦二世都必须承担政治失败的责任。贾谊在《过秦论》中曾经说，如果秦二世及时实行政策转变，是可能避免秦短促覆亡的结局的。他写道："今秦二世立，天下莫不引领而观其政。"民众苦难，其实是"新主"的一种政治资源，假使"二世有庸主之行，而任忠贤，臣主一心而忧海内之患，缟素而正先帝之过"，"以威德与天下"，则必然可以扭转政治危局，实现安定。②《后汉书·杨终传》中，也可以看到"秦筑长城，功役繁兴，胡亥不革，卒亡四海"的意见③，暗示秦二世"革"秦始皇之政的可能性及其可能较为光明的历史前景。历史的假设虽然对于历史研究没有意义，但是对于借鉴历史经验，可能也是有一定的参考价值的。

对于秦二世的悲剧，有的学者又分析说，其因素包括秦始皇焚书坑儒，"灭先王之学"的文化政策，以致秦二世缺乏必要的文化资质，"胡亥之生也，《诗》《书》不得闻，圣贤不得近"。这一议论出自唐代著名诗人元稹之口④，新旧《唐书》的《元稹传》都有记载，值得引起注意。李商隐《赠送前刘五经映三十四韵》诗在"焚坑逮可伤"之后，又有"挟书秦二世"句。⑤ "挟书"是指《挟书律》，即对私藏书籍者严刑治罪的法令。诗人在对秦王朝的文化专制主义进行谴责时，秦二世也是对象之一。秦始皇去世之后不久，秦王朝的统治阶层内部

---

① 《宋史·胡铨传》，第 11584 页。
② 〔汉〕贾谊撰，阎振益、钟夏校注：《新书校注》，第 14 页。
③ 《后汉书》，第 1598 页。
④ 〔唐〕元稹：《论教本书》，《元氏长庆集》卷二九。
⑤ 〔唐〕李商隐：《李义山诗集》卷下。

发生政治危机，日益激化的社会矛盾终于导致了规模空前的大动乱。秦二世没有能力稳定政局，其执政集团的核心又发生变乱，秦二世本人被赵高派人刺杀。秦王朝在人民反抗的浪潮中走向崩溃。

秦二世胡亥通过伪造秦始皇遗诏，暗害公子扶苏，以非法手段取得帝位之后，担心诸公子及大臣疑而不服，导致变乱，于是密谋杀害诸公子及先帝故臣。在咸阳处死 12 位公子，在杜县（今陕西长安西南）处死 10 位公主。秦始皇陵东侧上焦村西清理的 8 座秦墓，其中 18 号墓没有发现人骨，其余 7 座墓墓主为 5 男 2 女，年龄在 20 岁至 30 岁左右，大多骨骼分离散置，15 号墓的墓主肢骨相互分离，置于椁室头箱盖上，头骨则发现于洞室门外填土中，右颞骨上仍插有一支铜镞。据考古工作者分析，这批墓葬墓主身份可能是秦宗室的成员。[①]《史记·李斯列传》记载，公子高曾准备逃走，又担心其家族受到残害，于是上书请求从葬于郦山脚下。胡亥准许了这一请求，并赐钱十万予以安葬。[②]

秦二世是通过政变方式取得最高地位的，因而对于上层统治集团中"政争"形式引发的政治危局多有警惕，于是有残杀其他皇族成员的预防手段。《史记·秦始皇本纪》记载，赵高对秦二世说，先帝临制天下年久，所以群臣不敢发表不同的政见。现今陛下年轻，刚刚即位，如何在与公卿廷议决策大事时维护权威呢？如果所言有误，则在群臣面前暴露了短处。秦二世信

---

① 秦俑考古队:《临潼上焦村秦墓清理简报》,《考古与文物》1980 年第 2 期。

② 《史记》, 第 2553 页。

从他的话，于是常居于宫禁之中，只单独会见赵高决定朝事，后来公卿大臣也很少能够朝见。这种表现出严重内在封闭性特征的政治形式，使新政权原有的积极的政治活力也被窒息了。

司马迁说，秦二世统治时期"用法益刻深"，就是说，其专制统治的严酷，可能更超过了秦始皇时代。当时，不仅"黔首振恐"，而且"宗室振恐"，[①] 社会上下都沉入一种深重的黑色恐怖之中。

秦时专制制度的明显弊病，已经严重妨碍了政治机器的正常运行。

从秦二世东巡经历所体现的行政节奏，可以反映这位据说辩于心术而讷于口才的新帝对秦始皇所谓"勤劳本事"，"夙兴夜寐"，"朝夕不懈"，"视听不怠"，以及每天"以衡石量书"，[②] 不完成审阅文书的日夜定额则绝不休息的勤政风格的继承。但是，秦王朝所面临政治危局的严重，已经不是一两个政治活动家只凭勤勉的行政努力能够挽回的了。虽然秦二世死于赵高的暗杀，但是其背景却是民众暴动已经呈现燎原之势。秦王朝灭亡的直接导因，是残酷的压迫剥削所激起的民变。而秦二世应变之无能，也给人们留下了深刻的历史印象。

刘邦太子废立焦虑

汉高祖刘邦曾经在继位者的选择上出现过反复。

吕后之子刘盈被立为太子，据说刘邦以为刘盈性情柔弱难

---

① 《史记·秦始皇本纪》，第 269 页，第 268 页。
② 《史记·秦始皇本纪》，第 245 页，第 243 页，第 250 页，第 258 页。

以管理国家，拟改立心爱女子戚夫人子赵王如意做太子。太子废立之议遭到吕后和诸大臣的激烈反对。张良为吕后建策，调动了"四皓"的支持，使刘邦放弃了改立刘如意的想法。《史记·留侯世家》记载："上欲废太子，立戚夫人子赵王如意。大臣多谏争，未能得坚决者也。吕后恐，不知所为。人或谓吕后曰：'留侯善画计策，上信用之。'吕后乃使建成侯吕泽劫留侯，曰：'君常为上谋臣，今上欲易太子，君安得高枕而卧乎？'留侯曰：'始上数在困急之中，幸用臣策。今天下安定，以爱欲易太子，骨肉之间，虽臣等百余人何益。'吕泽强要曰：'为我画计。'留侯曰：'此难以口舌争也。顾上有不能致者，天下有四人。四人者年老矣，皆以为上慢侮人，故逃匿山中，义不为汉臣。然上高此四人。今公诚能无爱金玉璧帛，令太子为书，卑辞安车，因使辩士固请，宜来。来，以为客，时时从入朝，令上见之，则必异而问之。问之，上知此四人贤，则一助也。'于是吕后令吕泽使人奉太子书，卑辞厚礼，迎此四人。四人至，客建成侯所。"汉十一年（前196），黥布反，刘邦患病，准备让太子率兵，往击黥布。"四人相谓曰：'凡来者，将以存太子。太子将兵，事危矣。'"于是劝说建成侯吕泽："太子将兵，有功则位不益太子；无功还，则从此受祸矣。且太子所与俱诸将，皆尝与上定天下枭将也，今使太子将之，此无异使羊将狼也，皆不肯为尽力，其无功必矣。臣闻'母爱者子抱'，今戚夫人日夜侍御，赵王如意常抱居前，上曰'终不使不肖子居爱子之上'，明乎其代太子位必矣。君何不急请吕后承间为上泣言：'黥布，天下猛将也，善用兵，今诸将皆陛下故等夷，乃令太子将此属，无异使羊将狼，莫肯为用，且使布闻之，则鼓行而西耳。上虽病，强载辎车，卧而护之，诸将不敢不尽力。上虽苦，为妻子自强。'于是吕泽立夜见吕后，吕后承间为上泣涕而言，如四人意。"刘邦说："吾惟竖子固不足遣，而公自行耳。"于是刘邦亲自率军东进。张良扶病送行时，建议刘邦："令太子为将军，监关中兵。"刘邦说："子房虽病，强卧而傅太子。"当时叔孙通为太傅，张良承担少傅的职责。汉十二年（前195），也就是刘邦执政的最后一年，击破黥布军后，回归长安，因为病重，"欲易太子"之心更为急切，张良劝阻无效，称病不与政事。叔孙通引述古今教训劝谏，以死为太子争。刘邦表面上收回了"易太子"的意见，内心依然"犹欲易之"。①

在一次宴会上，太子陪侍，刘邦看到了异常的情形："四人从太子，年皆八十有余，须眉皓白，衣冠甚伟。上怪之，问曰：'彼何为者？'四人前对，各言名姓，曰东园公、角里先生、绮里季、夏黄公。上乃大惊，曰：'吾求公数岁，公辟逃我。今公何自从吾儿游乎？'四人皆曰：'陛下轻士善骂，臣等义不受辱，故恐而亡匿。窃闻太子为人仁孝，恭敬爱士，天下莫不延颈欲为太子死者，故臣等来耳。'上曰：'烦公幸卒调护太子。'四人为寿已毕，趋去。上目送之，召戚夫人指示四人者曰：'我欲易之，彼四人辅之，羽翼已成，难动矣。吕后真而主矣。'戚夫人泣，上曰：'为我楚舞，吾为若楚歌。'歌曰：'鸿鹄高飞，一举千里。羽翮已就，横绝四海。横绝四海，当可奈何！虽有矰缴，尚安所施！'歌数阕，戚夫人嘘唏流涕，上起去，罢酒。竟不易太子者，留侯本招此四人之力也。"②李贽就

① 《史记》，第2044页至第2046页。
② 《史记》，第2046页至第2047页。

此有这样的评论："张良此时辟谷否？真圣人也，龙也！"[1]对张良的这种赞扬，是肯定他对于稳定政治局势显示出的超级智慧。

宋代学者王十朋《汉高帝》诗写道："百战功成汉业新，咸阳置酒问群臣。区区高起王陵辈，岂识龙颜善用人。仗剑崎岖起沛丰，只将嫚骂驭英雄。虽然能用三人杰，已失商山四老翁。"[2]说到了张良借用商山四皓稳定太子权位的故事。我们有理由认为，张良以自己的政治智慧，消弭了皇权集团最上层争夺最高执政权的一次险恶危机。

后来刘盈即位，是为汉惠帝。而这场废立之争后，著名的"人彘"故事，显现了帝位继承权争夺的残酷。《史记·吕太后本纪》记载："太后遂断戚夫人手足，去眼，煇耳，饮喑药，使居厕中，命曰'人彘'。居数日，乃召孝惠帝观人彘。孝惠见，问，乃知其戚夫人，乃大哭，因病，岁余不能起。"[3]

隋文帝、隋炀帝的权力交接

隋炀帝案例也具有典型性，值得我们关注。

隋炀帝杨广是隋文帝杨坚次子，开皇二十年（600）以阴谋使太子杨勇被废，得立为太子。仁寿四年（604）隋文帝死，相传为杨广暗害。杨广继位后，假造文帝遗诏缢杀杨勇，又镇压了其弟汉王杨谅的武装反抗，并毒杀杨勇诸子。

隋炀帝作为统一的隋王朝第二代君主，消除了皇族内部夺

---

① 〔明〕李贽：《史纲评要》卷五《汉纪》，第130页。
② 〔宋〕王十朋：《梅溪前集》卷一〇《汉高祖》。
③ 《史记》，第397页。

权的威胁，以维护稳定，又推行科举制，下令貌阅、括户，使政治经济出现了新气象。又在西北用兵，疆土得以扩大。隋朝至于极盛。隋炀帝依恃国力富足，骄奢极欲，几乎年年都征发重役。开掘拱卫洛阳的长堑，调发工役数十万人。大业元年（605）营造东都洛阳，每月役使丁男多达二百万人。自大业元年三月至大业六年（610），隋炀帝先后调发三百余万人开通各段运河。大业三年（607）和四年（608），两次调发丁男一百二十万修筑长城，役死者过半。据说隋炀帝统治的十余年间，被征发的农民多至一千万人次，平均每户服役者一人以上。

隋炀帝年年远出巡游，曾经三游江都（今江苏扬州），两巡塞北，一至河右，三行涿郡（今北京），在长安、洛阳间频繁往还更不计其数。每次出巡，都大规模营造离宫，劳扰地方民众，使人力财力无端浪费。运河工程沟通了长江、淮河水运，河宽四十步，两侧修筑"御道"，栽植柳树。从长安达江都（今江苏扬州），沿途修建离宫四十余所。又指派官员督造龙舟和各种杂型船只数万艘。他的第一次江都之行，先乘一种称作"小朱航"的船只从漕渠出洛口，然后改乘"龙舟"。"龙舟"上下四层，高四十五尺，长二百丈。最高一层有正殿、内殿、东西朝堂。中间一层有一百二十个房间，都用金玉装饰。最下边的一层则由内侍们居住。皇后乘坐的船舶称作"翔螭舟"，形状较"龙舟"稍小，而装饰则大致相同。另外，又有"浮景"九艘，都是上下三层的水上宫殿。又有以所谓"漾彩""朱鸟""苍螭""白虎"等称号命名的船只数千艘，由贵族百官等乘坐。这些船只共计使用"挽船士"八万余人。而牵挽"龙舟""翔螭舟"和"浮景"等船只的又有九千余人，称作"殿脚"。此外又有"平乘""青龙"等船只数千艘，由近卫军士乘坐并且自行牵挽。整个船队，舳舻相接二百余里，又有骑兵列队沿两岸掩卫而行。^①大业七年（611），隋炀帝自江都乘御"龙舟"北上，渡河入永济渠，行幸涿郡。

同年二月，隋炀帝下诏讨伐高丽。诏令全国兵力实行总动员，无论远近，都集结于涿郡。又明令调发江淮以南的水手一万人，弩手三万人，岭南排镩手三万人，于是四方兵马，不远千里，奔赴如流。^②五月，隋炀帝又命令河南、淮南、江南造戎车五万乘送往高阳（今河北高阳东），供载军用衣甲帐幕。又发河南、河北民夫供应军需。在这一年的七月，隋炀帝诏令发江、淮以南的民夫及船只，运送黎阳仓和洛口仓的储米前往涿郡，一时舳舻相次千余里。据说负责载运兵甲和攻取之具，平时往返于途中者常常达到数十万人。大业八年（612），隋军出动一百一十三万兵力，败于辽东（今辽宁辽阳）和平壤（今朝鲜平壤）城下，次年再次发军围攻辽东城。在黎阳仓督运军粮的杨玄感在"百姓苦役，天下思乱"^③的政治危局已经形成的形势下，乘机起兵。隋炀帝被迫从辽东撤军。

杨玄感败亡后，隋炀帝仍然不考虑消缓政治危局的有效策略，反而下令追究附从杨玄感的政治势力，共诛杀三万余人，流徙六千余人。大业十年（614），再次发动对高丽的战争。但是在这时，各地的农民起义已经全面爆发，隋炀帝被迫议和收军。

---

① 参见《资治通鉴》卷一八〇《隋纪四》，第 5621 页。
② 参见《资治通鉴》卷一八一《隋纪五》，第 5654 页。
③ 《隋书·杨玄感传》，第 1616 页。

大业七年（611），王薄领导农民在长白山（今山东章丘东北）起义。数年间，农民暴动已成燎原之势。隋炀帝采取严厉镇压的态度，命令各地郡县、驿亭、村坞各筑城堡，集中民众居住在城堡中，以图控制。大业十二年（616），隋炀帝再次赴江都。次年四月，李密领导的瓦岗军已经围逼东都，隋炀帝却仍然沉浸在荒淫昏乱的生活中。大业十四年（618）九月，右屯卫将军宇文化及等煽动军士攻入宫中，缢杀隋炀帝。不久，隋王朝在各地起义民众和军阀力量的联合进攻下灭亡。

分析秦二世和隋炀帝面对政治危局无力挽救，终于败亡的历史事实，如果不考虑政权腐败和制度黑暗等因素，只是总结当政者应变对策的作用，可以看到其共同的失误。一是较多注意政界上层敌对力量的敌对行动，却对社会下层广大民众政治情感和政治倾向的历史作用有所忽略；二是不愿意对自身的政治错误深刻反省，认真纠正，固执地坚持不合时宜的政策；三是总是以残酷的虐杀作为单一的镇压手段。

这样的教训尽管在历史上一再重复，却仍然没有能够引起大多专制王朝统治者们的真正重视。我们更为注意的是，一个新王朝在第二代就迅速覆亡的历史事实。

唐宋明第二代继承问题

以武装"造反""篡夺"起家，建立了强大帝国的强有力帝王唐高祖李渊、宋太祖赵匡胤以及明太祖朱元璋，他们身后继承者地位的确定，都曾经引发过激烈的血腥争夺。

唐高祖武德九年（626）六月初四，秦王李世民发动"玄武门之变"，袭杀其兄太子李建成及四弟齐王李元吉，逼高祖立自己为太子。不久李渊被迫退位，为太上皇，李世民即位，是为唐太宗。对于李渊如何合理立嗣问题，王夫之《读通鉴论》有所讨论。他说："谓高祖之立建成为得嫡长之礼者，非也。立子以嫡长，此嗣有天下，太子诸王皆生长深宫，天显之序，不可以宠嬖乱也。初有天下，而创制自己，以贤以功，为天下而得人，作君师以佑下民，不可以守法之例例之矣。"古来有立嫡长的传统，是因为儿子们都生长深宫，应当按照"天显之序"确定继承人。但是唐初形势不同，"初有天下，而创制自己"，是可以"以贤以功"择定第二代领导人物的，不一定固守旧例。然而李建成也并非不贤无功。"抑谓高祖宜置建成而立世民者，亦非也。""太原之起，虽由秦王，而建成分将以向长安，功虽不逮，固协谋而戮力与偕矣。同事而年抑长，且建成亦铮铮自立，非若隋太子勇之失德章闻也，高祖又恶得而废之？"所以说，唐高祖李渊要作出决策，是很困难的。"故高祖之处此难矣。非直难也，诚无以处之。智者不能为之辩，勇者不能为之决也。君子且无以处此，而奚翅高祖？"王夫之又感叹道："处此而无难者，其唯圣人乎！"[1]玄武门的血光，使唐高祖李渊只能作出被动的选择，不得不承认了李世民当政的现实。按照有的学者的描述，李渊"只好痛苦地接受眼前这一切"，"李渊第一道命令是交出兵权，让李世民指挥天下兵马"，"几天以后，李世民成为太子。两个月后，李世民即皇帝位。秦王府的属官们成为新朝廷的重要大臣。李渊退位成为太上

---

[1] 〔清〕王夫之：《读通鉴论》卷二〇《唐高祖》，第584页至第585页。

皇。唐朝在一阵血雨腥风之后，完成了政治权力的转移"。①

北宋初年，在开国者第一代和第二代权力传递过程中，也出现了异常的情形。《宋史·后妃传上·太祖母昭宪杜太后》记载：

> 建隆二年，太后不豫，太祖侍药饵不离左右。疾亟，召赵普入受遗命。太后因问太祖曰："汝知所以得天下乎？"太祖呜噎不能对。太后固问之，太祖曰："臣所以得天下者，皆祖考及太后之积庆也。"太后曰："不然，正由周世宗使幼儿主天下耳。使周氏有长君，天下岂为汝有乎？汝百岁后当传位于汝弟。四海至广，万几至众，能立长君，社稷之福也。"太祖顿首泣曰："敢不如教。"太后顾谓赵普曰："尔同记吾言，不可违也。"命普于榻前为约誓书，普于纸尾书"臣普书"。藏之金匮，命谨密宫人掌之。②

杜太后以后周政权之失，强调不能"使幼儿主天下"。于是令赵匡胤"汝百岁后当传位于汝弟"，让赵光义接班。对于这位杜老太后的指示，李贽评价道："此处便婆子气矣。"并指出赵匡胤的顺从乃"太祖一失"。又说："妇人之言最害事，决不可听。听之亦非孝也。"③此后在赵匡胤临终时，又有"烛影斧声"之"千古之谜"。

---

① 孟宪实：《孟宪实讲唐史：从玄武门之变到贞观之治》，广西师范大学出版社 2007 年 5 月版，第 97 页至第 98 页。
② 《宋史》，第 8607 页。
③ 〔明〕李贽：《史纲评要》卷二七《宋纪》，第 735 页。

《宋史纪事本末》卷一："（开宝九年）九月，帝幸晋王光义第。帝友爱光义，数幸其第，恩礼甚厚。光义尝有疾，亲为灼艾。光义觉痛，帝亦取艾自炙。每对近臣言：'光义龙行虎步，他日必为太平天子，福德非吾所及也。'冬十月，帝有疾。壬午，夜，大雪。帝召晋王光义，属以后事。左右皆不得闻。但遥见烛影下，晋王时或离席，若有逊避之状。既而上引柱斧戳地，大声谓晋王曰：'好为之。'俄而帝崩。时漏下四鼓矣。宋皇后见晋王，愕然，遽呼曰：'吾母子之命，皆托于官家。'晋王泣曰：'共保富贵，无忧也。'甲寅，晋王光义即皇帝位。"①对于宋皇后"吾母子之命，皆托于官家"语，李贽批注："此言胡为乎来哉！"就宋太宗赵光义以兄终弟及方式即位，李贽说："太祖为人，器度豁如，尽之矣。事推心置腹，真帝王也！其为子孝，为兄友，性之也。独其过于孝友，因有二失：一因杜太后国有长君之言；二因光义在德不在险之语。储位、迁都二大事，俱失之，可恨也！然观过知仁，不以损圣。独光义有负'共保富贵'之语，真无面目见分痛之兄于地下耳！若'烛影斧声'之疑，又俗儒之见也。丘琼山辨之是矣。"②

明人程敏政《太宗》诗写道："野录山僧本好奇，是谁删润转生疑。由来授受分明处，涑水先生却备知。""金匮盟寒固可哀，何缘推出杀心来。斧声烛影都无谓，胜国诸公有史才。"③对于宋太宗篡弑的传说，已经多有学者辨解。然而依然

---

① 〔明〕陈邦瞻：《宋史纪事本末》，中华书局 2015 年 8 月版，第 58 页至第 59 页。
② 〔明〕李贽：《史纲评要》卷二七《宋纪》，第 749 页至第 750 页。
③ 〔明〕程敏政：《篁墩集》卷六三。

有颇多疑点遗存。如明人谢复《书〈宋纪受终考〉后》写道：
"《宋纪》受终之事，诸老先生辩之详矣。而仆窃犹有疑焉。授受，大事也，太祖临崩之际，顾命大臣无一人在旁，而又散遣宫人，使致疑于斧声烛影之间。此其可疑者一也。君薨，大事也，史官宜大书特书，以诏示天下后世。太祖临崩之后，正史、实录皆不载，若为尊亲讳，然而见于简策者，徒出于杂说之纷纷，迄今卒无定论。此其可疑者二也。或者以为太宗篡弑之祸，实太祖有以启之。彼不传于子，而传于弟，岂诚心与直道哉？特一时迫于母后之私命，勉强从之，迨其晚年，亦有悔心，不然授受之际，文武大臣胡不使一人知之，卒致宋后有召德芳之举。此其可疑者三也。其崩也，或以为壬子，或以为癸丑；或以为夕，或以为夜之四鼓。况宋后母子托命之言，其辞甚哀，其志甚慑。而太宗怒犹未息，至于不成后服。此其可疑者四也。若改元一事，开国之初一时人才理会不得，诚有如吾朱夫子之所言者，而秦王、德昭，俱不得其死，虽非太宗手刃，盖以知其无传位之志，故相继灭亡。此其可疑者五也。呜呼！因其迹可以得其心，推其显可以知其隐。太宗至是几五百年，何议者之不一耶！"[1] 这样的议论，并非全无根据。

明人沈一贯《汉唐宋三太宗》诗写道："禁里妖星拂剑红，寝中积雪斧声雄。如何三让为天子，只有西京一太宗。"[2] 诗句比较汉太宗、唐太宗、宋太宗故事，颂扬只有汉文帝对权力表示过谦让，而唐宋两位太宗盛名的背后，则有"禁里""寝中"权力争夺的血光。三位太宗的事迹，都发生在"开国"之初权

---

① 〔清〕黄宗羲辑：《明文海》卷二一八。
② 〔清〕胡文学辑：《甬上耆旧诗》卷一八。

力传递的交接点上。品味诗人的历史感觉，可以发人深思。

纪昀《古今储贰金鉴》卷五《宋·太宗》写道："以弟嗣兄，非继体之正。杜太后只知国有长君为社稷福，不知以次传位，迭启猜疑，易滋祸本。太祖之曲从乱命，赵普之预立誓书，胥失之也。史家于光义嗣位，每多微词。"[①] 这种"微词"的发生，正是因为"光义嗣位""非继体之正"，"以次传位，迭启猜疑，易滋祸本"，不仅其合法性可疑，而且极易导致变乱的缘故。

明建文元年（1399），燕王朱棣为夺取皇位发动了史称"靖难之变"的战争。三年之后，攻陷南京，逼迫建文帝流亡，朱棣于是即位，成为统治天下二十二年的永乐皇帝。这也是第一代建国君主权力传递于第二代时发生的历史事件。

---

① 〔清〕弘历敕撰：《钦定古今储贰金鉴》卷五《宋·太宗》。

西王母、伏羲、女娲画像石（东汉）。山东微山两城镇出土。
画中西王母端坐中央，头上有一鸟，两肩浮卷云，其右刻
"西王母"三字。现藏山东微山文化馆。

女性在开国史中的表现，也是体现中国古代政治文化的重要迹象。在开创帝业推进建国的政治斗争中，不同的历史时期，女性有不同的作用。对相关问题的考察，可以增进对政治史、性别史、礼俗史的全面认识，对于开国历程中历史文化的复杂性，也可以有所说明。

性别史现象："汉高祖尊母不尊父"

明代史学家张燧曾经著《千百年眼》一书，作纵横千百年的历史评论。这部书的卷四有"汉高祖尊母不尊父"条，说汉高祖刘邦即皇帝位后，先封吕雉为皇后，封子为皇太子，又追封其母曰昭灵夫人，而他的父亲太公却遗而不封，令人不可理解。又过了两年左右，刘邦相继封刘贾、刘喜、刘交、刘肥为王，丞相萧何以下大小功臣也皆已分别受封，而太公的封号依然未予讨论，群臣也没有一人一言说到此事，这是为什么呢？张燧于是感叹道：刘邦为天子已经七年，而太公却仍然只是一个平头老百姓，两者的差别实在是太大了！[1]

太公封太上皇，是后来的事。[2]

张燧以为刘邦先封其母却遗忘其父大可惊异，却没有说明其中的原因。其实，能够指出"尊母不尊父"这一现象，已经是重要的历史文化发现了。

汉代重女权，也就是说，在汉代妇女有较高的社会地位，

---

① 参见〔明〕张燧《千百年眼》，第 67 页至第 68 页。
② 参见王子今、李禹阶《秦汉时期的太上皇》，《河北学刊》2009 年第 6 期。

能够发挥较大的社会影响。

世系从母系方面来确定，是远古时代的婚姻关系所决定的。郑樵在《通志·氏族略》中曾经指出，直到三代以后，姓之字多从"女"，比如姬、姜、嬴、姒、妫、姞、妘、嫚、姶、嫪，等等，都是如此。[①]其实，在汉代，仍然可以看到承认女系这一古老文化现象的遗存。汉景帝长子刘荣因母为栗姬，于是被称为"栗太子"。汉武帝子刘据立为太子，因其生母为卫皇后卫子夫，又被称为"卫太子"。刘据的儿子刘进，因生母为史良娣，所以又称作"史皇孙"。平阳公主也随外家姓，号"孙公主"。汉灵帝的儿子刘协，也就是后来的汉献帝，因为由董太后亲自抚养，称"董侯"。淮南国太子有称为"蓼太子"者，据说"蓼"也是"外家姓"。这一现象不仅表现在皇族。高祖功臣夏侯婴的曾孙夏侯颇娶了被称为"孙公主"的平阳公主，以致后世子孙竟然改姓为孙。

姓氏从母，是古风的遗存。这一现象，在文明程度较为落后的民族习俗中有所保留。匈奴人风俗，据说贵族都从母姓。汉代上层社会可以看到同样的现象，是令人惊异的。

汉代还多有妇女封侯，得以拥有爵位和封邑的情形。

例如，汉高祖刘邦封兄伯妻为阴安侯。吕后当政，封萧何夫人为酂侯，樊哙妻吕媭为临光侯。汉文帝时，赐诸侯王女邑各二千户。汉武帝也曾经尊王皇后母臧儿为平原君，王皇后前夫金氏女为修成君，赐以汤沐邑。汉宣帝赐外祖母号为博平君，以博平、蠡吾两县一万一千户为汤沐邑。王莽母赐号为功

---

① 〔宋〕郑樵：《通志》卷一《氏族略》。

显君。王莽又曾建议封王太后的姊妹王君侠为广恩君，王君力为广惠君，王君弟为广施君，皆食汤沐邑。汉光武帝刘秀的儿子刘强因为无子，3 个女儿都被封为"小国侯"，刘强于是终生感激。

两汉史籍记载女子封侯封君事，多至三十余例。[①]

汉武帝是武功卓越的帝王，而卫青以皇后卫子夫同母弟的身份被任命为大将军，霍去病以卫子夫姊子的身份被任命为骠骑将军，李广利以汉武帝所宠幸李夫人兄的身份被任命为贰师将军。汉武帝时代的三位名将都由女宠擢升，也是可以反映汉代妇女对政治生活有重要影响的迹象。[②]

汉代贵族妇女在婚姻关系和家庭生活中占据较高地位，也留下了比较显著的社会历史印痕。

《汉书·王吉传》记载，汉宣帝时，王吉曾经上疏评论政治得失，谈到"汉家列侯尚公主，诸侯国则国人承翁主"的情形，他认为："使男事女，夫诎于妇，逆阴阳之位，故多女乱。"[③]他将所谓"女乱"（政治生活中女子专权现象）的原因，归结为社会生活中女子尊贵现象的影响。

"使男事女，夫诎于妇"的情形在民间也有表现。妇女有较高的社会地位，在有些地区甚至成为一种民俗特征。《汉书·地理志下》关于陈国（今河南淮阳附近）地方风习，就有"妇人尊贵"的记述。[④]

---

① 参见王子今《汉代的女权》,《东方》1999 年第 3 期。
② 参见〔清〕赵翼著，王树民校证《廿二史札记》卷二《武帝三大将皆由女宠》，第 51 页。
③ 《汉书》，第 3064 页。
④ 《汉书》，第 1653 页。

关于"汉高祖尊母不尊父"的文化背景，我们指出了社会礼俗条件的作用。其实，还有一个直接的原因是，其母刘媪的感生神话，其中可见刘邦帝权神化宣传与"神"及"蛟龙"神秘关系：

> 高祖，沛丰邑中阳里人，姓刘氏，字季。父曰太公，母曰刘媪。其先刘媪尝息大泽之陂，梦与神遇。是时雷电晦冥，太公往视，则见蛟龙于其上。已而有身，遂产高祖。

关于"高祖"生母刘媪"梦与神遇"，还有其他传说。张守节《正义》："《春秋握成图》云：'刘媪梦赤鸟如龙，戏己，生执嘉。'"而司马贞《索隐》引皇甫谧云："媪盖姓王氏。""又据《春秋握成图》以为执嘉妻含始，游洛池，生刘季。《诗含神雾》亦云。""含始即昭灵后也。"张守节《正义》："《帝王世纪》云：'汉昭灵后含始游洛池，有宝鸡衔赤珠出炫日，后吞之，生高祖。'"司马贞《索隐》："按：《诗含神雾》云'赤龙感女媪，刘季兴'。"关于刘邦父母姓名等信息，司马贞以为"姓字皆非正史所出，盖无可取。"张守节《正义》引颜师古云："皇甫谧等妄引谶记，好奇骋博，强为高祖父母名字，皆非正史所说，盖无取焉。宁有刘媪本姓实存，史迁肯不详载？即理而言，断可知矣。"[①]相关传说虽不可取，但在当时却是刘邦帝业合理性、合法性舆论宣传的重要内容。

----

① 《史记》，第 341 页，第 342 页。

"高帝与吕后共定天下"与吕氏"滔天之势"

吕后专政，其实是汉代重女权的最显著的史例。对于吕后在西汉王朝开国史中的作用，许倬云是这样总结的："汉朝，汉高祖很有权力，汉高祖的儿子没什么抱负，就用他的妻子吕后，但后来吕后和刘氏之争，几乎把汉朝弄灭亡。"①

吕后名雉，单父（今山东单县）人。她的父亲吕公躲避仇家，迁居到沛县，在一次宴会上偶然结识刘邦，看到他状貌风度不凡，内心重敬之，于是将女儿吕雉许配给他。刘邦为亭长，曾告归于田，吕雉曾经有从事田间农耕作业的经历。

楚汉战争中，刘邦军失利时，吕雉和刘邦父母曾经被项羽俘获，拘于军中以为人质。汉王四年（前203），战争形势发生变化，刘邦和项羽言和，吕雉和刘邦父母获释。第二年，刘邦称帝，立吕雉为后。吕后在汉并天下的政治进程中，其实没有多少直接的重要表现。但是《史记·吕太后本纪》写道："吕后为人刚毅，佐高祖定天下。"又载郦寄语："高帝与吕后共定天下。"②对于吕太后政治生涯前期辅助刘邦"定天下"的功绩，《史记·荆燕世家》田生曰："吕氏雅故本推毂高帝就天下，功至大。"③又如宋人史尧弼说："彼其初随高祖，颠越狼狈，艰难劳苦之态，亦备尝其极味矣。故得天下，而为汉家谋虑，亦不可谓不至。"二人"同冒百战而后得天下"，有"百战离合之恩

---

① 许倬云：《从历史看管理》，第138页。
② 《史记》，第396页，第408页。
③ 《史记》，第1995页。

爱"。① 元人王沂说："昔高帝之兴，吕以佐定天下功为后。"② 明人邵宝说："高帝百战定天下，吕后从焉。"③ 清人陈廷敬说："高帝起布衣，与吕后更尝忧患。"④ 这样说来，秦汉之间的"天地一大变局"⑤，吕雉也是创造者之一。朱熹甚至写道："吕后与高祖同起行伍，识兵略，故布置诸吕于诸军。平、勃之成功也，适直吕后病困，故做得许多脚手。平、勃亦幸而成功。"⑥

我们注意到，所谓吕后"佐高祖定天下"，"推毂高帝就天下，功至大"，"高帝与吕后共定天下"，其典型贡献其实是，曾经在刘邦起事时制造政治舆论方面发挥了重要作用。如上文说到刘邦潜伏于芒砀山泽时，吕后制作并传播了芒砀山泽云气神话："吕后与人俱求，常得之。高祖怪问之。吕后曰：'季所居上常有云气，故从往常得季。'高祖心喜。沛中子弟或闻之，多欲附者矣。"⑦《太平御览》卷一五引应劭《汉官仪》："后曰：君所居处，上有紫气。"⑧ 宋罗大经写道："芒砀云气之瑞，昭灼如此，安得使豪杰之不景从乎？"⑨ 正如明人胡应麟说："帝王受命必有祯符。芒砀之云，龙文五彩，近之矣。"⑩ 宋人梅尧臣《沛公歌》亦言："秦皇玉舆来向东，安知隐在芒砀中。妇人自识云气从，

---

① 《莲峰集》卷七《吕后论》。
② 《伊滨集》卷一八《记·复修庙记》。
③ 《学史》卷一二《丑》。
④ 《午亭文编》卷三三《史评·汉书》。
⑤ 〔清〕赵翼著，王树民校证：《廿二史札记校证》，第36页。
⑥ 〔宋〕黎靖德编，王星贤点校：《朱子语类》卷一三二，第3179页。
⑦ 《史记·高祖本纪》，第348页。
⑧ 〔宋〕李昉等撰：《太平御览》，第74页。
⑨ 〔宋〕罗大经撰，王瑞来点校：《鹤林玉露》卷四，第339页。
⑩ 〔明〕胡应麟：《少室山房笔丛》卷六。

王命艰哉丰沛公。"① 都提示了吕后的宣传确实"功至大"。

吕后有谋略且为人刚毅而狠厉，在刘邦剪除异姓诸侯王时曾经临事决断，发挥了重要的作用。高帝十年（前197），刘邦率军平定陈豨叛乱，吕后留守长安，听说韩信有诈赦诸官徒举事策应陈豨的企图，于是与萧何商议，谎称前线来报陈豨已死，令韩信入宫庆贺。韩信入宫，被处死于长乐宫钟室，并夷灭三族。刘邦击陈豨时，至邯郸，向都于定陶（今山东定陶）的梁王彭越征兵，彭越称病，只派遣属将率兵前往，刘邦怒，废彭越为庶人，徙居蜀地。彭越行至郑（今陕西华县），路遇东行前往雒阳（今河南洛阳东）的吕后，自言无罪，请求徙处昌邑（今山东金乡西）。吕后以为彭越至蜀则此自遗患，于是与俱往雒阳。随后又指使人诬告彭越谋反，夷灭其宗族。

吕后之子刘盈（即后来的汉惠帝）被立为太子，刘邦以为刘盈性情柔弱不可执政，曾经准备另立戚夫人子赵王如意为太子。由于吕后和诸大臣反对，太子废立之议没有实现。刘邦去世后，吕后杀害赵王如意，又砍断戚夫人手足，去眼熏耳，饮药令其不能言，置于厕中，称之为"人彘"。对于其他刘氏诸王，也加以残害。汉惠帝因吕后的残虐而惊怖，从此不再听政，后来郁悒病逝。

汉惠帝死后，吕后临朝称制，封吕氏子弟吕台、吕产、吕禄等为王，控制了京师卫戍部队，又擅权用事，排斥老臣，拔擢亲信。一时号令一出于太后。

吕后称制，造成了西汉王朝上层的政治矛盾和政治危机。但是在她称制的八年期间，仍然继续执行了与民休息的政策，

---

① 〔宋〕梅尧臣：《宛陵集》卷三三。

奖励农耕，又废除了夷三族罪和妖言令等苛重的法令。因此，在这一时期，社会比较安定，经济生产也得以逐步恢复。

由于刘邦生前与大臣有"非刘氏而王，天下共击之"的誓约[1]，吕后以诸吕为王，遭到刘氏宗室和诸大臣的强烈反对。[2]

吕后临终，告诫诸吕据兵卫宫，防止大臣为变。

吕后死后，诸吕把握南北军的指挥权。太尉周勃不得入军中主兵，只得伪用符节以非法形式入北军。北军指挥官吕禄放弃了军权，解印而去。朱虚侯刘章在未央宫击杀南军指挥官吕产。于是长安形势得以控制。

反对吕氏的势力又分部悉捕诸吕男女，无论年龄长幼都一律处斩。

"吕氏之乱"平定后，诸大臣议定迎立代王刘恒为帝，是为汉文帝。汉文帝当政后，西汉政局转为安定。后来的"文景之治"，成为中国帝制时代政治成功的一个典范。虽然"吕氏之乱"只是西汉开国之初的一个短暂的插曲，当时也曾经导致王朝历史上空前严重的政治危局，确实"几乎把汉朝弄灭亡"。

东汉开国史中的女性

东汉王朝开国史舞台上女性的表演，也曾经给史家留下深刻的印象。

① 《史记·汉兴以来诸侯王年表》："高祖末年，非刘氏而王者，若无功上所不置而侯者，天下共诛之。"第 801 页。《史记·吕太后本纪》："太后称制，议欲立诸吕为王，问右丞相王陵。"王陵回答道："高帝刑白马盟曰'非刘氏而王，天下共击之'。今王吕氏，非约也。"第 400 页。
② 参见王子今《吕太后的更年期》,《读书》2010 年第 4 期。

　　《后汉书·皇后纪上·光烈阴皇后》说："初，光武适新野，闻后美，心悦之。后至长安，见执金吾车骑甚盛，因叹曰：'仕宦当作执金吾，娶妻当得阴丽华。'"①可知青年刘秀的人生理想不过美人、官位，见"车骑甚盛"而发抒感慨，一如早年刘邦、项羽。然而与他们见秦始皇车列"大丈夫当如此也""彼可取而代也"的壮语比较，刘秀的话确实体现了"量时度力，举无过事"的性格。清代学者王士禛曾经发现汉光武帝"诏语似诗"现象："汉光武诸书诏，最有情态，西京所无。沿及明章亦然。光武赐侯霸玺书云：'崇山幽都何可偶，黄钺一下无处所。'古劲绝似汉人诗句。""光武微时尝叹曰：'仕宦当作执金吾，娶妻当得阴丽华。'亦似汉人乐府语。"②所谓"最有情态"，指出其言辞中表露的是一派真情。《后汉书·皇后纪上·光烈阴皇后》记载："更始元年六月，遂纳后于宛当成里，时年十九。"③阴丽华曾经在刘秀击彭宠的军事行动中亲身随军，汉明帝刘庄就出生在征途中。这位在刘秀开国历程中相伴随的女子，以其多彩人生，得以入李太白诗。④刘秀欲崇以尊位，"后固辞，以郭氏有子，终不肯当，故遂立郭皇后"。阴丽华的"前母兄"阴识曾经有"游学长安"的经历，在更始帝属下曾"行大将军事"，追随刘秀亦战功累累。作为太子舅，仍能约束自身，"入虽极言正议，及与

---

① 《后汉书》，第 405 页。
② 〔清〕王士禛：《池北偶谈》卷一九。
③ 《后汉书》，第 405 页。
④ 〔唐〕李白《寄远十二首》其四："玉箸落春镜，坐愁湖阳水。闻与阴丽华，风烟接邻里。青春已复过，白日忽相催。但恐荷花晚，令人意已摧。相思不惜梦，日夜向阳台。"《李太白集注》卷二五。

宾客语，未尝及国事"。汉光武帝敬重之，常常以阴识为榜样教育身边的皇族贵戚。[1] 阴丽华的"母弟"阴兴也曾经以"臣未有先登陷阵之功，而一家数人并蒙爵土，令天下觖望，诚为盈溢"的诚恳言语辞封，又谢绝大司马这样的高职任命，"至诚发中，感动左右"。[2]

《史记·外戚世家》写道："自古受命帝王及继体守文之君，非独内德茂也，盖亦有外戚之助焉。"[3] 中国传统政治文化这一被称为外戚政治的特殊形式，曾经影响政治生活。外戚集团参与政治决策，曾经有成功地保持政治稳定的史例。但是，后党大量援引父兄子侄，布列朝廷，出入宫中，把持要位，控制禁军，号令百官，威震公卿，甚至"挟天子威福，胁制四海"，往往终于导致严重的政治危机。东汉时期，外戚形成强有力的政治集团并且干预最高行政，逐渐成为显著的政治现象。而阴丽华亲族成员阴识、阴兴们的表现，体现出在开国之初高层政治还是比较清明的。

汉光武帝刘秀的第一位皇后郭皇后，名郭圣通，后来以宠衰被废，据说"数怀怨怼"。其子刘强也由皇太子徙为东海王。而阴丽华所生子刘庄被确定为皇位继承人。就这一情形，李贽《史纲评要》写道："此后手段不减武才人。"又说："英雄到头每在妻子上乱弄，好笑！"[4]

参与唐王朝开国实践的唐太宗李世民，身边有一位给予

① 《后汉书·阴识传》，第 1130 页。
② 《后汉书·阴兴传》，第 1131 页。
③ 《史记》，第 1967 页。
④ 〔明〕李贽：《史纲评要》卷一〇《东汉纪》，第 268 页。

他有力辅佐的女子长孙皇后。有学者说，贞观之治的成就，与她的努力是分不开的。"唐太宗创造了贞观之治，她成就了唐太宗。"①

影响古代王朝开国史历程的女性们，历代多有政治表演的记录。在创造开国政治辉煌的集团中，她们和男子一同表现出坚韧不拔的奋斗精神，也往往以智慧和宽怀留下了鲜明的历史形象。历代开国初期比较开明的政治文化气象，也与她们的表现有密切的关系。

东汉开国初期有这样一个故事，汉光武帝刘秀衣锦还乡，"幸章陵。修园庙，祠旧宅，观田庐，置酒作乐，赏赐。时宗室诸母因酣悦，相与语曰：'文叔少时谨信，与人不款曲，唯直柔耳。今乃能如此！'帝闻之，大笑曰：'吾理天下，亦欲以柔道行之。'"②通过这个故事，我们可以得到刘秀执政"以柔道行之"的原则性提示，也可以察知酒后"酣悦"的"宗室诸母"们特殊敏锐的政治眼光。李贽曾经就此感叹道："由你千言万语说不着，不如此母猜着，帝自家道着。"③而实际上"帝自家"所"道"，也是由于"此母"的启示。

杜太后的暗示

历代史家载录古代王朝开国史时，也留下了关于女性对政治生活形成负面影响的记忆。

---

① 孟宪实：《孟宪实讲唐史：从玄武门之变到贞观之治》，第 147 页。
② 《后汉书·光武帝纪下》，第 68 页。
③ 〔明〕李贽：《史纲评要》卷一〇《东汉纪》，第 267 页。

展开北宋王朝开国的历史画卷，可以看到一位偏执的"老妪"影响了开国初年的权力继承秩序。她就是宋太祖赵匡胤的母亲杜太后。

　　《宋史·后妃传上·太祖母昭宪杜太后》记载，杜太后对赵匡胤说，赵氏"所以得天下"者，"正由周世宗使幼儿主天下耳"，"使周氏有长君，天下岂为汝有乎？"于是指示宋太祖"汝百岁后当传位于汝弟"，让赵光义即位。[①]李贽就此发表了这样的评说："妇人之言最害事，决不可听。听之亦非孝也。""这都是光义、赵普密谋太后，太祖在术中而不知。盖陈桥之谋，实以太祖尝之耳。至此，复归之光义矣。不大可恨哉！"[②]明人王世贞诗句："艺祖惇友于，淳熙不良弟。空宫闷丘嫂，阴刃戕二嗣，奚必柱斧声，然后乃成弑。普也社稷臣，驱除每先意。其误不在今，误在书金柜。何物一老妪，乱经徇所庇。每读梁孝书，窃贤窦詹事。"[③]也对杜太后行为发表了感叹。

　　所谓"梁孝书""窦詹事"，说的是汉代另一糊涂"老妪"试图动摇皇位继承制度的故事。

王朝初期的"女祸"

　　梁孝王刘武是汉景帝的同母兄弟。其生母即窦太后。汉景帝尚未立太子时，一次与梁王宴饮，曾经从容说道："千秋万岁之后将传位于王。"梁王辞谢。虽然明明知道并非诚心之语，

①　《宋史》，第 8607 页。
②　〔明〕李贽：《史纲评要》卷二七《宋纪》，第 735 页。
③　〔明〕王世贞：《古诗》其八十八，《弇州四部稿》续稿卷四。

但是心中仍然十分喜悦，太后心中也非常高兴。当时窦婴在前，以手扶地说道："汉法之约，传子适孙，今帝何以得传弟，擅乱高帝约乎！"于是汉景帝默然无声，太后心中不悦。事见《史记·梁孝王世家》褚少孙补述。[1]

汉景帝即位初，窦婴任职詹事，负责管理服务皇后、太子诸事务。当时激烈反对传位于梁孝王之议的，还有袁盎。梁孝王怨恨袁盎及其他否定"传弟"之议的大臣，于是与羊胜、公孙诡等人阴谋派人刺杀袁盎及其他议臣共十余人。有关司法部门追捕凶手而未得时，汉景帝疑心是梁孝王所为。后来经侦讯调查，知道果然是梁孝王指使。于是中央政府频繁派遣使者往梁国调查此案，传讯当事者公孙诡、羊胜等人。公孙诡、羊胜等人藏匿于梁王后宫。朝廷使者严厉责问地方官员，梁相轩丘豹以及内史韩安国进谏梁孝王，梁孝王于是令羊胜、公孙诡皆自杀，然后以尸身转交朝廷，希望以此结案。

汉景帝因此对梁孝王心怀怨意。梁孝王恐慌，派韩安国来到长安，通过长公主的关系向太后谢罪，然后得到宽恕。《索隐述赞》于是写道："文帝少子，徙封于梁。太后钟爱，广筑睢阳。旌旗警跸，势拟天王。""窦婴正议，袁盎劫伤。汉穷梁狱，冠盖相望。祸成骄子，致此猖狂。"[2]梁孝王之所以如此"猖狂"，是因为依恃着"太后钟爱"的"骄子"的身份地位。

在传统男权中心社会，女子对最高行政事务的干预，被看作反常的现象。政治史家甚至习惯于将政局的危难归结于"女祸"。"女祸"往往和政荒国亡的历史现象联系在一起。

---

① 《史记》，第2090页。
② 《史记》，第2092页。

宋代学者马廷鸾在关于"吕后"的史论中，曾经发表了这样的历史见解："姑以三千年间世代兴亡之迹考之，由三代而下亡于女子，由石晋而下亡于四隄，皆可数也。欧阳公谓宦官之祸甚于女子，此固为唐末一代言之耳。以古今大势论，则女祸深矣。少女子能蛊惑人主以亡国，老女子能崇长外戚以亡国。三代之亡，固皆由是物矣。"[1]此后"女祸于人国也烈矣"[2]，以及"自古国亡缘女祸"一类感叹[3]，也都指"女祸"为亡国因由。

　　宋人钱时在评论汉成帝时代的外戚威胁时，曾经说："三代盛时，不闻女祸。喜、妲、褒姒乃始出，而丧邦无他。"[4]明人李东阳《杂著·读唐史三十一首》也写道："天下之女祸，莫甚于褒姒、妲己。"[5]所谓"喜、妲、褒姒"，《吴越春秋》卷九记载："美女，国之咎，夏亡以妹喜，殷亡以妲己，周亡以褒姒。"[6]《越绝书》卷一二说："美女，邦之咎也。夏亡于末喜，殷亡于妲己，周亡于褒姒。"[7]《绎史》卷五一上写道："昔夏桀伐有施，有施人以妹喜女焉，妹喜有宠，于是乎与伊尹比而亡夏。殷辛伐有苏，有苏氏以妲己女焉，妲己有宠，于是乎与胶鬲比而亡殷。周幽王伐有褒，有褒人以褒姒女焉，褒姒有宠，

①《碧梧玩芳集》卷二一。这段文字又被马端临录入《文献通考》卷二五一《帝系考二》，中华书局1986年9月版。
②〔明〕胡直：《衡庐精舍藏稿》卷三〇《谈言下》。
③〔明〕宋讷：《西隐集》卷三《客北平闻行人之语感而成诗四首》其四。
④〔宋〕钱时：《两汉笔记》卷七。
⑤〔明〕李东阳：《怀麓堂集》卷二七。
⑥周生春著：《吴越春秋辑校汇考》，上海古籍出版社1997年2月版，第148页。
⑦〔汉〕袁康、吴平辑录，乐祖谋点校：《越绝书》，上海古籍出版社1985年10月版，第84页。

生伯服，于是乎与虢石甫比，逐大子宜咎而立伯服，大子出奔申，申人、缯人召西戎以伐周，周于是乎亡。"① 又《路史》卷三四："昔者夏伐岷山，岷山以妹喜伐夏。商伐有苏，有苏以妲己伐商。周伐褒，而褒以姒氏伐周。"②

"女祸"意识的发生和影响，是古代性别史研究的课题。

我们在这里更为注意的则是，与"女祸"作用于亡国史不同的女子对于王朝开国史的影响。

---

① 〔清〕马骕撰，王利器整理:《绎史》，中华书局 2002 年 1 月版，第 1197 页至第 1198 页。
② 〔宋〕罗泌:《路史》卷三四《发挥三》。

参考书目

〔明〕李贽:《史纲评要》,中华书局 1974 年 11 月版;

〔明〕张燧撰,贺天新校点:《千百年眼》,河北人民出版社 1987 年 8 月版;

〔清〕王夫之撰,舒士彦点校:《读通鉴论》,中华书局 1975 年 7 月版;

〔清〕赵翼撰,王树民校证:《廿二史札记校证》(订补本),中华书局 1984 年 1 月版;

钱穆:《中国历代政治得失》,三联书店 2001 年 6 月版;

范文澜:《中国通史》第 2 册,人民出版社 1978 年 6 月版;

郭沫若主编:《中国史稿》第 1 册,人民出版社 1976 年 7 月版;

翦伯赞:《中国史纲》,大孚出版公司 1947 年 3 月版;

张荫麟:《中国史纲》,上海古籍出版社 1999 年 12 月版;

柏杨:《中国人史纲》,时代文艺出版社 1987 年 12 月版;

金观涛、刘青峰:《兴盛与危机——论中国封建社会的超稳定结构》,湖南人民出版社 1984 年 4 月版;

孙达人:《中国农民变迁论——试探我国历史发展周期》,中央编译出版社 1996 年 1 月版;

王寿南:《中国历代创业帝王》,广西师范大学出版社 2007 年

8 月版；

朱星：《中国皇帝评论》，中华书局 2005 年 10 月版；

阎步克：《士大夫政治演生史稿》，北京大学出版社 1996 年 5 月版；

许倬云：《从历史看管理》，广西师范大学出版社 2005 年 8 月版；

毛汉光：《中国中古社会史论》，上海书店出版社 2002 年 12 月版；

田余庆：《秦汉魏晋史探微》，中华书局 1993 年 11 月版；

林剑鸣：《秦史稿》，上海人民出版社 1981 年 2 月版；

瞿兑之：《秦汉史纂》，鼎文书局 1979 年 2 月版；

葛承雍：《王莽新传》，西北大学出版社 1997 年 3 月版；

刘修明：《从崩溃到中兴——两汉的历史转折》，上海古籍出版社 1989 年 12 月版；

柳春新：《汉末晋初之际政治研究》，岳麓书社 2006 年 6 月版；

刘后滨等：《大唐开国》，中华书局 2007 年 11 月版；

孟宪实：《孟宪实讲唐史：从玄武门之变到贞观之治》，广西师范大学出版社 2007 年 5 月版；

李华瑞：《宋史论集》，河北大学出版社 2001 年 8 月版；

李华瑞：《宋型国家历史的演进》，商务印书馆 2022 年 9 月版；

李治安：《忽必烈传》，人民出版社 2004 年 10 月版；

商传：《明代文化史》，东方出版中心 2007 年 5 月版；

戴逸：《简明清史》，中国人民大学大学出版社 2018 年 1 月版。

初版后记

起初得知齐涛教授关于"中国执政通鉴"的总体设计之后，鉴于对其中相关学术问题原本有一些兴趣，于是同意承担这一任务。

应当说，我曾经关注过秦汉政治文化以及中国古代政治文化的研究。因为教学需要，对一些问题有所思考，也曾经将有关探索的心得发表，相关研究成果，有著作若干种。[①]而有的史学普及书籍[②]，其实也各有点滴政治史的思考体现其中。此外，笔者与中国传统政治文化相关的心得，又有五十余篇学术论文以及五十篇学术述评和学术短文发表于《历史研究》、《中国史研究》、《政治学研究》、《世界宗教研究》、《文史》、《光明

---

① 如《权力的黑光：中国封建政治迷信批判》，中共中央党校出版社1994年2月版，陕西人民出版社2006年4月版；《"忠"观念研究：一种政治道德的文化源流与历史演变》，吉林教育出版社1999年1月版；《毛泽东与中国史学》，中共中央党校出版社1993年11月版；《改革史话》，中国大百科全书出版社2000年1月版；《走向大一统的秦汉政治》(《中国政治通史》第3卷)，泰山出版社2003年8月版；《千百年眼：皇权与吏治的历史扫描》，长春出版社2008年1月版。
② 如《汉武英雄时代》，中华书局2005年8月版；《细说秦始皇》，上海人民出版社2005年8月版；《汉景帝评传》(合著)，三秦出版社2006年5月版。

日报》、《中国社会科学季刊》(香港)、《战略与管理》、《中共中央党校学报》等报刊。不过,后来由于工作单位的变动,教学的对象不再是领导干部,而主要是高校的本科生以及攻读硕士学位和博士学位的研究生,也不再讲授中国政治史、中国政治思想史之类课程了。学习和思考的重心,转为以秦汉社会史和秦汉文化史研究为主,尤其关注其中具体的微观的一些问题。所以对于"中国执政通鉴"这样的课题,似乎慢慢有了一种心理的疏隔,有如古曲句所谓"渐行渐远"。[①]其实,严格说来,也是因为身立门外而难以有充足的自信。

我在《千百年眼:皇权与吏治的历史扫描》一书的引言中这样写道:

> 钱穆说,"政治乃文化体系中一要目。尤其如中国,其文化精神偏重在人文界。更其是儒家的抱负,一向着重修齐治平。要研究中国传统文化,绝不该忽略中国传统政治。"我们虽然并不完全赞同钱穆关于"辛亥前后,由于革命宣传,把秦以后政治传统,用专制黑暗四字一笔抹杀"的批评,但是重视他关于"我们若要平心客观地来检讨中国文化,自该检讨传统政治"的意见。[②]我们认为,应当在这"检讨"的工作中,真正坚持"平心客观"的历史主义的态度,对于中国传统政治"专制黑暗"的一面,自然也不应当回避。

---

① 文渊阁四库全书本《御定曲谱》卷七《中吕宫·越恁好》。
② 钱穆:《中国历代政治得失》,三联书店 2001 年 6 月版,第 1 页。

我们还可以引用钱穆的话："我们平心从历史客观方面讲，这两千年来，在政治上，当然有很多很可宝贵的经验，但也有很多的流弊。"[1] 总结这些经验，揭露这些流弊，是政治史研究者的任务。中国传统行政方式形成的历史秩序是稳定的，有学者称之为"超稳定结构"。如果以文化史的视角考察相关政治现象，也许会有重要的发现。

明代学者张燧著书《千百年眼》以进行历史总结，据说一时"盛传于世"。作者治史"不必苟同"的风格，是我们深心赞同的。本书作者也是希望与读者一起，通过细心的历史回顾，看中国怎样经历政治史一步步地走来，中国人怎样经历政治史一步步地走来，中国文化和中国精神怎样经历政治史一步步地走来。

在这里重复这几句话，是希望朋友们在关注本书进行的古代王朝开国史的"检讨"的同时，也关注对视角更为广阔，分析更为深入的对于"中国文化"的"检讨"，对"传统政治"的"检讨"。这种"检讨"，自然应当以"平心客观"的工作态度才能完成。

中国政治数千年来经历着治与乱、安定与动荡的循环。这种循环，在某种意义上说，与国家的盛与衰、王朝的兴起和败亡有密切的关系。新王朝的开国，可以说是每一循环周期起始时的标志。

我们认为研究历代王朝的开国史是有重要学术意义的。通过对中国古代历史中这样的若干片断进行总结和分析，应当有

① 钱穆:《中国历代政治得失》，第 170 页。

利于对数千年来政治生态总体演进过程的理解和分析。

本书的完成，应当感谢齐涛教授和葛玉莹教授的鼓励和督促。没有朋友们的鞭策，很可能这个题目至今还仍然停留在选题论证和结构设计的阶段。现在匆匆交稿了，却心中深怀疑虑。可能所有的文字成果形式都是一样的，一旦面世了，制作者回过头来看，常常会满心遗憾，感到欠深思，欠细作，欠从容雕琢。但愿不要出现大的错误，不要出现人们通常所说的"硬伤"。

谨此感谢泰山出版社的朋友们编辑印制发行工作的辛劳，感谢读者为接触这样一些很不成熟的论说花费了宝贵的时间。

北京师范大学历史学院李迎春、赵宠亮为本书定稿在资料方面提供了帮助，亦谨此致谢。

王子今

北京大有北里

2008 年 4 月 5 日

新版后记

　　拙著《中国历代王朝开国检讨》列入齐涛主编《资政通鉴》丛书，泰山出版社 2009 年 4 月初版。其中有些认识曾经以论文形式发表。如《芒砀山泽与汉王朝的建国史》,《中州学刊》2008 年 1 期;《"斩蛇剑"象征与刘邦建国史的个性》,《史学集刊》2008 年 6 期;《"造反"的词汇史》,《历史学家茶座》2008 年 4 辑（山东人民出版社 2008 年 12 月）;《"汉朝"的发生：国家制度史个案考察的观念史背景》,《中国史学》第 18 卷（朋友书店 2008 年 12 月）等，可以说在一定意义和一定程度上经受了学界的检验。当然，这些论文中的有些学术意见并没有能够完全容纳在这部书中。

　　2009 年之后，我相继从事以下几个项目的研究：教育部人文社会科学重点研究基地山东师范大学齐鲁文化研究中心基地基金重点项目"秦汉时期齐人的海洋开发"；中国人民大学科学研究基金（中央高校基本科研业务费专项资金资助）项目"中国古代交通史研究"；国家社会科学基金重点项目"秦汉时期的海洋探索与早期海洋学研究"；国家社会科学基金重大项目"秦统一及其历史意义再研究"；教育部后期资助项目"汉代丝绸之路交通史"；中国人民大学重大规划项目"秦史与秦文化研究"；国家社会科学基金 2020 年度中国历史研究院重大研究专项（"兰台学术计划"）"中华文明起源与历史文化研究专题"委托项目"中华文化基因的渊源与演进"；国家社会科学基金 2021 年后期资助项目重点项目"汉代丝绸之路生态史"；古文字与中华文明传承发展工程规划项目"秦汉社会下层劳动生活研究——以出土文献为中心"。一直忙忙碌碌，关注的线索纷乱，未能就历代王朝的"开国史"或说"建国史"进行持续研究。后来发表的有些论文，可以说就此学术主题的思考有所拓展、延伸、深化、充实乃至提升。但是其实思路另有偏侧。比如"秦统一"问题虽然也可以说是秦王朝的"开国史"或"建国史"，但是我们考察的"秦统一及其历史意义"，主要关注点已经另有倾重。

　　承华夏出版社厚爱，此书列入出版计划。这一新版，以《开国君王的成功》为题。主要改动如下：1. 修正了一些错误；2. 统一了注文体例；3. 根据华夏出版社出版家们的建议，调整了全书结构；4. 补充了若干重要内容。这一点有特别说明的必要。例如，拙著论古代王朝开国的三种模式：造反，篡夺，侵灭。并就此三种模式进行了个案分析，即：斩蛇剑——刘邦帝业象征，王莽"始建国"，从成吉思汗到忽必烈。其实，我说的这三种模式，类似的看法，后来看到古人早就说过。只是自己读书太少，未能及时获知。宋人叶适《习学记言序目》卷一九《史记一》写道："空诸侯之国而得天下者，秦也；驱天下之人而亡天下者，亦秦也。秦自以灭六国无与敌，及其败也，虽名诸侯复立，其实黔首化为盗贼，亡之如拾遗。自是之后，未有不以群盗亡者，次则夷狄，次则卒伍，皆古所无有

328

也。然则后之有天下者，谨备三者而已。"^①拙著所谓"造反"，即叶适说"盗贼"。拙著所谓"篡夺"，即叶适说"卒伍"。拙著所谓"侵夺"，即叶适说"夷狄"。他是从亡国史的角度说的。所谓"然则后之有天下者，谨备三者而已"，则说"开国""建国"同样由此"三者"。他说此"三者""皆古所无有也"，指出此规律形成于大一统王朝出现之后。此次新版修订，增加了这一信息。我想这样的处理，是合理的，必要的，也是读者朋友们都会赞同的。

此次新版完成，得到中国人民大学国学院王泽的帮助，华夏出版社杜晓宇、吕方付出了很多辛劳，谨此致谢。

王子今

北京大有北里

2024 年 2 月 13 日

---

① 〔宋〕叶适著，沈文倬等校点:《习学记言序目》，第 266 页。